12,80

Rudolf Steiner Taschenbücher aus dem Gesamtwerk

Rudolf Steiner

Goethe-Studien

Schriften und Aufsätze
1884–1901

RUDOLF STEINER VERLAG
DORNACH/SCHWEIZ

Herausgegeben von der Rudolf Steiner-Nachlaßverwaltung

Die Aufsätze sind in der
Rudolf Steiner Gesamtausgabe enthalten im Band:
«Methodische Grundlagen der Anthroposophie.
Gesammelte Aufsätze zur Philosophie, Naturwissenschaft,
Ästhetik und Seelenkunde 1884 bis 1901»
Bibliographie-Nr. 30, ISBN 3-7274-0300-4
Dornach 1961

Taschenbuchausgabe
1.–10. Tsd. Dornach 1982

Bestell-Nr. tb 6340

Zeichen auf dem Umschlag und Titelblatt von Rudolf Steiner

Gesamtherstellung Clausen & Bosse, Leck

ISBN 3-7274-6340-6

INHALT

Zu dieser Ausgabe 9

I

Goethes Recht in der Naturwissenschaft. Eine Rettung . . 11
Deutsche Zeitung 1884, Nr. 4463 (Abendausgabe)

Goethe als Ästhetiker 17
Chronik des Wiener Goethe-Vereins 1888, II. Bd., 3. Jg., Nr. 11 und 12

Goethe als Vater einer neuen Ästhetik 26
Deutsche Worte 1889, Heft 4

Über den Gewinn der Goethe-Studien durch die Weimarer Ausgabe in naturwissenschaftlicher Beziehung 50
Chronik des Wiener Goethe-Vereins 1889, 4. Jg., III. Bd., Nr. 11

Über den Gewinn unserer Anschauungen von Goethes naturwissenschaftlichen Arbeiten durch die Publikationen des Goethe-Archivs 56
Goethe-Jahrbuch 1891, 12. Bd., S. 190–210

Gedanken zu dem handschriftlichen Nachlasse Goethes. . 79
Chronik des Wiener Goethe-Vereins 1891, V. Bd., 6. Jg., Nr. 2

Zu dem «Fragment» über die Natur 85
Schriften der Goethe-Gesellschaft 1892, 7. Bd.

Goethes Naturanschauung gemäß den neuesten Veröffentlichungen des Goethe-Archivs 93
Berichte des Freien Deutschen Hochstiftes zu Frankfurt a. M., Jahrgang 1894, Heft 1

Über Wahrheit und Wahrscheinlichkeit der Kunstwerke. . 110
Dramaturgische Blätter 1898, 1. Jg., Nr. 34

Goethes geheime Offenbarung. Zu seinem hundertfünfzigsten Geburtstage: 28. August 1899 116
Magazin für Literatur 1899, 68. Jg., Nr. 34

Goethe-Studien. Grund-Ideen 130
Magazin für Literatur 1900, 69. Jg., Nr. 30

Goethe-Studien. Moral und Christentum. 136
Magazin für Literatur 1900, 69. Jg., Nr. 31, 32, 33, 34

Goethe und die Medizin 154
Wiener klinische Rundschau 1901, XV. Jg., Nr. 2

II

Über das Verhältnis Thomas Seebecks zu Goethes Farbenlehre 162
Chronik des Wiener Goethe-Vereins 1886, 1. Jg., I. Bd., Nr. 1

Hundert Jahre zurück. Zur Farbenlehre. 163
Chronik des Wiener Goethe-Vereins 1887, 2. Jg., I. Bd., Nr. 7

Ernst Melzer. Goethes philosophische Entwicklung. Ein Beitrag zur Geschichte der Philosophie unserer Dichterheroen 164
Zeitschrift für vergleichende Literaturgeschichte 1887, I. Bd., Heft 3

Weimarer Goethe-Ausgabe. Bericht der Redaktoren und Herausgeber 167
Goethe-Jahrbuch 1892, 13. Bd., S. 273–74; 1893, 14. Bd., S. 319–20; 1894, 15. Bd., S. 317–19; 1895, 16. Bd., S. 268–70; 1896, 17. Bd., S. 283–84.

Goethes Beziehungen zur Versammlung deutscher Naturforscher und Ärzte in Berlin 1828 179
Goethe-Jahrbuch 1895, 16. Bd.

Aus «Mein Lebensgang» von Rudolf Steiner 185

Quellennachweis der Zeitschriften, in denen die Aufsätze veröffentlicht waren 191

Anmerkungen zu dieser Ausgabe 193

Register 199

Literaturhinweis 203

Rudolf Steiner – Leben und Werk 205

ZU DIESER AUSGABE

Rudolf Steiner (1861–1925), der Begründer der Anthroposophie, gehörte zu den ersten Goetheforschern vom Ende des 19. Jahrhunderts. Seine lebenslange Beschäftigung mit Goethe kommt in seinem heute vorliegenden Gesamtwerk in integrierender Weise zum Ausdruck.

Schon während seiner Studienzeit an der Technischen Hochschule in Wien wurde er, gerade 21jährig, durch die Vermittlung seines Lehrers und Freundes, des Germanisten Karl Julius Schröer, damit beauftragt, die naturwissenschaftlichen Schriften Goethes innerhalb der «Deutschen National-Litteratur» von Joseph Kürschner herauszugeben und mit Einleitungen und erläuternden Kommentaren zu versehen. Er schreibt darüber in seiner Autobiographie «Mein Lebensgang»:

«Für mich schloß diese Aufgabe eine Auseinandersetzung mit der Naturwissenschaft auf der einen, mit Goethes ganzer Weltanschauung auf der anderen Seite ein ... Die Denkungsart, von der die Naturwissenschaft seit dem Beginn ihres großen Einflusses auf die Zivilisation des 19. Jahrhunderts beherrscht war, schien mir ungeeignet, zu einem Verständnis dessen zu gelangen, was Goethe für die Naturerkenntnis erstrebt und bis zu einem hohen Grade auch erreicht hatte ... Ich sagte mir, um Ideen zu erlangen, welche die Erkenntnis des Organischen vermitteln können, ist es notwendig, die für die unorganische Natur tauglichen Verstandesbegriffe erst selbst zu beleben. Denn sie erschienen mir tot und deshalb auch nur geeignet, das Tote zu erfassen. Wie sich in Goethes Geist die Ideen belebt haben, wie sie *Ideengestaltungen* geworden sind, das versuchte ich für eine Erklärung der Goetheschen Naturanschauung darzustellen.»*

* Der ausführliche Wortlaut aus dem 6. Kapitel von Rudolf Steiners Autobiographie ist auf Seite 185 ff. dieser Ausgabe wiedergegeben.

Die Einführungen Rudolf Steiners zu den naturwissenschaftlichen Schriften Goethes erschienen später als selbständige Ausgabe. Sie stehen am Beginn der Rudolf Steiner Gesamtausgabe, in der auch die weiteren im Zusammenhang seiner Goethe-Herausgabetätigkeit entstandenen Werke vorliegen: «Grundlinien einer Erkenntnistheorie der Goetheschen Weltanschauung, mit besonderer Rücksicht auf Schiller» und «Goethes Weltanschauung» (siehe Literaturhinweis am Schluß dieser Ausgabe). Auf Grund seines Eintretens für «Goethes Recht in der Naturwissenschaft» – der unter diesem Titel erschienene Aufsatz von 1884 steht am Beginn der vorliegenden Ausgabe – wird Rudolf Steiner auch als Mitherausgeber der großen Weimarer Sophien-Ausgabe von Goethes Werken berufen. Im Zusammenhang mit dieser Aufgabe ergibt sich eine fast sieben Jahre währende Tätigkeit als wissenschaftlicher Mitarbeiter am Goethe- und Schillerarchiv in Weimar. In jenen Jahren bis zur Jahrhundertwende entstanden neben den schon erwähnten Werken auch sein philosophisches Hauptwerk «Die Philosophie der Freiheit». In zahlreichen Aufsätzen und Abhandlungen in den verschiedensten Zeitschriften setzte sich Rudolf Steiner mit den herrschenden wissenschaftlichen und kulturellen Strömungen seiner Zeit auseinander und wies dabei immer wieder auf die zentrale Bedeutung der Goetheschen Anschauungsweise hin. Goethes Entdeckung des Metamorphose-Gedankens galt ihm als die Galilei-, als die Kopernikus-Kepler-Tat für die Wissenschaft der Organik, des Lebendigen.

Die in vorliegendem Band zusammengefaßten Goethe-Arbeiten Rudolf Steiners aus der Zeit vor seinem öffentlichen Eintreten für die anthroposophisch orientierte Geisteswissenschaft gehören zu deren methodischem Fundament. Nach den Quellen, aus denen für Rudolf Steiner selber seine Weltanschauung stammt, bezeichnete er diese darum auch oft und gerne als fortgebildeten Goetheanismus, als Goetheanismus des 20. Jahrhunderts, der den Grund für eine geist- und menschengemäße Erneuerung von Wissenschaft, Kunst und Religion legen möchte.

GOETHES RECHT IN DER NATURWISSENSCHAFT

Eine Rettung

«Goethe hat im geistigen Leben Deutschlands gewirkt wie eine gewaltige Naturerscheinung im Physischen gewirkt hätte.»

«... Der Vergleich läßt sich ziehen, daß Goethe auf die geistige Atmosphäre Deutschlands gewirkt habe etwa wie ein tellurisches Ereignis, das unsere klimatische Wärme um soundsoviel Grade erhöhte. Geschähe dergleichen, so würde eine andere Vegetation, ein anderer Betrieb der Landwirtschaft und damit eine neue Grundlage unserer gesamten Existenz eintreten.»

«Goethe hat unsere Sprache und Literatur geschaffen.»

Diese Sätze Herman Grimms (siehe dessen «Goethe-Vorlesungen») drücken dasjenige aus, was in bezug auf Goethe mit jedem Tag mehr die Überzeugung der gebildeten Welt wird. Goethe hat unserer Epoche ihr Gepräge aufgedrückt. Dasjenige, was sie von anderen Epochen in der geistigen Entwickelung der Menschheit unterscheidet, ist zum weitaus größten Teile auf Goethe zurückzuführen.

In diesem Bilde hingebungsvollster Verehrung des großen Genius sehen wir aber noch immer einen dunklen Punkt, der mit der übrigen Helle desselben in störender Disharmonie steht. Er betrifft die *naturwissenschaftlichen Schriften* Goethes.

Wohl ist man auch hier – den physikalischen Teil der Farbenlehre ausgenommen, der heute noch als ein ungeheurer Irrtum gilt – von der absoluten Zurückweisung abgekommen. Man ist heute vielfach der Ansicht, daß Goethes Naturanschauung auf Ideen ruhe, die auch die moderne Naturwissenschaft beherrschen. Vergleicht man aber die Anerkennung dieser Richtung Goetheschen Geistes mit der, die ihm auf anderen Gebieten gezollt wird, so findet man, daß sie auf einer ganz anderen Basis ruht. Unsere Dichtung, unsere ästhetische Weltanschauung, ja, unser Stil sind das, was sie heute sind, durch Goethe geworden. Er ist der Schöpfer einer völlig neuen Zeitströmung; seine wissenschaftliche Richtung aber wird nur als Prophetie einer neuen Epoche angesehen, die letztere selbst ist durch andere geschaffen worden.

Der Grund dieser Tatsache wird darin gesucht, daß Goethe die Prinzipien gefehlt hatten, welche die moderne Naturanschauung zur wissenschaftlichen Überzeugung gemacht haben. Weil ihm diese Prinzipien fehlten, sind seine Leistungen ohne Einfluß auf die Gestaltung der neueren Wissenschaft geblieben. Diese wäre heute das, was sie ist, auch wenn Goethe ihr seine Tätigkeit niemals zugewendet hätte. *Dasjenige, was in anderen Gebieten geistigen Lebens die Grundlage der Anerkennung ist, die Schaffung einer neuen Ära, wird auf dem Gebiete der Wissenschaft Goethe nicht zugestanden.*

Unter diesen Voraussetzungen schwindet aber der Wert von Goethes wissenschaftlicher Tätigkeit in ein vollständiges Nichts zusammen. Denn, das muß man sich doch wohl gestehen, daß eine wissenschaftliche Anschauung nicht den geringsten Wert hat, wenn ihr die Prinzipien fehlen, auf denen sie als auf einer festen Grundlage ruhen könnte. Sie ist dann weiter nichts als eine Aneinanderreihung willkürlicher Annahmen, deren Macht, zu überzeugen, dahingestellt bleiben muß. Fehlen Goethes naturwissenschaftlichen Ansichten die Prinzipien, dann sind sie nicht zu halten, möge in ihnen noch so viel Zukunftvorahnendes liegen. *Wissenschaft hat sich nicht auf zufällige Einfälle, sondern auf Grundsätze zu stützen.*

Bevor man aber diese Annahme macht, sieht man sich zu der Frage gedrängt: Wie ist die in sich unvollendete wissenschaftliche Ansicht Goethes bei dem harmonischen Zusammenwirken aller seiner geistigen Kräfte möglich, in dem doch heute überall eine Vorbedingung seiner Sendung gesehen wird? Diese Frage ist eigentlich noch nie mit aller Schärfe gestellt und noch weniger der Versuch zu ihrer Beantwortung gemacht worden. Wer sie eingehend erwägt, gelangt zu einer Ansicht über die Goethesche naturwissenschaftliche Anschauung, die von der heute allgemein geltenden weit verschieden ist. In diesem Zusammenhange darf vielleicht hingewiesen werden auf die soeben erschienene Ausgabe der naturwissenschaftlichen Schriften Goethes* in Spemanns «Deutsche National-Literatur», in denen der Versuch gemacht wird, Goethe aus sich selbst heraus zu erklären und seine Rechte nachzuweisen. Professor Dr. K. J. Schröer hat in der Vorrede zu dieser Ausgabe die Bedeutung eines solchen Umschwunges in der Ansicht über Goethes wissenschaftliche Arbeiten für die Erkenntnis und Würdigung Goetheschen Wesens niedergelegt. Hier kann ich mich wohl nur in aller Kürze über einen Hauptgesichtspunkt aussprechen.

Wer von Wissenschaft nichts weiter verlangt, als daß sie eine möglichst treue Photographie der Wirklichkeit liefere, der wird allerdings über Goethes wissenschaftliche Methode nicht ins reine kommen können. Allein man muß bedenken, daß die unmittelbar gegebene Wirklichkeit Momente enthält, die den Forderungen eines vernünftigen Zusammenhanges der Dinge nicht genügen. Diese Momente lassen sich nicht auf Prinzipien zurückführen, sie entspringen aus der in der Wirklichkeit enthaltenen Zufälligkeit. Das ist auch der Grund, warum die Wirklichkeit unseren Geist so wenig befriedigt, warum ideale Naturen so oft mit ihr in Konflikt geraten. Goethe empfand das Unbefriedigende dieser Konflikte mehr als irgend jemand. Gar oft spricht er über den «niederträchtigen» Zufall, der das zerstört, was sich aus einem Wesen mit innerer Notwendigkeit entwickelt. Die Wirklichkeit der Zufälligkeit ganz zu entkleiden und allein auf den ihr zugrunde liegenden vernünftigen Kern loszugehen, ist seine künstlerische, ist aber auch *seine wissenschaftliche Sendung.* «Das wirkliche Leben verliert oft dergestalt seinen Glanz, daß man es manchmal mit dem Firnis der Fiktion wieder auffrischen muß» («Wahrheit und Dichtung», II, 9. Buch), sagt Goethe und deutet dadurch seine poetische Sendung an.** Dabei geht er aber auch nie in der Dichtung über das dem Menschen Gegebene hinaus, so daß Merck zu ihm sagen konnte: «Dein Bestreben, deine unablenkbare Richtung ist, dem Wirk-

* «Goethes naturwissenschaftliche Schriften», herausgegeben von Rudolf Steiner, mit einem Vorworte von K. J. Schröer.

** K. J. Schröer: Ausgabe von Goethes Dramen, Band I, Spemanns «Deutsche National-Literatur».

lichen eine poetische Gestalt zu geben; die andern suchen das sogenannte Poetische, das Imaginative zu verwirklichen, und das gibt nichts wie dummes Zeug» («Wahrheit und Dichtung», IV, 18. Buch). Nichts liegt Goethe ferner als das willkürliche Erschaffen leerer Hirngespinste, die nicht in der Wirklichkeit wurzeln. Nur sucht er den allein für den Geist erreichbaren Kern dieser Wirklichkeit, das innere Wesen derselben, das wir voraussetzen müssen, wenn sie uns erklärlich sein soll.

Dieses Wesen zu fassen, dazu gehört Produktivität des Geistes. Es ist noch mehr hierzu nötig als die Beobachtung der Zufälligkeit einzelner Fälle. Die Gesetze gehören der Wirklichkeit an, aber wir können sie aus ihr nicht entlehnen, wir müssen sie an der Hand der Erfahrung *schaffen.* Allen Bahnbrechern auf dem Gebiete der engeren Wissenschaft war dieses schöpferische Vermögen des Geistes eigen. Die Erscheinungen der Pendelbewegung und des Falles waren erst begreiflich, als Galilei die Gesetze dieser Erscheinungen *geschaffen* hatte. Wie Galilei die Mechanik durch seine Gesetze begründet hat, so Goethe die Wissenschaft des Organischen. Das ist sein wahres Verhältnis zur Wissenschaft. Goethes Organik ist ebenso ein Reflex der Erscheinungen der organischen Welt, wie die theoretische Mechanik der Reflex der mechanischen Naturerscheinungen ist. Die organische Wissenschaft kann ins Unendliche neue Tatsachen entdecken, selbst ihre wissenschaftliche Grundlage erweitern, der Wendepunkt, an dem sie sich von einer unwissenschaftlichen zu einer wissenschaftlichen Methode erhoben hat, ist bei Goethe zu suchen.

Kein anderer als dieser Geist beherrscht aber auch das physikalische Kapitel, dem Goethes Bestrebungen zugewandt waren: *die Farbenlehre.* Nur von dieser Seite kommt man diesem merkwürdigen Werke näher. Der Kampf gegen Newton war nur im Anfang die Hauptsache für Goethe, war nur Ausgangspunkt, nicht Ziel seiner optischen Arbeiten. Das Ziel war kein anderes als das, die reiche Mannigfaltigkeit der Farbenwelt auf ein systematisches Ganzes zurückzuführen, so daß uns aus diesem Ganzen jedes Farbenphänomen ebenso verständlich wird, wie es irgendein Zusammenhang von Raumgrößen aus dem System der Mathematik wird. Der

Jahrhunderte überdauernde, wohlgegliederte, sich selbst tragende Bau der Mathematik stand Goethe bei dem Aufbau der Farbenlehre als Ideal vor Augen. Wenn man dieses hohe Ziel übersieht und den Streit mit Newton in den Vordergrund rückt, erweckt man von vornherein nur Mißverständnisse. Denn es gewinnt die Sache dann den Anschein, als ob Goethe gegen eine von Newton gefundene Tatsache gekämpft hätte, während doch sein Streben nichts anderes im Auge hatte, als eine sich selbst mißverstehende Methode, eine hypothetische Erklärung einer Tatsache zu korrigieren. Daß so betrachtet der in Rede stehende Gegensatz eine ganz andere Bedeutung gewinnt als die, die man ihm gewöhnlich beilegt, wurde wiederholt von geistvollen Denkern wie Joh. Müller, Karl Rosenkranz anerkannt. Newtons Behauptungen tragen eigentlich den Charakter des Aphoristischen an sich. Sie dehnen sich bloß über einen Teil der Farbenlehre, über die bei der Brechung des Lichtes entstehenden Farben aus. Sie modifizieren sich sogleich von selbst, wenn man sie in das System einfügt, das die Totalität der Farbenerscheinungen behandelt. Was hier schwer einzusehen ist, ist eigentlich nur, daß nicht Behauptung gegen Behauptung steht, sondern ein Ganzes gegen ein einzelnes Kapitel. In einer Harmonie hat man nicht bloß das Ganze aus seinen Teilen mechanisch zusammenzufügen, sondern es werden auch die Teile durch die Natur des Ganzen bestimmt.

Wer Goethes Naturanschauung nähertritt, findet, daß sie mit allen übrigen Zweigen seines Schaffens eines Ursprunges ist. Man kann sagen: bei seiner Geistesrichtung war nur diese Anschauung möglich, und hinwiederum: seine poetische Sendung setzte eine solche Naturanschauung voraus, wie er sie hatte. *Die Prinzipien Goethescher Naturanschauung liegen da, wo die Grundlagen seiner Kunst liegen.*

Nur wer diese Zusammenhänge verkennt, kann Goethes Naturlehre eine prinzipienlose nennen. Sie hat aber den Schlüssel zu ihrem Verständnis in Goethes Wesen und trägt die Garantie ihrer Wahrheit in sich selbst. Nicht durch später gefundene Gesetze, durch die in ihr selbst liegende Kraft muß es ihr gelingen, dem Wissenschafts-Bedürfnis der Menschheit zu genügen. Ob dies wirklich einmal der Fall sein und ob es ihr doch einmal gegönnt sein wird, auf die Entwickelung des menschlichen Geistes einen fruchtbareren Einfluß auszuüben, als dies bisher der Fall war, bleibt natürlich der Zukunft anheimgestellt.

GOETHE ALS ÄSTHETIKER

Die Zahl der gegenwärtig erscheinenden Schriften und Abhandlungen, die sich zur Aufgabe machen, das Verhältnis Goethes zu den einzelnen Zweigen der modernen Wissenschaften und zu den verschiedenen Äußerungen unseres Geisteslebens überhaupt zu untersuchen, ist eine erdrückende. Hierinnen spricht sich die erfreuliche Tatsache aus, daß immer weitere Kreise von dem Bewußtsein ergriffen werden: wir stehen in Goethe einem Kulturfaktor gegenüber, mit dem sich alles auseinandersetzen muß, was an dem geistigen Leben der Gegenwart teilnehmen will. Wer den Punkt nicht findet, wo er sein eigenes Streben an diesen größten Geist der neueren Zeit anzuknüpfen vermag, der kann sich nur führen lassen von der übrigen Menschheit wie ein Blinder; bewußt, mit voller Klarheit den Zielen zusteuern, welche die Kulturentwickelung der Zeit einschlägt, kann er nicht. Aber gerade die Wissenschaft wird Goethe nicht überall gerecht. Es fehlt an der hier mehr als irgendwo notwendigen Unbefangenheit, um sich erst in die volle Tiefe des Goetheschen Genius zu versenken, bevor man sich auf den kritischen Stuhl setzt. Man glaubt, weit über Goethe hinaus zu sein, weil die *einzelnen Ergebnisse* seiner Forschung von denen der heutigen Wissenschaft, die eben mit vollkommeneren Hilfsmitteln und einer reicheren Erfahrung arbeitet, überholt sind. Aber wir sollten über diese Einzelheiten hinaus den Blick auf seine umfassenden Prinzipien, auf seine großartige Weise, die Dinge anzuschauen, richten. Wir sollten uns seine Art zu denken, seine Art, die Probleme zu stellen, aneignen, um dann mit unseren reicheren Mitteln und unserer ausgebreiteteren Erfahrung in *seinem Geiste* weiterbauen zu können. Goethe selbst hat das Verhältnis seiner wissenschaftlichen Resultate zum Fortschritte der Forschung in einem trefflichen Bilde veranschaulicht. Er bezeichnet sie als Steine, mit denen er sich auf dem Schachbrette vielleicht zu weit vorgewagt habe, aus denen man aber den *Plan des Spielers* erkennen sollte. Dieser Plan, mit dem er den Wissenschaften, denen er sich gewidmet hat, neue, großartige Impulse gegeben hat, ist eine *bleibende* Errungenschaft, der man das größte Unrecht antut, wenn man sie von oben herab behandelt. Aber unsere Zeit hat das Eigentümliche, daß ihr die produktive Kraft des Genies fast bedeutungslos erscheint. Wie sollte es auch anders sein in einer Zeit, in der jedes Hinausgehen über die tatsächliche Erfahrung in der Wissenschaft von so vielen verpönt ist! Zum bloßen Beobachten braucht man nichts als gesunde Sinne, und *Genie* ist dazu ein recht entbehrliches Ding.

Aber der wahre Fortschritt in den Wissenschaften wie in der Kunst ist niemals durch bloßes Beobachten oder sklavisches Nachahmen der Natur bewirkt worden. Gehen doch Tausende und aber Tausende an einer Tatsache vorüber, dann kommt einer und macht an derselben die Entdeckung eines großartigen wissenschaftlichen Gesetzes. Eine schwankende Kirchenlampe hat wohl mancher vor Galilei beobachtet, doch diesem genialen Kopfe war es vorbehalten, daran die für die Physik so bedeutungsvollen Pendelgesetze zu entdecken. «Wär' nicht das Auge sonnenhaft, wie könnten wir das Licht erblicken!» ruft Goethe aus, und er will damit sagen, daß nur der in die Tiefen der Natur zu blicken vermag, der die hiezu nötigen Anlagen hat und die produktive Kraft, im Tatsächlichen mehr zu sehen als die bloßen Tatsachen.

Von diesen Grundsätzen ausgehend, muß die bloß philologische und kritische Goethe-Forschung, der ihre Berechtigung abzusprechen ja eine Torheit wäre, ihre Ergänzung finden. Wir müssen auf die Tendenzen, die Goethe hatte, zurückgehen, und von den Gesichtspunkten aus, die er gezeigt hat, wissenschaftlich weiterarbeiten. Wir sollen nicht bloß *über* seinen Geist, sondern *in* seinem Geiste forschen.

Hier soll gezeigt werden, wie eine der jüngsten und am meisten umstrittenen Wissenschaften, die *Ästhetik,* im Sinne der Goetheschen Weltanschauung aufgebaut werden muß. Diese Wissenschaft ist kaum über ein Jahrhundert alt. Mit dem bestimmten Bewußtsein, damit ein neues wissenschaftliches Gebiet zu eröffnen, trat 1750 Alexander Gottlieb Baumgarten mit seiner «Aesthetica» hervor. Was vorher über diesen Zweig des Denkens geschrieben worden ist, kann nicht einmal als elementarer Ansatz zu einer Kunstwissenschaft bezeichnet werden. Weder die griechischen noch die mittelalterlichen Philosophen wußten wissenschaftlich mit der Kunst etwas anzufangen. Der griechische Geist fand alles, was er suchte, innerhalb der Natur, es gab für ihn keine Sehnsucht, die von dieser guten Mutter nicht befriedigt worden wäre. Er verlangte nichts über die Natur hinaus, daher brauchte ihm auch die Kunst nichts darüber zu bieten; sie mußte dieselben Bedürfnisse wie die Natur, nur in höherem Maße, befriedigen. Man fand alles, was man suchte, *in* der Natur, deshalb brauchte man in der Kunst nichts als die Natur zu erreichen. Aristoteles kennt deswegen kein anderes Kunstprinzip als die *Naturnachahmung*. Plato, der große Idealist der Griechen, erklärte die bildende Kunst und die Dramatik einfach für schädlich. Von einer selbständigen Aufgabe der Kunst hat er so wenig einen Begriff, daß er der Musik gegenüber nur deshalb Gnade für Recht ergehen läßt, weil sie die Tapferkeit im Kriege befördert. – Dabei konnte es nur so lange bleiben, als der Mensch nicht wußte, daß in seinem Innern eine der äußeren Natur mindestens ebenbürtige Welt lebt. In dem Augenblicke aber, in dem er diese selbständige Welt gewahr wurde, mußte er sich losmachen von den Fesseln der Natur, er mußte ihr gegenüberstehen als ein freies Wesen, dem nicht mehr *sie* seine Wünsche und Bedürfnisse anerschafft. Ob jetzt diese neue Sehnsucht, die nicht *innerhalb* der *bloßen* Natur erzeugt, auch noch durch die letztere befriedigt werden kann, bleibt fraglich. Damit sind die Konflikte des Ideals mit der Wirklichkeit, des Gewollten mit dem Erreichten, kurz alles dessen gegeben, was eine Menschenseele in ein wahres geistiges Labyrinth führt. Die Natur steht uns gegenüber da *seelenlos,* bar alles dessen, was uns unser Inneres als ein Göttliches ankündigt. Die nächste Folge wird ein Abwenden von aller Wirklichkeit sein, die Flucht vor dem unmittelbar Natürlichen. Diese Flucht zeigt uns die Weltanschauung des christlichen Mittelalters, sie ist das gerade Gegenteil des Griechentums. So wie letzteres *alles* in der Natur gefunden hat, so findet diese Auffassung *gar nichts mehr* in ihr. Auch jetzt war eine Kunstwissenschaft nicht möglich. Die Kunst kann ja doch nur mit den Mitteln der Natur arbeiten, und die christliche Gelehrsamkeit konnte es nicht fassen, wie man innerhalb der gottlosen Wirklichkeit Werke schaffen kann, die den nach Göttlichem strebenden Geist befriedigen können. Aber die Hilflosigkeit der Wissenschaft tat nie der Kunstentwickelung Abbruch. Während die erstere nicht wußte, was sie darüber denken solle, entstanden die herrlichsten Werke christlicher Kunst.

Zur Entstehung der Ästhetik war eine Zeit notwendig, in der der Geist, zwar frei und unabhängig von den Banden der Natur, sein Inneres, die Idealwelt, in voller Klarheit erblickt, und die Idee ihm Bedürfnis geworden ist, in der aber auch schon wieder ein Zusammengehen mit der Natur möglich ist. Dieses Zusammengehen kann sich nun freilich nicht auf die Summe von Zufälligkeiten beziehen, aus denen die Welt zusammengesetzt ist, die uns als Sinnenwelt gegeben ist, und von der der Grieche noch vollkommen befriedigt war. Hier finden wir ja nichts als Tatsachen, die ebensogut auch anders sein könnten, und wir suchen das Notwendige, von dem wir begreifen, warum es so sein muß; wir sehen nichts als Individuen, und unser Geist strebt nach dem Gattungsmäßigen, Urbildlichen; wir sehen nichts als Endliches, Vergängliches, und unser Geist strebt nach dem Unendlichen, Unvergänglichen, Ewigen. Wenn der der Natur entfremdete Menschengeist wieder zur Natur zurückkehren sollte, so mußte es zu etwas anderem sein als zu jener Summe von Zufälligkeiten. Und diese Rückkehr bedeutet Goethe: Rückkehr zur Natur, aber *Rückkehr mit dem vollen Reichtum des entwickelten Geistes, mit der Bildungshöhe der neuen Zeit.* Goethes Anschauung entspricht die grundsätzliche Trennung von Natur und Geist nicht; er will in der Welt ein großes Ganzes erblicken, eine einheitliche Entwickelungskette von Wesen, *innerhalb* welcher der Mensch ein Glied, wenn auch das höchste, bildet. Es handelt sich um ein Hinausgehen über die unmittelbare, sinnenfällige Natur, ohne sich im geringsten von dem zu entfernen, was das Wesen der Natur ausmacht. Er tritt pietätvoll auf die Wirklichkeit zu, weil er an ihren idealen Gehalt glaubt. Die Natur von einem einheitlichen Entwickelungszentrum aus als ein schaffendes Ganzes zu überblicken und das Hervorgehen des Einzelnen aus dem Ganzen im

Geiste nachzuschaffen, das ist die Aufgabe. Nicht auf das fertig gewordene Einzelne, sondern auf das Naturgesetz, nicht auf das Individuum, sondern auf die Idee, den Typus, der uns jenes erst begreiflich macht, kommt es an. Bei Goethe kommt diese Tatsache in der denkbar vollkommensten Form zum Ausdrucke. Was wir aber gerade an seinem Verhalten der Natur gegenüber lernen können, das ist die unumstößliche Wahrheit, daß für den modernen Geist die unmittelbare Natur keine Befriedigung bietet, weil wir nicht schon in ihr, wie sie als Erfahrungswelt ausgebreitet vor unseren Sinnen liegt, sondern erst dann das Höchste, die Idee, das Göttliche erkennen, wenn wir über sie hinausgehen. In der von aller Wirklichkeit losgelösten, rein ideellen Form ist nun die «höhere Natur in der Natur» in der Wissenschaft enthalten. Während aber die bloße Erfahrung zur Aussöhnung der Gegensätze von idealer und wirklicher Welt nicht kommen kann, weil sie wohl die Wirklichkeit, aber *noch nicht* die Idee hat, ist der Wissenschaft dieselbe aus dem Grunde nicht möglich, weil sie wohl die Idee, aber die Wirklichkeit *nicht mehr* hat. Zwischen beiden bedarf der Mensch eines neuen Reiches, eines Reiches, in dem das Einzelne schon, und nicht erst das Ganze die Idee darstellt, in dem schon das Individuum, nicht erst die Gattung mit dem Charakter der Notwendigkeit ausgestattet ist. Eine solche Welt kommt uns aber nicht von außen, der Mensch muß sie sich selbst erschaffen; und diese Welt ist die *Welt der Kunst,* ein notwendiges drittes Reich neben dem der Sinne und dem der Vernunft. Aufgabe der Ästhetik ist es nun, die Kunst als dieses dritte Reich zu begreifen und von diesem Gesichtspunkte ausgehend die Bestrebungen der Künstler zu verstehen. Das Problem zuerst in der von uns angedeuteten Weise angeregt und damit alle ästhetischen Hauptfragen eigentlich in Fluß gebracht zu haben, ist das Verdienst der im Jahre 1790 erschienenen «Kritik der Urteilskraft» Kants. Die hierinnen ausgesprochenen Ideen in Verbindung mit der großartigen Ausgestaltung, die sie durch Schiller (in den «Briefen über die ästhetische Erziehung des Menschen») erfahren haben, sind der Grundstein der Ästhetik. Kant findet, daß nur dann das Wohlgefallen an einem Objekte ein rein ästhetisches ist, wenn es unbeeinflußt ist von dem Interesse am realen Dasein desselben, so daß die reine Lust am Schönen nicht durch die Einmischung des Begehrungsvermögens, das nur nach Zweck und Nutzen fragt und die Welt darnach beurteilt, getrübt wird. Schiller findet nun, daß die geistige Tätigkeit, die sich im Schaffen und Genießen des Schönen auslebt, sich darinnen kennzeichnet, daß sie weder durch eine Naturnotwendigkeit gebunden ist, an die wir uns zu halten haben, wenn wir einfach die Erfahrungswelt auf unsere Sinne einwirken lassen, noch daß sie einer logischen Notwendigkeit untersteht, die sofort in Betracht kommt, wenn wir zum Zwecke wissenschaftlicher Forschung oder technischer Verwertung der Naturkräfte (zum Beispiel beim Bau einer Maschine) an die Wirklichkeit herantreten. Der Künstler gehorcht nun weder einseitig der Naturnotwendigkeit noch der Vernunftnotwendigkeit. Er gestaltet die Dinge der Außenwelt so um, daß sie erscheinen, als ob ihnen schon der Geist eingeboren wäre, und den Geist behandelt er so, als ob er unmittelbar natürlich wirkte.

Dadurch entsteht der ästhetische *Schein,* in dem sowohl die Natur- wie die Vernunftnotwendigkeit aufgehoben ist; jene, weil sie nicht ohne Geist, und diese, weil sie aus ihrer ideellen Höhe herabgestiegen ist und wie Natur wirkt. Die Werke, die dadurch entstehen, sind nun freilich nicht naturwahr im gewöhnlichen Sinne des Wortes, weil ja in der Natur sich Idee und Wirklichkeit nirgends decken, aber sie *müssen* Schein sein, wenn sie wahrhafte Kunstwerke sein sollen. Mit dem Begriffe des Scheines in diesem Zusammenhange steht Schiller als Ästhetiker einzig da, unübertroffen, ja unerreicht. Hier hätte die Ästhetik anknüpfen und von da aus weiterbauen sollen. Statt dessen tritt Schelling mit einer vollständig verfehlten Grundansicht auf den Plan und leitet die Ästhetik damit auf einen Irrweg, so daß sie sich nie wieder zurechtgefunden hat. Der Nestor unserer Schönheitswissenschaft, Friedrich Theodor Vischer, hat bis an sein Lebensende, trotzdem er selbst eine fünfbändige Ästhetik geschrieben, an der Überzeugung festgehalten: Ästhetik liegt noch in den Anfängen. Wie alle moderne Philosophie, so findet auch Schelling die Aufgabe des höchsten menschlichen Strebens in dem Erfassen der ewigen Urbilder der Dinge. In ihnen sei alle Wahrheit und Schönheit enthalten. Die wahre Schönheit sei also etwas Übersinnliches und das Kunstwerk, das ja das Schöne im Sinnlichen erreichen will, nur ein Abglanz jenes ewigen Urbildes. Das Kunstwerk ist nach Schelling nicht um seiner selbst willen *schön,* sondern darum, weil es die Idee der Schönheit abbildet. Die Kunst hat da keine andere Aufgabe, als die Wahrheit, wie sie auch in der Wissenschaft enthalten ist, objektiv zu verkörpern, zu veranschaulichen. Worauf es da ankommt, woran sich unser Wohlgefallen am Kunstwerke knüpft, das ist die ausgedrückte *Idee.* Das sinnliche Bild ist nur Ausdrucksmittel für einen übersinnlichen Inhalt. Und hierinnen folgen alle Ästhetiker der idealisierenden Richtung Schellings. Weder Hegel und Schopenhauer, noch ihre Nachfolger sind in diesem Punkte weitergekommen.* Wenn Hegel sagt: «Das Schöne ist das sinnliche Scheinen der Idee» und noch deutlicher: «Die harte Rinde der Natur und der gewöhnlichen Welt machen es dem Geiste saurer, *zur Idee* durchzudringen, als die *Werke der Kunst»,* so liegt darinnen ganz deutlich ausgesprochen, daß das Ziel der Kunst mit dem der Wissenschaft ein gleiches ist, nämlich *die Idee* zu erfassen, nur will sie die Wissenschaft in reiner Gedankenform, die Kunst aber in *anschaulicher* Weise durch ein sinnliches Ausdrucksmittel vor uns stellen. Und in gleichem Sinne definiert Vischer das Schöne als «die Erscheinung der Idee». Diese Ästhetik kann die selbständige Bedeutung der Kunst nicht begreifen. Was diese nach ihrer Ansicht bietet, ist ja in reinerer, ungetrübterer Gestalt auf dem Wege des Denkens auch zu erreichen. Und deswegen hat sich die idealisierende Kunstwissenschaft als unfruchtbar erwiesen. Aber sie ist nicht durch eine Physiologie des Geschmacks, nicht durch eine prinzipienlose, bloße Kunstgeschichte zu ersetzen, sondern durch Anlehnung an Goethes Kunstauffassung. Merck charakterisiert einmal Goethes Schaffen dadurch, daß er sagt, der letztere suche dem Wirklichen eine

* Auch die Ausführungen Eduard von Hartmanns über Hegel in seiner groß angelegten, geistvollen Ästhetik können mich in dieser Überzeugung nicht erschüttern, und die im Text angeführten Zitate sprechen durchaus für mich.

poetische Gestalt zu geben, während die anderen nur das sogenannte Imaginative zu verkörpern suchen, was dummes Zeug gebe. Damit ist ein Kunstprinzip angedeutet, das Goethe im zweiten Teil des «Faust» mit den Worten ausspricht: «Das *Was* bedenke, mehr bedenke *Wie.*» Es ist damit klar gesagt, woran in der Kunst alles liegt. Nicht um das Verkörpern eines Übersinnlichen, sondern um das Umgestalten des Sinnlichen, des Tatsächlichen handelt es sich. Das Wirkliche soll nicht zum Ausdrucksmittel herabsinken, nein, es soll in seiner Selbständigkeit bestehen bleiben, nur soll es eine neue Gestalt bekommen, eine Gestalt, in der es unser Bedürfnis nach dem Notwendigen, Urbildlichen befriedigt. Nicht die Idee *in* dem Sinnlichen soll der Grund unseres Vergnügens, unserer Erhebung am Kunstwerke sein, sondern der Umstand, daß hier ein Wirkliches, ein Individuelles *so* erscheint *wie* die Idee. In der Natur treten uns die Gegenstände eben nie so entgegen, wie sie ihrer Idee entsprechen, sondern gehemmt, beeinflußt von allen Seiten von Kräften, die mit dem Keime im Innern derselben nichts zu tun haben. Das Äußere deckt sich nicht mit dem Innern, die Natur erreicht nicht, was sie gewollt. Der Künstler beseitigt nun alle diese Gründe der Unvollkommenheit und stellt das Einzelding so vor unser Auge, wie wenn es Idee wäre. Der Künstler schafft Objekte, die vollkommener sind, als sie ihrem Naturdasein nach sein können, aber es ist doch nur die eigene Vollkommenheit der Wesen, die er anschaulich macht, *zur Darstellung bringt.* In diesem Hinausgehen eines Gegenstandes über sich selbst, aber doch nur auf Grund dessen, was schon in ihm verborgen ist, liegt das *Schöne.* Goethe kann mit Recht sagen: «Das Schöne ist eine Manifestation geheimer Naturgesetze, die uns ohne dessen Erscheinung ewig wären verborgen geblieben», und «Wem die Natur ihr offenbares Geheimnis zu enthüllen anfängt, der empfindet eine unwiderstehliche Sehnsucht nach ihrer würdigsten Auslegerin, der Kunst». *Das Schöne soll nicht eine Idee verkörpern, sondern einem Wirklichen eine solche Gestalt verleihen, daß es vollkommen und göttlich wie eine Idee vor unsere Sinne tritt.*

Das Schöne ist Schein, weil es eine Wirklichkeit vor unsere Sinne zaubert, die sich als solche wie die Ideenwelt selbst darstellt.

Das *Was* bleibt ein *sinnliches,* aber das *Wie* des Auftretens wird ein *ideelles.* Eine Welt der ideellen Vollkommenheit liefert uns die Wissenschaft; diese können wir aber bloß *denken;* eine Welt mit dem Charakter derselben Vollkommenheit ausgestattet, die aber *anschaulich* ist, tritt uns in dem *Schönen* gegenüber. Eduard von Hartmann, der neueste Bearbeiter der Ästhetik, der in seiner «Philosophie des Schönen» ein sehr verdienstliches Werk geschaffen hat, sagt ganz richtig, der Grundbegriff, von dem alle Schönheitsbetrachtung auszugehen hat, sei der Begriff des *ästhetischen Scheines.* Aber die Ideenwelt als solche kann niemals als Schein betrachtet werden, gleichviel, in welcher Form sie erscheint. Ein wirklicher Schein aber ist es, wenn das Natürliche, Individuelle in einer ewigen, unvergänglichen Form, ausgestattet *mit den Charakteren der Idee* erscheint, denn eine solche Form kommt dem Natürlichen als solchem *nicht* zu. Die Ästhetik nun, die von dieser Ansicht ausgeht, besteht dermalen noch nicht. Sie kann schlechterdings bezeichnet werden als *«Ästhetik der Goetheschen Weltanschauung»;* und sie ist die Ästhetik der Zukunft.

Zur zweiten Auflage

Dieser Vortrag, der hiermit in zweiter Auflage erscheint, ist vor mehr als zwanzig Jahren im Wiener Goethe-Verein gehalten worden. Anläßlich dieser Neuausgabe einer meiner früheren Schriften darf vielleicht das Folgende gesagt werden. Es ist vorgekommen, daß man Änderungen meiner Anschauungen während meiner schriftstellerischen Laufbahn gefunden hat. Wo gibt es ein Recht hierzu, wenn eine mehr als zwanzig Jahre alte Schrift von mir heute so erscheinen kann, daß auch nicht ein einziger Satz geändert zu werden braucht? Und wenn man insbesondere in meinem geisteswissenschaftlichen (anthroposophischen) Wirken einen Umschwung in meinen Ideen hat finden wollen, so kann dem erwidert werden, daß mir jetzt beim Durchlesen dieses Vortrags die in ihm entwickelten Ideen als ein *gesunder* Unterbau der Anthroposophie erscheinen. Ja, sogar erscheint es mir, daß gerade anthroposophische Vorstellungsart zum Verständnisse dieser Ideen berufen ist. Bei anderer Ideenrichtung wird man das Wichtigste, was gesagt ist, kaum wirklich ins Bewußtsein aufnehmen. Was damals vor zwanzig Jahren hinter meiner Ideenwelt stand, ist seit jener Zeit von mir nach den verschiedensten Richtungen ausgearbeitet worden; das ist die vorliegende Tatsache, nicht eine Änderung der Weltanschauung.

Ein paar Anmerkungen, die zur Verdeutlichung am Schlusse angehängt werden, hätten ebensogut vor zwanzig Jahren geschrieben werden können. Nun könnte noch die Frage aufgeworfen werden, ob denn das im Vortrage Gesagte auch heute noch in bezug auf die Ästhetik gilt. Denn in den letzten zwei Jahrzehnten ist doch auch manches auf diesem Felde gearbeitet worden. Da scheint mir, daß es gegenwärtig sogar noch mehr gilt als vor zwanzig Jahren. Mit Bezug auf die Entwickelung der Ästhetik darf der groteske Satz gewagt werden: die Gedanken dieses Vortrags sind seit ihrem ersten Erscheinen noch wahrer geworden, obgleich sie sich gar nicht geändert haben.

Basel, 15. September 1909.

Die Zahl der Schriften und Abhandlungen, die in unserer Zeit erscheinen mit der Aufgabe, das Verhältnis Goethes zu den verschiedensten Zweigen der modernen Wissenschaften und des modernen Geisteslebens überhaupt zu bestimmen, ist eine erdrückende. Die bloße Anführung der Titel würde wohl ein stattliches Bändchen füllen. Dieser Erscheinung liegt die Tatsache zugrunde, daß wir uns immer mehr bewußt werden, wir stehen in Goethe einem Kulturfaktor gegenüber, mit dem sich alles, was an dem geistigen Leben der Gegenwart teilnehmen will, notwendig auseinandersetzen muß. Ein Vorübergehen bedeutete in diesem Falle ein Verzichten auf die Grundlage unserer Kultur, ein Herumtummeln in der Tiefe ohne den Willen, sich zu erheben bis zur lichten Höhe, von der alles Licht unserer Bildung ausgeht. Nur wer es vermag, sich in irgendeinem Punkte an Goethe und seine Zeit anzuschließen, der kann zur Klarheit darüber kommen, welchen Weg unsere Kultur einschlägt, der kann sich der Ziele bewußt werden, welche die moderne Menschheit zu wandeln hat; wer diese Beziehung zu dem größten Geiste der neuen Zeit nicht findet, wird einfach mitgezogen von seinen Mitmenschen und geführt wie ein Blinder. Alle Dinge erscheinen uns in einem neuen Zusammenhange, wenn wir sie mit dem Blick betrachten, der sich an diesem Kulturquell geschärft hat.

So erfreulich aber das erwähnte Bestreben der Zeitgenossen ist, irgendwo an Goethe anzuknüpfen, so kann doch keineswegs zugestanden werden, daß die Art, in der es geschieht, eine durchwegs glückliche ist. Nur zu oft fehlt es an der gerade hier so notwendigen Unbefangenheit, die sich erst in die volle Tiefe des Goetheschen Genius versenkt, bevor sie sich auf den kritischen Stuhl setzt. Man hält Goethe in vielen Dingen nur deswegen für überholt, weil man seine ganze Bedeutung nicht erkennt. Man glaubt weit über Goethe hinaus zu sein, während das Richtige meist darinnen läge, daß wir seine umfassenden Prinzipien, seine großartige Art, die Dinge anzuschauen, auf unsere jetzt vollkommeneren wissenschaftlichen Hilfsmittel und Tatsachen anwenden sollten. Bei Goethe kommt es gar niemals darauf an, ob das Ergebnis seiner Forschungen mit dem der heutigen Wissenschaft mehr oder weniger übereinstimmt, sondern stets nur darauf, wie er die Sache angefaßt hat. Die Ergebnisse tragen den Stempel seiner Zeit, das ist, sie gehen so weit, als wissenschaftliche Behelfe und die Erfahrung seiner Zeit reichten; seine Art zu denken, seine Art, die Probleme zu stellen, aber ist eine *bleibende* Errungenschaft, der man das größte Unrecht antut, wenn man sie von oben herab behandelt. Aber unsere Zeit hat das Eigentümliche, daß ihr die produktive Geisteskraft des *Genies* fast bedeutungslos erscheint. Wie sollte es auch anders sein in einer Zeit, in der jedes Hinausgehen über die physische Erfahrung in der Wissenschaft wie in der Kunst verpönt ist. Zum bloßen sinnlichen Beobachten braucht man weiter nichts als gesunde Sinne, und *Genie* ist *dazu* ein recht entbehrliches Ding.

Aber der wahre Fortschritt in den Wissenschaften wie in der Kunst ist niemals durch solches Beobachten oder sklavisches Nachahmen der Natur bewirkt worden. Gehen doch Tausende und aber Tausende an einer Beobachtung vorüber, dann kommt einer und macht an derselben Beobachtung die Entdeckung eines großartigen wissenschaftlichen Gesetzes. Eine schwankende Kirchenlampe hat wohl mancher vor Galilei gesehen; doch dieser geniale Kopf mußte kommen, um an ihr die für die Physik so bedeutungsvollen Gesetze der Pendelbewegung zu finden. «Wär' nicht das Auge sonnenhaft, wie könnten wir das Licht erblicken», ruft Goethe aus; er will damit sagen, daß nur der in die Tiefen der Natur zu blicken vermag, der die notwendige Veranlagung dazu hat und die produktive Kraft, im Tatsächlichen mehr zu sehen als die bloßen äußeren Tatsachen. Das will man nicht einsehen. Man sollte die gewaltigen Errungenschaften, die wir dem Genie Goethes verdanken, nicht verwechseln mit den Mängeln, die seinen Forschungen infolge des damaligen beschränkten Standes der Erfahrungen anhaften. Goethe selbst hat das Verhältnis seiner wissenschaftlichen Resultate zum Fortschritte der Forschung in einem trefflichen Bilde charakterisiert; er bezeichnet die letzteren als Steine, mit denen er sich auf dem Brette vielleicht zu weit vorgewagt, aus denen man aber den Plan des Spielers erkennen solle. Beherzigt man diese Worte, dann erwächst uns auf dem Gebiete der Goethe-Forschung folgende hohe Aufgabe: sie muß überall auf die Tendenzen, die Goethe hatte, zurückgehen. Was er selbst als Ergebnisse gibt, mag nur als Beispiel gelten, wie er seine großen Aufgaben mit beschränkten Mitteln zu lösen versuchte. Wir müssen sie in *seinem Geiste,* aber mit unseren größeren Mitteln und auf Grund unserer reicheren Erfahrungen zu lösen suchen. Auf diesem Wege werden alle Zweige der Forschung, denen Goethe seine Aufmerksamkeit zugewendet, befruchtet werden können und, *was mehr ist:* sie werden ein einheitliches Gepräge tragen, durchaus Glieder einer einheitlichen großen Weltanschauung sein. Die bloße philologische und kritische Forschung, der ihre Berechtigung abzusprechen ja eine Torheit wäre, muß von dieser Seite her ihre Ergänzung finden. Wir müssen uns der Gedanken- und Ideenfülle, die in Goethe liegt, bemächtigen und von ihr ausgehend wissenschaftlich weiterarbeiten.

Hier soll es meine Aufgabe sein, zu zeigen, inwiefern die entwickelten Grundsätze auf eine der jüngsten und zugleich am meisten umstrittenen Wissenschaften, auf die Ästhetik, Anwendung finden. Die Ästhetik, das ist die Wissenschaft, die sich mit der Kunst und ihren Schöpfungen beschäftigt, ist kaum hundert Jahre alt. Mit vollem Bewußtsein, damit ein neues wissenschaftliches Gebiet zu eröffnen, ist erst Alexander Gottlieb Baumgarten im Jahre 1750 hervorgetreten. In dieselbe Zeit fallen die Bemühungen Winckelmanns und Lessings, über prinzipielle Fragen der Kunst zu einem gründlichen Urteile zu kommen. Alles, was vorher auf diesem Felde versucht worden ist, kann nicht einmal als elementarster Ansatz zu dieser Wissenschaft bezeichnet werden. Selbst der große Aristoteles, dieser geistige Riese, der auf alle Zweige der Wissenschaft einen so maßgebenden Einfluß geübt hat, ist für die Ästhetik ganz unfruchtbar geblieben. Er hat die bildenden Künste ganz aus dem Kreise seiner Betrachtung ausgeschlossen, woraus hervorgeht, daß er den Begriff der Kunst überhaupt nicht gehabt hat, und außerdem kennt er kein anderes Prinzip als das der Nachahmung der Natur, was uns wieder zeigt, daß er die Aufgabe des Menschengeistes bei seinen Kunstschöpfungen nie begriffen hat.

Die Tatsache, daß die Wissenschaft des Schönen so spät erst entstanden ist, ist nun kein Zufall. Sie war früher gar nicht möglich, einfach weil die Vorbedingungen dazu fehlten. Welche sind nun diese? Das Bedürfnis nach der Kunst ist so alt wie die Menschheit, jenes nach dem Erfassen ihrer Aufgabe konnte erst sehr spät auftreten. Der griechische Geist, der vermöge seiner glücklichen Organisation aus der unmittelbar uns umgebenden Wirklichkeit seine Befriedigung schöpfte, brachte eine Kunstepoche hervor, die ein Höchstes bedeutet; aber er tat es in ursprünglicher Naivität, ohne das Bedürfnis, sich in der Kunst eine Welt zu erschaffen, die eine Befriedigung bieten soll, die uns von keiner anderen Seite werden kann. Der Grieche fand in der Wirklichkeit alles, was er suchte; allem, wonach sein Herz verlangte, wonach sein Geist dürstete, kam die Natur reichlich entgegen. Nie sollte es bei ihm dazu kommen, daß in seinem Herzen die Sehnsucht entstände nach einem Etwas, das wir vergebens in der uns umgebenden Welt suchen. Der Grieche ist nicht herausgewachsen aus der Natur, deshalb sind alle seine Bedürfnisse *durch sie* zu befriedigen. In ungetrennter Einheit mit seinem ganzen Sein mit der Natur verwachsen, schafft *sie* in ihm und weiß dann ganz gut, was sie ihm anerschaffen darf, um es auch wieder befriedigen zu können. So bildete denn bei diesem naiven Volke die Kunst nur eine Fortsetzung des Lebens und Treibens *innerhalb* der Natur, war unmittelbar aus ihr herausgewachsen. Sie befriedigte dieselben Bedürfnisse wie ihre Mutter, nur im höheren Maße. Daher kommt es, daß Aristoteles kein höheres Kunstprinzip kannte als die Naturnachahmung. Man brauchte nicht mehr als die Natur zu erreichen, weil man *in* der Natur schon den Quell aller Befriedigung hatte. Was uns nur leer und bedeutungslos erscheinen müßte, die *bloße*

Naturnachahmung, war hier völlig ausreichend. Wir haben verlernt, in der bloßen Natur das Höchste zu sehen, wonach unser Geist verlangt; deswegen könnte *uns* der *bloße* Realismus, der uns die jenes Höheren bare Wirklichkeit bietet, nimmer befriedigen. Diese Zeit mußte kommen. Sie war eine Notwendigkeit für die sich zu immer höheren Stufen der Vollkommenheit fortentwickelnde Menschheit. Der Mensch konnte sich nur so lange ganz innerhalb der Natur halten, solange er sich dessen nicht bewußt war. Mit dem Augenblicke, da er sein eigenes Selbst in voller Klarheit erkannte, mit dem Augenblicke, als er einsah, daß in seinem Innern ein jener Außenwelt mindestens ebenbürtiges Reich lebt, da mußte er sich losmachen von den Fesseln der Natur.

Jetzt konnte er sich ihr nicht mehr ganz ergeben, auf daß sie mit ihm schalte und walte, daß *sie* seine Bedürfnisse erzeuge und wieder befriedige. Jetzt mußte er ihr gegenübertreten, und damit hatte er sich faktisch von ihr losgelöst, hatte sich in seinem Innern eine neue Welt erschaffen, und aus *dieser* fließt jetzt seine Sehnsucht, aus *dieser* kommen seine Wünsche. Ob diese Wünsche, jetzt abseits von der Mutter Natur erzeugt, von dieser auch befriedigt werden können, bleibt natürlich dem Zufall überlassen. Jedenfalls trennt den Menschen jetzt eine scharfe Kluft von der Wirklichkeit, und er muß die Harmonie erst herstellen, die früher in ursprünglicher Vollkommenheit da war. Damit sind die Konflikte des Ideals mit der Wirklichkeit, des Gewollten mit dem Erreichten, kurz alles dessen gegeben, was eine Menschenseele in ein wahres geistiges Labyrinth führt. Die Natur steht uns da gegenüber seelenlos, bar alles dessen, was uns unser Inneres als ein Göttliches ankündigt. Die nächste Folge ist das Abwenden von allem, was Natur ist, die Flucht vor dem unmittelbar Wirklichen. Dies ist das gerade Gegenteil des Griechentums. So wie das letztere *alles in* der Natur gefunden hat, so findet diese Weltanschauung *gar nichts* in ihr. Und in diesem Lichte muß uns das christliche Mittelalter erscheinen. Sowenig das Griechentum das Wesen der Kunst zu erkennen vermochte, weil sie deren Hinausgehen über die Natur, das Erzeugen einer höheren Natur gegenüber der unmittelbaren, nicht begreifen konnte, ebensowenig konnte es die christliche Wissenschaft des Mittelalters zu einer Kunsterkenntnis bringen, weil ja die Kunst doch nur mit den Mitteln der Natur arbeiten konnte und die Gelehrsamkeit es nicht fassen konnte, wie man innerhalb der gottlosen Wirklichkeit Werke schaffen kann, die den nach Göttlichem strebenden Geist befriedigen können. Auch hier tat die Hilflosigkeit der Wissenschaft der Kunstentwickelung keinen Abbruch. Während die erstere nicht wußte, was sie darüber denken solle, entstanden die herrlichsten Werke christlicher Kunst. Die Philosophie, die in jener Zeit der Theologie die Schleppe nachtrug, wußte der Kunst ebensowenig einen Platz in dem Kulturfortschritte einzuräumen, wie es der große Idealist der Griechen, der «göttliche Plato», vermochte. Plato erklärte ja die bildende Kunst und die Dramatik einfach für schädlich. Von einer selbständigen Aufgabe der Kunst hat er so wenig einen Begriff, daß er der Musik gegenüber nur deshalb Gnade für Recht walten läßt, weil sie die Tapferkeit im Kriege befördert.

In der Zeit, in der Geist und Natur so innig verbunden waren, konnte die Kunstwissenschaft nicht entstehen, sie konnte es aber auch nicht in jener, in der sie sich als unversöhnte Gegensätze gegenüberstanden. Zur Entstehung der Ästhetik war jene Zeit notwendig, in der der Mensch frei und unabhängig von den Fesseln der Natur den Geist in seiner ungetrübten Klarheit erblickte, in der aber auch schon wieder ein Zusammenfließen mit der Natur möglich ist. Daß der Mensch sich über den Standpunkt des Griechentums erhebt, hat seinen guten Grund. Denn in der Summe von Zufälligkeiten, aus denen die Welt zusammengesetzt ist, in die wir uns versetzt fühlen, können wir nimmer das Göttliche, das Notwendige finden. Wir sehen ja nichts um uns als Tatsachen, die ebensogut auch anders sein könnten; wir sehen nichts als Individuen, und unser Geist strebt nach dem Gattungsmäßigen, Urbildlichen; wir sehen nichts als Endliches, Vergängliches, und unser Geist strebt nach dem Unendlichen, Unvergänglichen, Ewigen. Wenn also der der Natur entfremdete Menschengeist zur Natur zurückkehren sollte, so mußte dies zu etwas anderem sein als zu jener Summe von Zufälligkeiten. Und diese Rückkehr bedeutet Goethe: Rückkehr zur Natur, aber Rückkehr mit dem vollen

Reichtum des entwickelten Geistes, mit der Bildungshöhe der neuen Zeit.

Goethes Anschauungen entspricht die grundsätzliche Trennung von Natur und Geist nicht; er will in der Welt nur *ein* großes Ganzes erblicken, eine einheitliche Entwickelungskette von Wesen, *innerhalb* welcher der Mensch ein Glied, wenn auch das höchste, bildet. «Natur! Wir sind von ihr umgeben und umschlungen – unvermögend, aus ihr herauszutreten, und unvermögend, tiefer in sie hineinzukommen. Ungebeten und ungewarnt nimmt sie uns in den Kreislauf ihres Tanzes auf und treibt sich mit uns fort, bis wir ermüdet sind und ihrem Arme entfallen.» (Siehe Goethes Werke. Naturwissenschaftliche Schriften, 2. Bd. Hg. von Rudolf Steiner in Kürschners Deutsche Nat.-Lit., S. 5f.) Und im Buche über Winckelmann: «Wenn die gesunde Natur des Menschen als ein Ganzes wirkt, wenn er sich in der Welt als in einem großen, schönen, würdigen und werten Ganzen fühlt, wenn das harmonische Behagen ihm ein reines, freies Entzücken gewährt: dann würde das Weltall, wenn es sich selbst empfinden könnte, als an sein Ziel gelangt, aufjauchzen und den Gipfel des eignen Werdens und Wesens bewundern.» Hierinnen liegt das echt Goethesche *weite* Hinausgehen über die unmittelbare Natur, ohne sich auch nur im geringsten von dem zu entfernen, was das *Wesen der Natur* ausmacht. Fremd ist ihm, was er selbst bei vielen besonders begabten Menschen findet: «Die Eigenheit, eine Art von Scheu vor dem wirklichen Leben zu empfinden, sich in sich selbst zurückzuziehen, in sich selbst eine eigene Welt zu erschaffen und auf diese Weise das Vortrefflichste nach innen bezüglich zu leisten.» Goethe flieht die Wirklichkeit nicht, um sich eine abstrakte Gedankenwelt zu schaffen, die nichts mit jener gemein hat; nein, er vertieft sich in dieselbe, um in ihrem ewigen Wandel, in ihrem Werden und Bewegen, ihre unwandelbaren Gesetze zu finden, er stellt sich dem Individuum gegenüber, um *in* ihm das Urbild zu erschauen. So erstand in seinem Geiste die Urpflanze, so das Urtier, die ja nichts anderes sind als die *Ideen des Tieres und der Pflanze.* Das sind keine leeren Allgemeinbegriffe, die einer grauen Theorie angehören, das sind die wesentlichen Grundlagen der Organismen mit einem reichen, konkreten Inhalt, lebensvoll und anschaulich. Anschaulich freilich nicht für die äußeren Sinne, sondern nur für jenes höhere Anschauungsvermögen, das Goethe in dem Aufsatze über «Anschauende Urteilskraft» bespricht. Die Ideen im Goetheschen Sinne sind ebenso objektiv wie die Farben und Gestalten der Dinge, aber sie sind nur für *den* wahrnehmbar, dessen Fassungsvermögen dazu eingerichtet ist, so wie Farben und Formen nur für den Sehenden und nicht für den Blinden da sind. Wenn wir dem Objektiven eben nicht mit einem empfänglichen Geiste entgegenkommen, enthüllt es sich nicht vor uns. Ohne das instinktive Vermögen, Ideen wahrzunehmen, bleiben uns diese immer ein verschlossenes Feld. Tiefer als jeder andere hat hier Schiller in das Gefüge des Goetheschen Genius geschaut.

Am 23. August 1794 klärte er Goethe über das Wesen, das seinem Geist zugrunde liegt, mit folgenden Worten auf: «Sie nehmen die ganze Natur zusammen, um über das Einzelne Licht zu bekommen; in der Allheit ihrer Erscheinungsarten suchen Sie den Erklärungsgrund für das Individuum auf. Von der einfachen Organisation steigen Sie, Schritt vor Schritt, zu der mehr verwickelten auf, um endlich die verwickeltste von allen, den Menschen, genetisch aus den Materialien des ganzen Naturgebäudes zu erbauen. Dadurch, daß Sie ihn der Natur gleichsam nacherschaffen, suchen Sie in seine verborgene Technik einzudringen.» In diesem Nacherschaffen liegt ein *Schlüssel* zum Verständnis der Weltanschauung Goethes. Wollen wir wirklich zu den Urbildern der Dinge, zu dem Unwandelbaren im ewigen Wechsel aufsteigen, dann dürfen wir nicht das Fertiggewordene betrachten, denn dieses entspricht nicht mehr ganz der Idee, die sich in ihm ausspricht, wir müssen auf das Werden zurückgehen, wir müssen die Natur im Schaffen belauschen. Das ist der Sinn der Goetheschen Worte in dem Aufsatze «Anschauende Urteilskraft»: «Wenn wir ja im Sittlichen durch Glauben an Gott, Tugend und Unsterblichkeit uns in eine obere Region erheben und an das erste Wesen annähern sollen, so dürfte es wohl im Intellektuellen derselbe Fall sein, daß wir uns durch das Anschauen einer immer schaffenden Natur zur geistigen Teilnahme an ihren Produktionen würdig machten. Hatte ich doch erst unbewußt und aus innerem Trieb auf jenes Urbildliche, Typische rastlos gedrungen.» (Goethes Werke, wie oben. 1. Bd. d. Naturw. Schr. S. 115.) Die Goetheschen Urbilder sind also nicht leere Schemen, sondern sie sind die treibenden Kräfte hinter den Erscheinungen.

Das ist die «höhere Natur» in der Natur, der sich Goethe bemächtigen will. Wir sehen daraus, daß in keinem Falle die Wirklichkeit, wie sie vor unseren Sinnen ausgebreitet daliegt, etwas ist, bei dem der auf höherer Kulturstufe angelangte Mensch stehenbleiben kann. Nur indem der Menschengeist diese Wirklichkeit überschreitet, die Schale zerbricht und zum Kerne vordringt, wird ihm offenbar, was diese Welt im Innersten zusammenhält. Nimmermehr können wir am einzelnen Naturgeschehen, nur am Naturgesetze, nimmermehr am *einzelnen Individuum,* nur an der Allgemeinheit Befriedigung finden. Bei Goethe kommt diese Tatsache in der denkbar vollkommensten Form vor. Was auch bei ihm stehenbleibt, ist die Tatsache, daß für den modernen Geist die Wirklichkeit, das einzelne Individuum keine Befriedigung bietet, weil wir nicht schon *in ihm,* sondern erst, wenn wir über dasselbe hinausgehen, das finden, in dem wir das Höchste erkennen, das wir als Göttliches verehren, das wir in der Wissenschaft als Idee ansprechen. Während die bloße Erfahrung zur Versöhnung der Gegensätze nicht kommen kann, weil sie wohl die Wirklichkeit, aber *noch nicht* die Idee hat, kann die Wissenschaft zu dieser Aussöhnung nicht kommen, weil sie wohl die *Idee,* aber die Wirklichkeit *nicht mehr* hat. Zwischen beiden bedarf der Mensch eines neuen Reiches; eines Reiches, in dem das Einzelne schon und nicht erst das Ganze die Idee darstellt, eines Reiches, in dem das Individuum schon so auftritt, daß ihm der Charakter der Allgemeinheit und Notwendigkeit innewohnt. Eine solche Welt ist aber in der Wirklichkeit nicht vorhanden, eine solche Welt muß sich der Mensch erst selbst erschaffen, und *diese Welt* ist die Welt der Kunst: ein notwendiges drittes Reich neben dem der Sinne und dem der Vernunft.

Und die Kunst als dieses dritte Reich zu begreifen, hat die Ästhetik als ihre Aufgabe anzusehen. Das Göttliche, dessen die

Naturdinge entbehren, muß ihnen der Mensch selbst einpflanzen, und hierinnen liegt eine hohe Aufgabe, die den Künstlern erwächst. Sie haben sozusagen das Reich Gottes auf diese Erde zu bringen. Diese, man darf es wohl so nennen, religiöse Sendung der Kunst spricht Goethe – im Buch über Winckelmann – in folgenden herrlichen Worten aus:

«Indem der Mensch auf den Gipfel der Natur gestellt ist, so sieht er sich wieder als eine ganze Natur an, die in sich abermals einen Gipfel hervorzubringen hat. Dazu steigert er sich, indem er sich mit allen Vollkommenheiten und Tugenden durchdringt, Wahl, Ordnung, Harmonie und Bedeutung aufruft und sich endlich bis zur Produktion des Kunstwerkes erhebt, das neben seinen übrigen Taten und Werken einen glänzenden Platz einnimmt. Ist es einmal hervorgebracht, steht es in seiner idealen Wirklichkeit vor der Welt, so bringt es eine dauernde Wirkung, es bringt die höchste hervor; denn indem es aus den gesamten Kräften sich geistig entwickelt, so nimmt es alles Herrliche, Verehrungs- und Liebenswürdige in sich auf und erhebt, indem es die menschliche Gestalt beseelt, den Menschen über sich selbst, schließt seinen Lebens- und Tatenkreis ab und vergöttert ihn für die Gegenwart, in der das Vergangene und Künftige begriffen ist. Von solchen Gefühlen wurden die ergriffen, die den olympischen Jupiter erblickten, wie wir aus den Beschreibungen, Nachrichten und Zeugnissen der Alten uns entwickeln können. Der Gott war zum Menschen geworden, um den Menschen zum Gott zu erheben. Man erblickte die höchste Würde und ward für die höchste Schönheit begeistert.»

Damit war der Kunst ihre hohe Bedeutung für den Kulturfortschritt der Menschheit zuerkannt. Und es ist bezeichnend für das gewaltige Ethos des deutschen Volkes, daß ihm zuerst diese Erkenntnis aufging, bezeichnend, daß seit einem Jahrhundert alle deutschen Philosophen danach ringen, die würdigste wissenschaftliche Form für die eigentümliche Art zu finden, wie im Kunstwerke Geistiges und Natürliches, Ideales und Reales miteinander verschmelzen. Nichts anderes ist ja die Aufgabe der Ästhetik, als diese Durchdringung in ihrem Wesen zu begreifen und in den einzelnen Formen, in denen sie sich in den verschiedenen Kunstgebieten darlebt, durchzuarbeiten. Das Problem, zuerst in der von uns angedeuteten Weise angeregt und damit alle ästhetischen Hauptfragen eigentlich in Fluß gebracht zu haben, ist das Verdienst der im Jahre 1790 erschienenen «Kritik der Urteilskraft» Kants, deren Auseinandersetzungen Goethe sogleich sympathisch berührten. Bei allem Ernst der Arbeit aber, der auf die Sache verwandt wurde, müssen wir doch heute gestehen, daß wir eine allseitig befriedigende Lösung der ästhetischen Aufgaben nicht haben.

Der Altmeister unserer Ästhetik, der scharfe Denker und Kritiker Friedrich Theodor Vischer, hat bis zu seinem Lebensende an der von ihm ausgesprochenen Überzeugung festgehalten: «Ästhetik liegt noch in den Anfängen.» Damit hat er eingestanden, daß alle Bestrebungen auf diesem Gebiete, seine eigene fünfbändige Ästhetik mit inbegriffen, mehr oder weniger Irrwege bezeichnen. Und so ist es auch. Dies ist – wenn ich hier meine Überzeugung aussprechen darf – nur auf den Umstand zurückzuführen, weil man Goethes fruchtbare Keime auf diesem Gebiete unberücksichtigt gelassen hat, weil man ihn nicht für wissenschaftlich voll nahm. Hätte man das getan, dann hätte man einfach die Ideen Schillers ausgebaut, die ihm in der Anschauung des Goetheschen Genius aufgegangen sind und die er in den «Briefen über ästhetische Erziehung» niedergelegt hat. Auch diese Briefe werden vielfach von den systematisierenden Ästhetikern nicht für genug wissenschaftlich genommen, und doch gehören sie zu dem Bedeutendsten, was die Ästhetik überhaupt hervorgebracht hat. Schiller geht von Kant aus. Dieser Philosoph hat die Natur des Schönen in mehrfacher Hinsicht bestimmt. Zuerst untersucht er den Grund des Vergnügens, das wir an den schönen Werken der Kunst empfinden. Diese Lustempfindung findet er ganz verschieden von jeder anderen. Vergleichen wir sie mit der Lust, die wir empfinden, wenn wir es mit einem Gegenstande zu tun haben, dem wir etwas uns Nutzenbringendes verdanken. Diese Lust ist eine ganz andere. Diese Lust hängt innig mit dem Begehren nach dem Dasein dieses Gegenstandes zusammen. Die Lust am Nützlichen verschwindet, wenn das Nützliche selbst nicht mehr ist. Das ist bei der Lust, die wir dem Schönen gegenüber empfinden, anders. Diese Lust hat mit dem Besitze, mit der Existenz des Gegenstandes nichts zu tun. Sie haftet demnach gar nicht am Objekte, sondern nur an der Vorstellung von demselben. Während beim Zweckmäßigen, Nützlichen sogleich das Bedürfnis entsteht, die Vorstellung in Realität umzusetzen, sind wir beim Schönen mit dem bloßen Bilde zufrieden. Deshalb nennt Kant das Wohlgefallen am Schönen ein von jedem realen Interesse unbeeinflußtes, ein «interesseloses Wohlgefallen». Es wäre aber die Ansicht ganz falsch, daß damit von dem Schönen die Zweckmäßigkeit ausgeschlossen wird; das geschieht nur mit dem äußeren Zwecke. Und daraus fließt die zweite Erklärung des Schönen: «Es ist ein in sich zweckmäßig Geformtes, aber ohne einem äußeren Zwecke zu dienen.» Nehmen wir ein anderes Ding der Natur oder ein Produkt der menschlichen Technik wahr, dann kommt unser Verstand und fragt nach Nutzen und Zweck. Und er ist nicht früher befriedigt, bis seine Frage nach dem «Wozu» beantwortet ist. Beim Schönen liegt das Wozu in dem Dinge selbst, und der Verstand braucht nicht über dasselbe hinauszugehen. Hier setzt nun Schiller an. Und er tut dies, indem er die Idee der Freiheit in die Gedankenreihe hineinverwebt in einer Weise, die der Menschennatur die höchste Ehre macht. Zunächst stellt Schiller zwei unablässig sich geltend machende Triebe des Menschen einander gegenüber. Der erste ist der sogenannte Stofftrieb oder das Bedürfnis, unsere Sinne der einströmenden Außenwelt offenzuhalten. Da dringt ein reicher Inhalt auf uns ein, aber ohne daß wir selbst auf seine Natur einen bestimmenden Einfluß nehmen könnten. Mit unbedingter Notwendigkeit geschieht hier alles. Was wir wahrnehmen, wird von außen bestimmt; wir sind hier unfrei, unterworfen, wir müssen einfach dem Gebote der Naturnotwendigkeit gehorchen. Der zweite ist der Formtrieb. Das ist nichts anderes als die Vernunft, die in das wirre Chaos des Wahrnehmungsinhaltes Ordnung und Gesetz bringt. Durch ihre Arbeit kommt System in die Erfahrung. Aber auch hier sind wir nicht frei, findet Schiller. Denn bei dieser ihrer Arbeit ist die Vernunft den unabänderlichen Gesetzen der Logik unterworfen. Wie dort unter der Macht der Naturnotwendigkeit, so stehen wir hier unter jener der Vernunftnotwendigkeit. Gegenüber beiden sucht die Freiheit eine Zufluchtstätte. Schiller weist ihr das Gebiet der Kunst an, indem er die Analogie der Kunst mit dem Spiel des Kindes hervorhebt. Worinnen liegt das Wesen des Spieles? Es werden Dinge der Wirklichkeit genommen und in ihren Verhältnissen in beliebiger Weise verändert. Dabei ist bei dieser Umformung der Realität nicht ein Gesetz der logischen Notwendigkeit maßgebend, wie wenn wir zum Beispiel eine Maschine bauen, wo wir uns strenge den Gesetzen der Vernunft unterwerfen müssen, sondern es wird einzig und allein einem subjektiven Bedürfnis gedient. Der Spielende bringt die Dinge in einen Zusammenhang, der ihm Freude macht; er legt sich keinerlei Zwang auf. Die Naturnotwendigkeit achtet er nicht, denn er überwindet ihren Zwang, indem er die ihm überlieferten Dinge ganz nach Willkür verwendet; aber auch von der Vernunftnotwendigkeit fühlt er sich nicht abhängig, denn die Ordnung, die er in die Dinge bringt, ist *seine* Erfindung. So prägt der Spielende der Wirklichkeit seine Subjektivität ein, und dieser letzteren hinwiederum verleiht er objektive Geltung. Das gesonderte Wirken der beiden Triebe hat aufgehört; sie sind in eins zusammengeflossen und damit frei geworden: Das Natürliche ist ein Geistiges, das Geistige ein Natürliches. Schiller nun, der Dichter der Freiheit, sieht so in der Kunst nur ein *freies Spiel* des Menschen auf höherer Stufe und ruft begeistert aus: «Der Mensch ist nur da ganz Mensch, wo er spielt, ... und er spielt nur, wo er in voller Bedeutung des Wortes Mensch ist.» Den der Kunst zugrunde liegenden Trieb nennt Schiller den *Spieltrieb.* Dieser erzeugt im Künstler Werke, die schon in ihrem sinnlichen Dasein unsere Vernunft befriedigen und deren Vernunftinhalt zugleich als sinnliches Dasein gegenwärtig ist. Und das Wesen des Menschen wirkt auf dieser Stufe so, daß seine Natur zugleich geistig und sein Geist zugleich natürlich wirkt. Die Natur wird zum Geiste erhoben, der Geist versenkt sich in die Natur. Jene wird dadurch geadelt, dieser aus seiner unanschaulichen Höhe in die sichtbare Welt gerückt. Die Werke, die dadurch entstehen, sind nun freilich deshalb nicht völlig naturwahr, weil in der Wirklichkeit sich nirgends Geist und Natur decken; wenn wir daher die Werke der Kunst mit jenen der Natur zusammenstellen, so erscheinen sie uns als *bloßer Schein.* Aber sie müssen Schein sein, weil sie sonst nicht wahrhafte Kunstwerke wären. Mit dem Begriffe des Scheines in diesem Zusammenhange steht Schiller als Ästhetiker einzig da, unübertroffen, unerreicht. Hier hätte man weiter bauen sollen und die zunächst nur einseitige Lösung des Schönheitsproblemes durch die Anlehnung an Goethes Kunstbetrachtung weiterführen sollen. Statt dessen tritt Schelling mit einer vollständig verfehlten Grundansicht auf den Plan und inauguriert einen Irrtum, aus dem die deutsche Ästhetik nicht wieder herausgekommen ist. Wie die ganze moderne Philosophie findet auch Schelling die Aufgabe des höchsten menschlichen Strebens in dem Erfassen der ewigen Urbilder der Dinge. Der Geist schreitet hinweg über die wirkliche Welt und erhebt sich zu den Höhen, wo das Göttliche thront. Dort geht ihm alle Wahrheit und Schönheit auf. Nur was ewig ist, ist wahr und ist auch schön. Die eigentliche Schönheit kann also nach Schelling nur der schauen, der sich zur höchsten Wahrheit erhebt, denn sie sind ja nur eines und dasselbe. Alle sinnliche Schönheit ist ja nur ein schwacher Abglanz jener unendlichen Schönheit, die wir nie mit den Sinnen wahrnehmen können. Wir sehen, worauf das hinauskommt: Das Kunstwerk ist nicht um seiner selbst willen und durch das, was es ist, *schön,* sondern weil es *die Idee der Schönheit* abbildet. Es ist dann nur eine Konsequenz dieser Ansicht, daß der Inhalt der Kunst derselbe ist wie jener der Wissenschaft, weil sie ja beide die ewige Wahrheit, die zugleich Schönheit ist, zugrunde legen. Für Schelling ist Kunst nur die objektiv gewordene Wissenschaft. Worauf es nun hier ankommt, das ist, woran sich unser Wohlgefallen am Kunstwerke knüpft. Das ist hier nur die ausgedrückte Idee. Das sinnliche Bild ist nur Ausdrucksmittel, die Form, in der sich ein übersinnlicher Inhalt ausspricht. Und hierin folgen alle Ästhetiker der idealistischen Richtung Schellings. Ich kann nämlich nicht übereinstimmen mit dem, was der neueste Geschichtsschreiber und Systematiker der Ästhetik, Eduard von Hartmann, findet, daß Hegel wesentlich über Schelling in diesem Punkte hinausgekommen ist. Ich sage in *diesem* Punkte, denn es gibt vieles andere, wo er ihn turmhoch überragt. Hegel sagt ja auch: «Das Schöne ist das sinnliche Scheinen der Idee.» Damit gibt auch er zu, daß er in der ausgedrückten Idee das sieht, worauf es in der Kunst ankommt. Noch deutlicher wird dies aus folgenden Worten: «Die harte Rinde der Natur und der gewöhnlichen Welt machen es dem Geiste saurer, zur *Idee* durchzudringen, als die *Werke der Kunst.*» Nun, darinnen ist doch ganz klar gesagt, daß das Ziel der Kunst dasselbe ist wie das der Wissenschaft, nämlich zur *Idee* vorzudringen.

Die Kunst suche nur zu veranschaulichen, was die Wissenschaft unmittelbar in der Gedankenform zum Ausdrucke bringt. Friedrich Theodor Vischer nennt die Schönheit «die Erscheinung der Idee» und setzt damit gleichfalls den Inhalt der Kunst mit der Wahrheit identisch. Man mag dagegen einwenden, was man will; wer in der ausgedrückten Idee das Wesen des Schönen sieht, kann es nimmermehr von der Wahrheit trennen. Was dann die Kunst neben der Wissenschaft noch für eine selbständige Aufgabe haben soll, ist nicht einzusehen. Was sie uns bietet, erfahren wir auf dem Wege des Denkens ja in reinerer, ungetrübterer Gestalt, nicht erst verhüllt durch einen sinnlichen Schleier. Nur durch Sophisterei kommt man vom Standpunkte dieser Ästhetik über die eigentliche kompromittierende Konsequenz hinweg, daß in den bildenden Künsten die Allegorie und in der Dichtkunst die didaktische Poesie die höchsten Kunstformen seien. Die selbständige Bedeutung der Kunst kann diese Ästhetik nicht begreifen. Sie hat sich daher auch als unfruchtbar erwiesen. Man darf aber nicht zu weit gehen und deswegen alles Streben nach einer widerspruchslosen Ästhetik aufgeben. Und es gehen in dieser Richtung zu weit jene, die alle Ästhetik in Kunstgeschichte auflösen wollen. Diese Wissenschaft kann denn, ohne sich auf authentische Prinzipien zu stützen, nichts anderes sein als ein Sammelplatz für Notizensammlungen über die Künstler und ihre Werke, an die sich mehr oder weniger geistreiche Bemerkungen schließen, die aber, ganz der Willkür des subjektiven Raisonnements entstammend, ohne Wert sind. Von der anderen Seite ist man der Ästhetik zu Leibe gegangen, indem man ihr eine Art Physiologie des Geschmacks gegenüberstellt. Man will die einfachsten, elementarsten Fälle, in denen wir eine Lustempfindung haben, untersuchen und dann zu immer komplizierteren Fällen aufsteigen, um so der «Ästhetik von oben» eine «Ästhetik von unten» entgegenzusetzen. Diesen Weg hat Fechner in seiner «Vorschule der Ästhetik» eingeschlagen. Es ist eigentlich unbegreiflich, daß ein solches Werk bei einem Volke, das einen Kant gehabt hat, Anhänger finden kann. Die Ästhetik soll von der Untersuchung der Lustempfindung ausgehen; als ob jede Lustempfindung schon eine ästhetische wäre und als ob wir die ästhetische Natur einer Lustempfindung von der einer anderen durch irgend etwas anderes unterscheiden könnten als durch den Gegenstand, durch den sie hervorgebracht wird. Wir wissen nur, daß eine Lust eine ästhetische Empfindung ist, wenn wir den Gegenstand als einen *schönen* erkennen, denn psychologisch als Lust unterscheidet sich die ästhetische in nichts von einer andern. Es handelt sich immer um die Erkenntnis des Objektes. Wodurch wird ein Gegenstand schön? Das ist die Grundfrage aller Ästhetik.

Viel besser als die «Ästhetiker von unten» kommen wir der Sache bei, wenn wir uns an Goethe anlehnen. Merck bezeichnet einmal Goethes Schaffen mit den Worten: «Dein Bestreben, deine unablenkbare Richtung ist, dem Wirklichen eine poetische Gestalt zu geben; die andern suchen das sogenannte Poetische, das Imaginative zu verwirklichen, und das gibt nichts wie dummes Zeug.» Damit ist ungefähr dasselbe gesagt wie mit Goethes Worten im zweiten Teil des «Faust»: «Das Was bedenke, mehr bedenke Wie.» Es ist deutlich gesagt, worauf es in der Kunst ankommt. Nicht auf ein Verkörpern eines Übersinnlichen, sondern um ein Umgestalten des Sinnlich-Tatsächlichen. Das Wirkliche soll nicht zum Ausdrucksmittel herabsinken: nein, es soll in seiner vollen Selbständigkeit bestehen bleiben; nur soll es eine neue Gestalt bekommen, eine Gestalt, in der es uns befriedigt. Indem wir irgendein Einzelwesen aus dem Kreise seiner Umgebung herausheben und es in dieser gesonderten Stellung vor unser Auge stellen, wird uns daran sogleich vieles unbegreiflich erscheinen. Wir können es mit dem Begriffe, mit der Idee, die wir ihm notwendig zugrunde legen müssen, nicht in Einklang bringen. Seine Bildung in der Wirklichkeit ist eben nicht *nur* die Folge seiner eigenen Gesetzlichkeit, sondern es ist die angrenzende Wirklichkeit unmittelbar mitbestimmend. Hätte das Ding sich unabhängig und frei, unbeeinflußt von anderen Dingen entwickeln können, dann nur lebte es seine eigene Idee dar. Diese dem Dinge zugrunde liegende, aber in der Wirklichkeit in freier Entfaltung gestörte Idee muß der Künstler ergreifen und sie zur Entwickelung bringen. Er muß in dem Objekte den Punkt finden, aus dem sich ein Gegenstand in seiner vollkommensten Gestalt entwickeln läßt, in der er sich aber in der Natur selbst nicht entwickeln kann. Die Natur bleibt eben in jedem Einzelding hinter ihrer Absicht zurück; neben *dieser* Pflanze schafft sie eine *zweite, dritte* und so fort; keine bringt die volle Idee zu konkretem Leben; die eine diese, die andere jene Seite, soweit es die Umstände gestatten. Der Künstler muß aber auf das zurückgehen, was ihm als die Tendenz der Natur erscheint. Und das meint Goethe, wenn er sein Schaffen mit den Worten ausspricht: «Ich raste nicht, bis ich einen prägnanten Punkt finde, von dem sich vieles ableiten läßt.» Beim Künstler muß das ganze Äußere seines Werkes das ganze Innere zum Ausdruck bringen; beim Naturprodukt bleibt jenes hinter diesem zurück, und der forschende Menschengeist muß es erst erkennen. So sind die Gesetze, nach denen der Künstler verfährt, nichts anderes als die ewigen Gesetze der Natur, aber rein, unbeeinflußt von jeder Hemmung. Nicht was *ist,* liegt also den Schöpfungen der Kunst zugrunde, sondern was sein *könnte,* nicht das Wirkliche, sondern das Mögliche. Der Künstler schafft nach denselben Prinzipien, nach denen die Natur schafft; aber er behandelt nach diesen Prinzipien die Individuen, während, um mit einem Goetheschen Worte zu reden, die Natur sich nichts aus den Individuen macht. «Sie baut immer und zerstört immer», weil sie nicht mit dem Einzelnen, sondern mit dem Ganzen das Vollkommene erreichen will. Der *Inhalt* eines Kunstwerkes ist irgendein sinnenfällig wirklicher – dies ist das Was; in der Gestalt, die ihm der Künstler gibt, geht sein Bestreben dahin, die Natur in ihren eigenen Tendenzen zu übertreffen, das, was mit ihren Mitteln und Gesetzen möglich ist, in höherem Maße zu erreichen, als sie es selbst imstande ist.

Der Gegenstand, den der Künstler vor uns stellt, ist vollkommener, als er in seinem Naturdasein ist; aber er trägt doch keine andere Vollkommenheit als seine eigene an sich. In diesem Hinausgehen des Gegenstandes über sich selbst, aber doch nur auf Grundlage dessen, was in ihm schon verborgen ist, liegt das *Schöne.* Das Schöne ist also kein Unnatürliches; und Goethe kann mit Recht sagen: «Das Schöne ist eine Manifestation geheimer Naturgesetze, die ohne dessen Erscheinung ewig wären verborgen geblieben», oder an einem anderen Orte: «Wem die Natur ihr offenbares Geheimnis zu enthüllen anfängt, der empfindet eine unwiderstehliche Sehnsucht nach ihrer würdigsten Auslegerin, der Kunst.» In demselben Sinne, in dem man sagen kann, das *Schöne* sei ein Unreales, Unwahres, es sei bloßer Schein, denn was es darstellt, finde sich in dieser Vollkommenheit nirgends in der Natur, kann man auch sagen: das Schöne sei wahrer als die Natur, indem es das darstellt, was die Natur sein will und nur nicht sein kann. Über diese Frage der Realität in der Kunst sagt Goethe: «Der Dichter» – und wir können seine Worte ganz gut auf die gesamte Kunst ausdehnen – «der Dichter ist angewiesen auf Darstellung. Das Höchste derselben ist, wenn sie mit der Wirklichkeit wetteifert, das heißt wenn ihre Schilderungen durch den Geist dergestalt lebendig sind, daß sie als gegenwärtig für jedermann gelten können.» Goethe findet: «Es ist in der Natur nichts schön, was nicht naturgesetzlich als *wahr* motiviert wäre.» (Gespräche mit Eckermann III, 82.) Und die andere Seite des Scheines, das Übertreffen des Wesens durch sich selbst, finden wir als Goethes Ansicht ausgesprochen in «Sprüche in Prosa» (Goethes Werke, wie oben. 4. Bd. d. Naturw. Schr. 2. Abtlg., S. 495): «In den Blüten tritt das vegetabilische Gesetz in seine höchste Erscheinung, und die Rose wäre nur wieder der Gipfel dieser Erscheinung ... Die Frucht kann nie schön sein, denn da tritt das vegetabilische Gesetz in sich (ins bloße Gesetz) zurück.» Nun, da haben wir es doch ganz deutlich, wo sich die Idee ausbildet und auslebt, da tritt das *Schöne* ein, wo wir in der äußeren Erscheinung unmittelbar das Gesetz wahrnehmen; wo hingegen, wie in der Frucht, die äußere Erscheinung *formlos* und plump erscheint, weil sie von dem der Pflanzenbildung zugrunde liegenden Gesetz nichts verrät, da hört das Naturding auf, *schön* zu sein. Deshalb heißt es in demselben

Spruch weiter: «Das Gesetz, das in die Erscheinung tritt, in der größten Freiheit, nach seinen eigensten Bedingungen, bringt das Objektiv-Schöne hervor, welches freilich würdige Subjekte finden muß, von denen es aufgefaßt wird.» Und in entschiedenster Weise kommt diese Ansicht Goethes in folgendem Ausspruch zum Vorschein, den wir in den Gesprächen mit Eckermann finden (III. 108): «Der Künstler muß freilich die Natur im einzelnen treu und fromm nachbilden ... allein in den höhern Regionen des künstlerischen Verfahrens, wodurch ein Bild zum eigentlichen Bilde wird, hat er ein freieres Spiel, und er darf hier sogar zu Fiktionen schreiten.» Als die höchste Aufgabe der Kunst bezeichnet Goethe: «durch den Schein die Täuschung einer höheren Wirklichkeit zu geben. Ein falsches Bestreben sei es aber, den Schein so lange zu verwirklichen, bis endlich nur ein gemeines Wirkliche übrigbleibt.» (Dichtung und Wahrheit, III. 40.)

Fragen wir uns jetzt einmal nach dem Grund des Vergnügens an Gegenständen der Kunst. Vor allem müssen wir uns klar sein darüber, daß die Lust, welche an den Objekten des Schönen befriedigt wird, in nichts nachsteht der rein intellektuellen Lust, die wir am rein Geistigen haben. Es bedeutet immer einen entschiedenen Verfall der Kunst, wenn ihre Aufgabe in dem bloßen Amüsement, in der Befriedigung einer niederen Lust gesucht wird. Es wird also der Grund des Vergnügens an Gegenständen der Kunst kein anderer sein als jener, der uns gegenüber der Ideenwelt überhaupt jene freudige Erhebung empfinden läßt, die den ganzen Menschen über sich selbst hinaushebt. Was gibt uns nun eine solche Befriedigung an der Ideenwelt? Nichts anderes als die innere himmlische Ruhe und Vollkommenheit, die sie in sich birgt. Kein Widerspruch, kein Mißton regt sich in der in unserem eigenen Innern aufsteigenden Gedankenwelt, weil sie ein Unendliches in sich ist. Alles, was dieses Bild zu einem vollkommenen macht, liegt in ihm selbst. Diese der Ideenwelt eingeborene Vollkommenheit, das ist der Grund unserer Erhebung, wenn wir ihr gegenüberstehen. Soll uns das Schöne eine ähnliche Erhebung bieten, dann muß es nach dem Muster der Idee aufgebaut sein. Und dies ist etwas ganz anderes, als was die deutschen idealisierenden Ästhetiker wollen. Das ist nicht die «Idee in Form der sinnlichen Erscheinung», das ist das gerade Umgekehrte, das ist eine «sinnliche Erscheinung in der Form der Idee». Der Inhalt des Schönen, der demselben zugrunde liegende Stoff ist also immer ein Reales, ein unmittelbar Wirkliches, und die Form seines Auftretens ist die *ideelle.* Wir sehen, es ist gerade das Umgekehrte von dem richtig, was die deutsche Ästhetik sagt; diese hat die Dinge einfach auf den Kopf gestellt. Das Schöne ist nicht das Göttliche in einem sinnlich-wirklichen Gewande; nein, es ist das Sinnlich-Wirkliche in einem göttlichen Gewande. Der Künstler bringt das Göttliche nicht dadurch auf die Erde, daß er es in die Welt einfließen läßt, sondern dadurch, daß er die Welt in die Sphäre der Göttlichkeit erhebt. Das Schöne ist Schein, weil es eine Wirklichkeit vor unsere Sinne zaubert, die sich als solche wie eine Idealwelt darstellt. Das Was bedenke, mehr bedenke Wie, denn in dem Wie liegt es, worauf es ankommt. Das Was bleibt ein *Sinnliches,* aber das Wie des Auftretens wird ein *Ideelles.* Wo diese ideelle Erscheinungsform am Sinnlichen am besten erscheint, da erscheint auch die Würde der Kunst am höchsten. Goethe sagt darüber: «Die Würde der Kunst erscheint bei der Musik vielleicht am eminentesten, weil sie keinen Stoff hat, der abgerechnet werden müßte. Sie ist ganz Form und Gehalt und erhöht und veredelt alles, was sie ausdrückt.» Die Ästhetik nun, die von der Definition ausgeht: «das Schöne ist ein sinnliches Wirkliche, das so erscheint, als wäre es Idee», diese besteht noch nicht. Sie muß geschaffen werden. Sie kann schlechterdings bezeichnet werden als die *«Ästhetik der Goetheschen Weltanschauung»*. Und das ist die *Ästhetik der Zukunft.* Auch einer der neuesten Bearbeiter der Ästhetik, Eduard von Hartmann, der in seiner «Philosophie des Schönen» ein ganz ausgezeichnetes Werk geschaffen hat, huldigt dem alten Irrtum, daß der Inhalt des Schönen die Idee sei. Er sagt ganz richtig, der Grundbegriff, wovon alle Schönheitswissenschaft auszugehen hat, sei der Begriff des ästhetischen Scheines. Ja, aber ist denn das Erscheinen der Idealwelt als solcher je als Schein zu betrachten! Die Idee ist doch die höchste Wahrheit; wenn sie erscheint, so erscheint sie eben als Wahrheit und nicht als Schein. Ein *wirk-*

licher Schein aber ist es, wenn das Natürliche, Individuelle in einem ewigen, unvergänglichen Gewande, ausgestattet *mit dem Charakter der Idee,* erscheint; denn dieses kommt ihr eben in Wirklichkeit *nicht* zu.

In diesem Sinne genommen, erscheint uns der Künstler als der Fortsetzer des Weltgeistes; jener setzt die Schöpfung da fort, wo dieser sie aus den Händen gibt. Er erscheint uns in *inniger Verbrüderung* mit dem Weltengeiste und die Kunst als die freie Fortsetzung des Naturprozesses. Damit erhebt *sich* der Künstler über das gemeine wirkliche Leben, und er erhebt uns, die wir uns in seine Werke vertiefen, mit ihm. Er schafft nicht für die endliche Welt, er wächst über sie hinaus. Goethe läßt diese seine Ansicht in seiner Dichtung «Künstlers Apotheose» von der Muse dem Künstler mit den Worten zurufen:

«So wirkt mit Macht der edle Mann
Jahrhunderte auf seinesgleichen:
Denn was ein guter Mensch erreichen kann,
Ist nicht im engen Raum des Lebens zu erreichen.
Drum lebt er auch nach seinem Tode fort
Und ist so wirksam, als er lebte;
Die gute Tat, das schöne Wort,
Es strebt unsterblich, wie er sterblich strebte.
So lebst auch du (der Künstler) durch ungemeßne Zeit;
Genieße der Unsterblichkeit!»

Dieses Gedicht bringt überhaupt Goethes Gedanken über diese, ich möchte sagen, *kosmische Sendung* des Künstlers vortrefflich zum Ausdruck.

Wer hat wie Goethe die Kunst in solcher Tiefe erfaßt, wer wußte ihr eine solche Würde zu geben! Wenn er sagt: «Die hohen Kunstwerke sind zugleich als die höchsten Naturwerke von Menschen nach wahren und natürlichen Gesetzen hervorgebracht worden. Alles Willkürliche, Eingebildete fällt zusammen: da ist die Notwendigkeit, da ist Gott», so spricht dies wohl genugsam für die volle Tiefe seiner Ansichten. Eine Ästhetik in seinem Geiste kann gewiß nicht schlecht sein. Und das wird wohl auch noch für manch anderes Kapitel unserer modernen Wissenschaften gelten.

Als Walther von Goethe, des Dichters letzter Nachkomme, am 15. April 1885 starb und die Schätze des Goethehauses der Nation zugänglich wurden, da mochte wohl mancher achselzuckend auf den Eifer der Gelehrten blicken, der sich auch der kleinsten Überbleibsel aus dem Nachlasse Goethes annahm und ihn wie eine teure Reliquie behandelte, die man im Hinblicke auf die Forschung keineswegs geringschätzend ansehen dürfe. Aber das Genie Goethes ist ein unerschöpfliches, das nicht mit einem Blick zu überschauen ist, dem wir uns nur von verschiedenen Seiten immer mehr annähern können. Und dazu muß uns alles willkommen sein. Auch was im einzelnen wertlos erscheint, gewinnt Bedeutung, wenn wir es im Zusammenhange mit der umfassenden Weltanschauung des Dichters betrachten. Nur wenn wir den vollen Reichtum der Lebensäußerungen durchlaufen, in denen sich dieser universelle Geist ausgelebt hat, tritt uns sein Wesen, tritt uns seine Tendenz, aus der bei ihm alles entspringt und die einen Höhepunkt der Menschheit bezeichnet, vor die Seele. Erst wenn diese Tendenz Gemeingut aller geistig Strebenden wird, wenn der Glaube ein allgemeiner sein wird, daß wir die Weltansicht Goethes nicht nur verstehen sollen, sondern daß wir in ihr, sie in uns leben muß, erst dann hat Goethe seine Sendung erfüllt. Diese Weltansicht muß für alle Glieder des deutschen Volkes und weit über dieses hinaus das Zeichen sein, in dem sie sich als in einem gemeinsamen Streben *begegnen* und *erkennen.*

EINIGE BEMERKUNGEN

Zu Seite 10. Es ist hier von der Ästhetik als einer selbständigen Wissenschaft die Rede. Man kann natürlich Ausführungen über die Künste bei leitenden Geistern früherer Zeiten durchaus finden. Ein Geschichtsschreiber der Ästhetik könnte aber alles dieses nur so behandeln, wie man sachgemäß alles philosophische Streben der Menschheit vor dem wirklichen Beginn der Philosophie in Griechenland mit Thales behandelt.

Zu Seiten 12 und 13. Es könnte auffallen, daß in diesen Ausführungen gesagt wird: das mittelalterliche Denken finde «gar nichts» in der Natur. Man könnte dagegen halten die großen Denker und Mystiker des Mittelalters. Nun beruht aber ein solcher Einwand auf einem völligen Mißverständnis. Es ist hier nicht gesagt, daß mittelalterliches Denken nicht imstande gewesen wäre, sich Begriffe zu bilden von der Bedeutung der Wahrnehmung und so weiter, sondern lediglich, daß der Menschengeist in jener Zeit dem Geistigen als solchem, in seiner ureigenen Gestalt, zugewendet war und keine Neigung verspürte, mit den Einzeltatsachen der Natur sich auseinanderzusetzen.

Zu Seite 21. Mit der «verfehlten Grundansicht» Schellings ist keineswegs gemeint das Erheben des Geistes «zu den Höhen, wo das Göttliche thront», sondern die Anwendung, die Schelling davon auf die Betrachtung der Kunst macht. Es soll das besonders hervorgehoben werden, damit das hier gegen Schelling Gesagte nicht mit den Kritiken verwechselt werde, die vielfach gegenwärtig im Umlauf sind gegen diesen Philosophen und gegen den philosophischen Idealismus überhaupt. Man kann Schelling sehr hoch stellen, wie es der Verfasser dieser Abhandlung tut, und dennoch gegen Einzelheiten in seinen Leistungen viel einzuwenden haben.

Zu Seiten 25 und 25. Es wird die sinnliche Wirklichkeit in der Kunst verklärt dadurch, daß sie so erscheint, als wenn sie Geist wäre. Insofern ist das Kunstschaffen nicht eine Nachahmung von irgend etwas schon Vorhandenem, sondern eine aus der menschlichen Seele entsprungene Fortsetzung des Weltprozesses. Die bloße Nachahmung des Natürlichen schafft ebensowenig ein Neues wie die Verbildlichung des schon vorhandenen Geistes. Als einen wirklich *starken* Künstler kann man nicht den empfinden, welcher auf den Beobachter den Eindruck von treuer Wiedergabe eines Wirklichen macht, sondern denjenigen, welcher zum Mitgehen mit ihm zwingt, wenn er schöpferisch den Weltprozeß in seinen Werken fortführt.

ÜBER DEN GEWINN DER GOETHE-STUDIEN DURCH DIE WEIMARER AUSGABE IN NATURWISSENSCHAFTLICHER BEZIEHUNG

«Goethe – und noch immer kein Ende! Kritische Würdigung der Lehre Goethes von der Metamorphose der Pflanzen», so nennt sich eine jüngst erschienene Schrift von K. Fr. Jordan (Hamburg 1888, Verlagsanstalt und Druckerei AG), in welcher wieder einmal der Beweis versucht wird, daß Goethes Weltanschauung jeder wissenschaftliche Wert abgehe, daß dem großen Dichter überhaupt der «rechte wissenschaftliche Sinn» gemangelt habe. Als Grund für diese Behauptung gibt der Verfasser an, daß Goethe eine von der mechanischen Naturauffassung völlig abweichende Geistesrichtung einschlug. Für Jordan aber hört die Wissenschaft da auf, wo die mechanische Auffassung aufhört; «die Wissenschaft muß mechanisch sein, denn die mechanischen Vorgänge sind dem menschlichen Geiste die faßlichsten», behauptet er. Mit solchen geistigen Voraussetzungen sich bis zur Geisteshöhe Goethes zu erheben, ist nun freilich eine Unmöglichkeit. Es soll nicht geleugnet werden: Goethe war ein Gegner der von Jordan vertretenen Denkweise. Aber er war es deshalb, weil seinem tief in das Wesen der Dinge dringenden Geiste klar war, daß diese Denkweise nur für die Erkenntnis der unteren Stufen des Naturdaseins ausreicht und daß uns ein Einblick in die eigentlichen Gesetze des organischen Lebens verschlossen bliebe, wenn wir uns nicht über das Denken der mechanischen Gesetzlichkeit erheben könnten. Gerade Goethes Idee der Pflanzen-Metamorphose ist ein Beweis dafür, daß uns unser Erkenntnisvermögen auch da nicht im Stiche läßt, wo wir an das Leben herantreten, das in seiner Wesenheit doch niemals von der Mechanik erfaßt werden wird. Mit dieser Idee sind der Organik ebenso neue Wege gewiesen worden wie mit Galileis Grundgesetzen der Mechanik. Wer sich dieser Tatsache verschließt, wird nicht nur niemals zu einer gerechten Würdigung der wissenschaftlichen Stellung Goethes kommen, sondern er fügt auch der Wissenschaft selbst einen erheblichen Schaden zu, denn er entzieht ihr ein bereits erschlossenes Gebiet fruchtbarer Ideen.

Schreiber dieser Zeilen versucht nun seit einer Reihe von Jahren jenen Standpunkt Goethe, dem Forscher, gegenüber zu vertreten, der dessen ganz eigenartiger Stellung innerhalb der Geschichte der Wissenschaft gerecht wird. Bei der oft aphoristischen, oft fragmentarischen Art, in der uns Goethes wissenschaftliche Ideen in seinen Werken vorliegen, war es dabei notwendig, oft über das bloße Studium und die Auslegung des vorhandenen Stoffes hinauszugehen und die verbindenden Gedanken zu suchen, die in Goethes Geist lagen und die vielleicht überhaupt nicht aufgezeichnet, vielleicht aus irgendeinem Grunde im Pulte zurückgeblieben waren. Dadurch gestaltete sich ein Ganzes Goethescher Weltanschauung aus, das freilich von den gebräuchlichen Auffassungen sehr abwich. Der Einblick nun, der mir vor kurzem in die hinterlassenen Papiere des Dichters wurde, erfüllte mich mit innigster Befriedigung. – Mit der Herausgabe eines Teiles der wissenschaftlichen Schriften Goethes für die Weimarische Goethe-Ausgabe betraut, war es mir gegönnt, das ungedruckte reiche Material zu prüfen. Diese Prüfung ergab nun durchwegs eine vollkommene Bestätigung dessen, was man bei einer gründlichen, liebevollen Vertiefung in die wissenschaftlichen Werke des Dichters wohl erkennen mußte, womit man aber dennoch auf solche Widersprüche wie jene Jordans gefaßt sein mußte, weil jene verbindenden Gedanken, von denen wir oben gesprochen, für viele Menschen doch zu sehr den Charakter des Hypothetischen trugen. Wir meinen damit nicht, daß für uns jenes Ganze Goethescher Auffassung nicht vollen wissenschaftlichen Wert gehabt hätte, aber das ist eine Überzeugung, die zuletzt nur der gewinnen kann, der den Willen zu einer solchen liebevollen Vertiefung in Goethes Geist hat – und das ist ja doch nicht jedermanns Sache; wenigstens scheint es so. – Durch die neue Weimarer Ausgabe wird nun ein Zweifaches gewonnen werden: einmal wird jeder Zweifel darüber verstummen müssen, wie Goethe über gewisse Punkte in der Naturwissenschaft dachte, weil seine eigenen Ausführungen deutlich und klar seinen Standpunkt bestimmen; zweitens wird der hohe wissenschaftliche Ernst, der aus diesen Ausführungen spricht, endlich das Urteil, das den Dichter als wissenschaftlichen Dilettanten hinstellen möchte, einfach als oberflächlich erscheinen lassen. Goethe ein Dilettant! Er, der mit der Mehrzahl der geistig Strebenden Deutschlands in seiner Zeit unmittelbare Beziehungen hatte und in so viele weltbewegende Ideen mit persönlichem Anteil eingriff! Wir sehen die größten Gelehrten seiner Zeit mit ihm die Gedanken über ihre Entdeckungen austauschen, wir sehen seine fördernde Anteilnahme an der ganzen Entwickelung seiner Zeit.

Man hat versucht, Goethe als einen Vorläufer Darwins hinzustellen. Es war das die wohlwollende Überzeugung derjenigen, die im Darwinismus das «Um und Auf» aller Wissenschaft von den Lebewesen sehen und die dadurch Goethes wissenschaftliche Ausführungen «retten» wollten. Diese Ansicht hat bei den mehr zur Du Bois-Reymondschen Schule hinneigenden Naturforschern Widerspruch hervorgerufen, weil zahllose Stellen in Goethes Schriften durchaus nicht mit der heute üblichen Auffassung der Lehre Darwins in Einklang zu bringen sind. Man konnte nun nicht in Abrede stellen, daß diese beiden Parteien scheinbar gewichtige Gründe für ihre Behauptungen aufbringen konnten. Dem tiefer Blickenden war freilich klar, daß Goethe ein Darwinianer im landläufigen Sinne niemals sein konnte. Seinem Blicke entging es ja nicht, daß alle Naturwesen im innigen Zusammenhange miteinander stehen, daß es nichts Unvermitteltes in der Natur gibt, sondern daß Übergänge zwischen den in ihrer Bildung verschiedenen Lebewesen die ganze Natur als eine stetige Stufenfolge erscheinen lassen müssen. Aber er blickte tiefer als der Darwinismus von heute. Während dieser nur die verwandtschaftlichen Beziehungen der organischen Wesen und die Beziehungen zu ihrer Umgebung untersucht, um dadurch einen möglichst vollständigen Stammbaum alles Lebens auf der Erde zu gewinnen, drang Goethe auf die *Idee des Organischen,* auf dessen innere Natur. Er wollte untersuchen, was ein organisches Wesen ist, um daraus dann die Möglichkeit einzusehen, wie es in so und so viel mannigfaltigen Formen auftreten kann. Der heutige Darwinismus sucht die verschiedenen Gestalten des ewigen Wechsels. Goethe suchte das Dauernde in diesem Wechsel. Der Naturforscher der Gegenwart fragt: welcher Einfluß des Klimas, der Lebensweise hat stattgefunden, damit sich aus jenem Lebewesen dieses entwickelt hat? Goethe fragte: welche inneren organischen Bildungsgesetze sind bei jener Entwickelung wirksam. Goethe verhält sich zu dem modernen Naturforscher wie der Astronom, der durch zusammenfassende kosmische Gesetze die Erscheinungen am Himmel erklärt, zu dem Beobachter sich verhält, der durch das Fernrohr die verschiedenen Stellungen der Sterne erfahrungsgemäß feststellt. Goethes naturwissenschaftliche Ausführungen sind nicht nur eine prophetische Vorausnahme des Darwinismus, sondern sie sind die ideelle Voraussetzung desselben. Durch sie wird sich die moderne Naturwissenschaft ergänzen müssen, sonst wird sie sich nicht von der bloßen Erfahrung zur Theorie erheben. Die Weimarische Ausgabe aber wird durch die Veröffentlichung des Nachlasses Goethes den unumstößlichen Nachweis von dieser Behauptung erbringen. Sie wird uns jene vermittelnden Gedanken zeigen, durch die Goethes Stellung zum Darwinismus im angedeuteten Sinne klar werden wird. Die hierüber stark ins Schwanken gekommenen Anschauungen werden eine wesentliche Befestigung erfahren. Goethes Idealismus in der Wissenschaft wird ebensowenig angezweifelt werden können wie die Bedeutsamkeit und Tiefe seiner wissenschaftlichen Ideen. Wenn man sich wird überzeugen können, von welchem Ringen nach wahrer Erkenntnis, nach wissenschaftlicher Gründlichkeit seine Gedanken gleich bei ihrem Entstehen zeugen, dann wird man wohl nicht mehr behaupten, der «große Dichter» habe keinen wissenschaftlichen Sinn gehabt.

In der Einleitung zum zweiten Bande meiner Ausgabe von Goethes naturwissenschaftlichen Schriften (Kürschners «Deutsche National-Literatur», Goethes Werke, Band XXXIV, S. XXXVIII f.) habe ich bereits darauf hingewiesen, daß Goethe einen Aufsatz über wissenschaftliche Methode geschrieben hat, den er am 17. Januar 1798 an Schiller sandte, der aber in den Werken leider nicht enthalten ist. Ich versuchte damals eine Rekonstruktion der in dem Aufsatze enthaltenen Ansichten über naturwissenschaftliche Forschung. Der Aufsatz schien mir die wichtigsten wissenschaftlichen Auseinandersetzungen Goethes zu enthalten. – Er ist uns nun auch erhalten! – Er schließt sich an den über den «Versuch als Vermittler von Objekt und Subjekt» an (s. o., Goethes Werke, Band XXXIV, S. 10 f.), ist aber von beiden der ungleich wichtigere. Er enthält ein Programm aller naturwissenschaftlichen Forschung; er zeigt, wie sich dieselbe entwickeln muß, wenn sie den Anforderungen unserer Vernunft ebenso wie dem objektiven Gange der Natur gerecht werden will. Das alles in genialen Zügen, die uns mit einem Male auf jene geistige Höhe erheben, wo der Blick unbeirrt in die Geheimnisse der Natur dringt. In diesem Aufsatze haben wir den unmittelbarsten Ausdruck des Goetheschen wissenschaftlichen Geistes. Wer in Zukunft etwas gegen diesen Geist wird vorbringen wollen, mag sich zuerst an diesem Aufsatze versuchen. Von da wird Licht ausgehen über alle übrigen Goetheschen Schriften, soweit sie die Wissenschaft angehen.

Aus alledem ersieht man, daß durch die neue Ausgabe vor allen andern Dingen eines gewonnen wird: Wir werden imstande sein, besser als dies bisher möglich war, jede einzelne Geistestat Goethes in dem Zusammenhange mit seinem Wesen zu betrachten. Und es wird die Aufgabe der Ausgabe in dieser Hinsicht sein, dies durch Anordnung und Auswahl des Aufzunehmenden so viel als möglich zu erleichtern. Gerade in wissenschaftlicher Beziehung wird daher die Goetheforschung, welche die Frau Großherzogin von Weimar mit nicht genug zu preisender liebevoller Hingabe in ihren Schutz genommen, durch die Publikationen des Goethe-Archivs gewinnen.

Es ist kein Zweifel, daß auch manches Fragmentarische mit zur Veröffentlichung gelangen muß, daß mancher angefangene und dann liegengebliebene Aufsatz vor die Augen der Leser treten wird. Auf diese stilistische Vollständigkeit kommt es aber nicht an. Die Hauptsache ist, daß wir alles, was an Geistesprodukten Goethes uns erhalten geblieben ist, in einer solchen Gestalt vor Augen haben, daß wir in der Lage sind, uns ein geistiges Bild seiner Weltanschauung zu machen. Und in dieser Hinsicht sind Riemer und Eckermann von manchem Fehler, den sie bei der

Redaktion der nachgelassenen Werke gemacht haben, wohl nicht freizusprechen. Sie haben manches weggelassen, was zum Verständnisse notwendig ist, und haben in der Anordnung nicht jenes allein richtige Prinzip verfolgt, welches die einzelnen Schriften in jener Folge bringt, daß sie sich gegenseitig selbst als Kommentar dienen.

Aber das Bekanntwerden auch des Skizzenhaften, Fragmentarischen hat noch einen weiteren Vorteil. Wir werden, indem wir oft den Gedanken in Goethes Geist aufschießen sehen, gerade aus dieser seiner ersten Gestalt die eigentliche Tragweite desselben und die Bedeutung erkennen, und wir werden hieraus die ganze Tendenz des Goetheschen Strebens miterleben. Wir werden mit ihm ringen, indem wir hineinblicken, wie sein stets in die Tiefen gehender Geist sich zur Klarheit allmählich emporringt. Es wird uns möglich sein, ihm auf seinen Wegen nachzugehen und dadurch uns immer in seine Denkweise einzuleben.

Wir werden sehen, wie sich Goethe klar bewußt war, daß wir, wo immer wir in der Erfahrungswelt einsetzen, bei stetigem unablässigen Wollen endlich doch der Idee begegnen müssen. Er geht nie auf eine Idee aus. Naiv sucht er nur die Erscheinungen zu erfassen, aber er findet zuletzt immer die Idee. Dafür ist jede Zeile seiner Arbeiten ein vollsprechender Beweis.

Zusammenfassend möchten wir sagen: Goethes wissenschaftliche Individualität wird in ihrer vollen Bedeutung in kurzer Zeit so klar vor unseren Blicken auftauchen, daß eine Schrift wie die eingangs erwähnte von Jordan von der gebildeten Welt Deutschlands als eine immerhin beklagenswerte, aber doch im Wesen unschädliche Schulverirrung angesehen werden wird.

ÜBER DEN GEWINN UNSERER ANSCHAUUNGEN VON GOETHES NATURWISSENSCHAFTLICHEN ARBEITEN DURCH DIE PUBLIKATIONEN DES GOETHE-ARCHIVS

Die Fragen, die sich dem Betrachter von Goethes naturwissenschaftlichen Schriften aufdrängen, waren nach dem bisher vorliegenden Materiale nicht leicht zu beantworten. Der Grund hiervon ist darinnen zu suchen, daß wir es nur auf dem Gebiete der Farbenlehre mit einem völlig ausgearbeiteten, nach allen Seiten hin abgeschlossenen Werke des Dichters aus dem Kreise der Naturwissenschaft zu tun haben. Aus den anderen Teilen derselben liegen nur mehr oder weniger ausgeführte Aufsätze vor, die zu den verschiedensten Problemen Stellung nehmen, von denen aber nicht zu leugnen ist, daß sie scheinbar schwer zu vermittelnde Widersprüche darbieten, wenn es sich darum handelt, eine allseitig umfassende Anschauung von Goethes Bedeutung auf diesem Gebiete zu gewinnen. Die wichtigsten Punkte, die hierbei in Betracht kommen, wurden daher von den sich an der Sache beteiligenden Forschern in der denkbar verschiedensten Weise aufgefaßt. War Goethe Deszendenztheoretiker? Nahm er eine wirkliche Umwandlung der Arten an, und welchen Ursachen schrieb er sie zu? Dachte er bei seinem «Typus» an ein sinnenfällig-reales Wesen oder an eine Idee? Das sind Fragen, über die wir in den letzten Jahrzehnten von verschiedenen Seiten einander völlig widersprechende Antworten hören konnten. Von der Behauptung, daß Goethe bei seinem «Typus» nur an einen abstrakten Begriff im platonischen Sinne gedacht habe, bis zu jener, daß er als ein echter Vorgänger Darwins anzusehen sei, fanden alle Zwischenstufen ihre Vertreter. Während ihn die einen verlästerten als einen Menschen, der über die Natur bloß phantasiert habe, stimmten die andern sein Lob an, weil er zuerst jene Richtung in der Naturwissenschaft eingeschlagen habe, die heute als die allein zum Ziele führende angesehen wird.

Man muß gestehen, daß die Verteidiger aller dieser Ansichten für ihre jeweiligen Ausführungen Belegstellen aus Goethes Werken genugsam aufzubringen wußten. Dabei darf freilich nicht übersehen werden, daß in jedem Falle nur das gerade Passende ausgewählt und andere Stellen, die zu einer gegenteiligen Meinung berechtigen, einfach verschwiegen wurden. Wir sind weit davon entfernt, daraus irgend jemandem einen Vorwurf zu machen, haben vielmehr die Überzeugung, daß das bisher Vorliegende eine widerspruchsfreie Auffassung der Sache äußerst schwierig machte, wenn wir auch die Unmöglichkeit einer solchen nicht zugeben können.

Für alle jene, die ein Interesse an dieser Seite Goetheschen Schaffens haben, mußte nach diesem Stande der Dinge in dem Augenblicke, als die Schätze des Goethe-Archivs zugänglich wurden, die Frage entstehen: bieten die hinterlassenen Papiere des Dichters hier eine Ergänzung? Der Schreiber dieser Zeilen findet nun bei einem eingehenden Studium derselben, daß uns aus ihnen gerade in bezug auf die oben angegebenen Gesichtspunkte die überraschendsten Aufschlüsse werden, die ganz geeignet sind, eine volle Befriedigung in dieser Richtung herbeizuführen.

Die hohe Besitzerin des Archivs, die Frau Großherzogin von Sachsen, hat mir gnädigst gestattet, die vorhandenen Materialien zum Behufe einer vorläufigen orientierenden Arbeit auf diesem Gebiete zu benützen, und so ist denn dieser Aufsatz entstanden, zu dem die notwendigen Beweismittel unter fortwährender liebevoller Mithilfe des Direktors des Goethe- und Schiller-Archivs, Prof. Suphan, aus den Schätzen des Archivs ausgewählt wurden.

Wir wollen hier von der Farbenlehre und den geologischen und meteorologischen Schriften vorläufig absehen und uns auf die morphologischen Arbeiten beschränken, die ja für die angedeuteten Probleme die allerwichtigsten sind. Zweck unserer Ausführungen soll sein, in allgemeinen Umrissen zu zeigen, was wir von der Publikation der noch ungedruckten Aufsätze und Fragmente Goethes auf diesem Gebiete für die Klarstellung von des Dichters Bedeutung im Bereiche der Wissenschaft des Organischen zu erwarten haben. Wir werden so viel wie möglich vermeiden, auf zeitgenössische Ansichten über diese Dinge einzugehen, und uns jeder Polemik enthalten. Für diesmal möge es genügen, die Ansichten Goethes, ohne alle Seitenblicke auf andere, rein an sich selbst darzustellen.

Vor allen übrigen Dingen müssen wir aber einen Irrtum zurückweisen, der tief eingewurzelt ist und mit dem Goethe schon bei seinen Lebzeiten vielfach zu kämpfen hatte. Derselbe gipfelt in der Annahme, daß der Dichter zu seinen wissenschaftlichen Ergebnissen nicht durch methodische, folgerichtige Gedankenarbeit, sondern «im flüchtigen Vorübergehen», durch einen «glücklichen Einfall» gekommen sei. Goethe hat die «Geschichte seiner botanischen Studien» hauptsächlich aus dem Grunde ausführlich beschrieben, weil er «anschaulich machen» wollte, wie er «Gelegenheit gefunden, einen großen Teil seines Lebens mit Neigung und Leidenschaft auf Naturstudien zu verwenden».*

Man kann sich keine bessere Illustration dieses letzten Satzes denken als die im Archive aufbewahrten Blätter, die uns einen Einblick gewähren in den Gang von Goethes botanischen Arbeiten während seiner italienischen Reise. Wir sehen aus denselben, wie er sich durch unzählige Beobachtungen und durch gewissenhafte an den Naturobjekten angestellte Überlegungen zur endlichen Klarheit *durchringt.* Das sind Aufzeichnungen, die durchaus auf das Gegenteil von zufälligen Einfällen oder einem flüchtigen Vorübereilen deuten, sondern vielmehr auf sorgfältiges und bedächtiges schrittweises Hinstreben zu den vorgezeichneten Zielen. Unermüdlich ist Goethe damit beschäftigt, Pflanzenexemplare ausfindig zu machen, die in irgendeiner Weise geeignet sind, in die Gesetze des Wachstums und der Fortpflanzung hineinzuleiten. Besonders Charakteristisches wird gezeichnet, um im lebendigen Nachbilden die Geheimnisse der Naturwirksamkeit zu entdecken. Wir finden mit großer Vorsicht Beobachtungen notiert, die über die Bedeutung der einzelnen Organe, über den Einfluß des Klimas und der Umgebung der Pflanzen gemacht worden sind. Glaubte Goethe irgendeinem Gesetze auf der Spur zu sein, so stellte er es

* Siehe den Schluß des Aufsatzes: «Geschichte meines botanischen Studiums», in Kürschners «Deutsche National-Literatur», Goethes Werke, Band XXXIII, S. 84.

vorerst in hypothetischer Form auf, um es so als Leitfaden bei weiteren Beobachtungen zu gebrauchen. Es soll auf diese Weise entweder befestigt oder widerlegt werden. Solchen Hypothesen teilt er eine ganz besondere Aufgabe bei der wissenschaftlichen Forschung zu. Wir entnehmen darüber einer ungedruckten Aufzeichnung folgendes: «Hypothesen sind Gerüste, die man vor dem Gebäude aufführt und die man abträgt, wenn das Gebäude fertig ist; sie sind dem Arbeiter unentbehrlich; nur muß er das Gerüste nicht für das Gebäude ansehen.»

Diese Worte bezeichnen seine wissenschaftliche Gesinnung, die sich wohl davor hütet, eine flüchtige Bemerkung für ein Naturgesetz hinzunehmen.

Die Blätter, auf denen Goethe seine naturwissenschaftlichen Notizen während der italienischen Reise machte, gehörten kleinen Heftchen an, die aber auseinandergerissen vorgefunden wurden, gleich andern Papieren mit Aufzeichnungen aus derselben Zeit, zum Beispiel solchen zur «Nausikaa». Die letzteren wurden von Prof. Suphan immer zu dem jeweiligen Zwecke geordnet; ein gleiches ist nun auch mit den zur Naturwissenschaft gehörigen geschehen.

Goethe blieb mit seinen Beobachtungen oft ziemlich lange im Dunkeln, und er wollte das, um eine möglichst breite Basis für seinen theoretischen Aufbau zu gewinnen. Er studiert die Vorgänge der Keimung, der Befruchtung, beobachtet die verschiedenen Formen der Organe und deren Verwandlungen. Wir können Sätze, die später integrierende Teile seiner Metamorphosenlehre geworden sind, hier in diesen Papieren in ihrer ersten Gestalt, wie er sie gleichsam an den Naturvorgängen unmittelbar abliest, sehen, zum Beispiel: «Die Pflanze muß eine Menge wäßriger Feuchtigkeit haben, damit die Öle, die Salze sich darinnen verbinden können. Die Blätter müssen diese Feuchtigkeit abziehen, vielleicht modifizieren.» Oder:

«Was das Erdreich der Wurzel ist, wird nachher die Pflanze den feinern Gefäßen, die sich in die Höhe entwickeln und aus der Pflanze die feinern Säfte aussaugen.»

«Aloe ... werden die Blätter durch die Luft ausgedehnt und verdrängen die Zwischenräume ... unter der Erde sind die Blätter klein, die Zwischenräume größer.»

Nachdem Goethe sich auf diese Weise durch eine Reihe von Beobachtungen durchgearbeitet hat, drängt sich ihm seine spätere Anschauung als Hypothese auf. Wir finden auf einem Blatte die Notiz: «Hypothese. Alles ist Blatt und durch diese Einfachheit wird die größte Mannigfaltigkeit möglich.»

Diese Hypothese verfolgt er nun weiter. Wo ihn ein Erfahrungsfall über irgend etwas im unklaren läßt, da notiert er ihn gewissenhaft, um an einem günstigeren sich den nötigen Aufschluß zu holen. Solchen unklar gebliebenen und für zukünftige Beobachtungen aufgesparten Fragen begegnen wir sehr häufig.

Jedenfalls liefern diese Blätter den Beweis, daß eine lange Gedankenarbeit und eine nicht kleine Summe von Erfahrungen hinter Goethe lagen, als er endlich Mitte 1787 die Hypothese von der Urpflanze zur entschiedenen Überzeugung erhob. Wie er dieselbe nun weiter verfolgte, die eingeschlagene Betrachtungsart auch auf die übrigen Organismen ausdehnte und 1790 den ersten Versuch in dieser Richtung veröffentlichte, habe ich in der Einleitung zu meiner Ausgabe von Goethes naturwissenschaftlichen Schriften (Goethes Werke, in Kürschners «Deutsche National-Literatur», Band XXXIII) ausführlich dargestellt.

Hier wollen wir uns sogleich zu der Frage wenden: was versteht Goethe unter «Urpflanze»? Er schreibt am 17. April 1787 in Palermo über dieselbe die Worte nieder: «Eine solche muß es doch geben; woran würde ich sonst erkennen, daß dieses oder jenes Gebilde eine Pflanze sei, wenn sie nicht alle nach *einem* Muster gebildet wären.»* Dieser Satz liefert den Beweis, daß unter der Urpflanze jenes Etwas zu verstehen ist, welches dem menschlichen Geiste als das Gleiche in allen den für die sinnenfällige Anschauung verschiedenen Pflanzenformen entgegentritt. Wir wären nicht imstande zu erkennen, daß alle diese Formen zusammengehören, daß sie *ein* Naturreich bilden, wenn wir die «Urpflanze» nicht erfassen könnten.

* Siehe Italienische Reise (Kürschners «Deutsche National-Literatur»), Goethes Werke, Band XXI, I. Abteilung, S. 336.

Wenn wir uns dies vergegenwärtigen, so können wir uns auch sogleich einen Begriff davon machen, was sich Goethe unter *Erfahrung* dachte. Er wollte nicht nur *das* sorgfältig beobachten, was der Sinneswahrnehmung erreichbar ist, sondern er strebte zugleich nach einem geistigen Inhalte, der ihm gestattete, die Objekte derselben ihrer Wesenheit nach zu bestimmen. Diesen geistigen Inhalt nun, wodurch ihm ein Ding heraustrat aus der Dumpfheit des Sinnendaseins, aus der Unbestimmtheit der äußeren Anschauung und zu einem bestimmten wurde (Tier, Pflanze, Mineral), nannte er *Idee.* Nichts anderes kann man aus den oben angeführten Worten herauslesen, und wir sind außerdem noch imstande, unsere Behauptung durch folgenden bisher ungedruckten Ausspruch zu erhärten: «Durch die Pendelschläge wird die Zeit, durch die Wechselbewegung von Idee zu Erfahrung die sittliche und die wissenschaftliche Welt regiert.»

Was sollte Goethe mit diesen Worten meinen, wenn nicht dieses, daß die Wissenschaft sich mit der Erfahrung nicht begnügen kann, sondern über diese hinaus zur Idee fortschreiten muß? Die Idee soll ja bestimmen, *was* das Erfahrungsobjekt ist; sie kann also nicht mit demselben identisch sein. Daß nun Goethe dem Geiste eine wesentlich *tätige* Rolle bei Hervorbringung der Ideen zuschrieb, geht aus folgender interessanten Einteilung der Wissensarten hervor:

«Um uns in diesen verschiedenen Arten* einigermaßen zu orientieren, wollen wir sie einteilen in: Nutzende, Wissende, Anschauende und Umfassende.

1. Die Nutzenden, Nutzensuchenden, Fordernden sind die ersten, die das Feld der Wissenschaft gleichsam umreißen, das Praktische ergreifen. Das Bewußtsein durch Erfahrung gibt ihnen Sicherheit, das Bedürfnis eine gewisse Breite.

2. Die Wißbegierigen bedürfen eines ruhigen, uneigennützigen Blickes, einer neugierigen Unruhe, eines klaren Verstandes und stehen immer im Verhältnis mit jenen; sie verarbeiten auch nur im wissenschaftlichen Sinne dasjenige, was sie vorfinden.

* der Menschen nach den Arten ihres Wissens und ihres Verhaltens zur Außenwelt.

3. Die Anschauenden verhalten sich schon produktiv, und das Wissen, indem es sich selbst steigert, fordert, ohne es zu bemerken, das Anschauen und geht dahin über, und so sehr sich auch die Wissenden vor der Imagination kreuzigen und segnen, so müssen sie doch, ehe sie sichs versehen, die produktive Einbildungskraft zu Hilfe rufen.

4. Die Umfassenden, die man in einem stolzern Sinne die Erschaffenden nennen könnte, verhalten sich im höchsten Grade produktiv; indem sie nämlich von Ideen ausgehen, sprechen sie die Einheit des Ganzen schon aus, und es ist gewissermaßen nachher die Sache der Natur, sich in diese Idee zu fügen.»

Was auf der obersten Stufe des Erkennens eigentlich erst in die Rätsel der Natur hineinführen soll, das muß der Geist *schaffend* den Dingen der Sinneswahrnehmung entgegenbringen. Ohne diese produktive Kraft bleibt unsere Erkenntnis auf einer der unteren Stufen stehen.*

Goethe stellt sich somit unter der Urpflanze eine Wesenheit vor, die in unserem Geist nicht gegenwärtig werden kann, wenn sich derselbe bloß passiv der Außenwelt gegenüber verhält. Was aber nur *durch* den menschlichen Geist in die Erscheinung treten kann, muß deshalb noch nicht notwendig *aus* dem Geiste stammen. Hier liegt nämlich eine irrtümliche Auffassung sehr nahe. Es ist für die Mehrzahl der Menschen unmöglich, sich vorzustellen, daß etwas, zu dessen Erscheinung durchaus *subjektive* Bedingungen notwendig sind, doch eine *objektive* Bedeutung und Wesenheit haben kann. Und gerade von dieser letzteren Art ist die «Urpflanze». Sie ist das objektiv in allen Pflanzen enthaltene *Wesentliche* derselben; wenn sie aber erscheinendes Dasein gewinnen soll, so muß sie der Geist des Menschen frei konstruieren.

* Wenn auch die obigen Zeilen nicht aus der Zeit stammen, in der Goethe anfing Naturwissenschaft zu treiben, sondern wahrscheinlich aus dem Ende der neunziger Jahre, so können wir sie doch mit Recht an dieser Stelle anführen. Denn sie wurden eben in jener Epoche niedergeschrieben, wo der Dichter sich bereits seiner Forschung gegenüber reflektierend verhielt, wo er sein eigener Ausleger wurde. Sie sind also gerade dazu geeignet, zu zeigen, wie Goethe sein Verhalten der Natur gegenüber *aufgefaßt wissen will.*

Aber im Grunde ist diese Auffassung nur eine Fortbildung der Ansicht, welche die moderne Naturwissenschaft auch auf dem Gebiete der Sinnesempfindung vertritt. Ohne die Konstitution und Wirksamkeit des Auges gäbe es keine Farbenempfindung, ohne die des Ohres keinen Ton. Dennoch wird niemand behaupten wollen, daß nicht Farbe und Ton ihre durchaus objektive Bedeutung und Wesenheit haben. Wie man sich das nun näher vorstellen will: ob man als Anhänger der Undulationshypothese Schwingungen der Körperteile und des Äthers beziehungsweise der Luft als die objektive Wesenheit von Farbe und Ton ansieht, oder ob man einer anderen Ansicht zuneigt, ist hier ohne Belang. Wir legen nur Wert darauf, daß, trotzdem der moderne Physiologe überzeugt ist, daß die Sinnesempfindung nur durch die *Tätigkeit* des entsprechenden Sinnesorgans ins erscheinende, für uns wahrnehmbare Dasein treten kann, er keinen Augenblick behaupten wird, Farbe, Ton, Wärme und so weiter seien *lediglich* subjektiv, seien ohne entsprechendes Korrelat im Reich des Objektiven. Aber Goethes Gedanke des organischen Typus ist nur die konsequente Ausdehnung dieser Auffassung von der subjektiven Erzeugung des Erscheinungsdaseins auf ein Gebiet, in dem die bloße Sinneswahrnehmung nicht mehr ausreicht, um zu Erkenntnissen zu gelangen.

Die Sache bietet auf diesem Gebiete nur deshalb dem Verständnisse Schwierigkeiten, weil auf jener Stufe des menschlichen Auffassungsvermögens, auf der Ideen hervorgebracht werden, bereits das Bewußtsein beginnt. Wir *wissen* nun, daß wir eine tätige Rolle beim Ergreifen der Ideen spielen, während die Tätigkeit des Organismus da, wo derselbe die Sinnesempfindung vermittelt, eine völlig unbewußte ist. Dieser Umstand ist aber für die Sache selbst ganz ohne Belang. So wie Farbe, Ton, Wärme und so weiter in rerum natura eine objektive Bedeutung haben, trotzdem sie ohne die subjektive Tätigkeit unserer Sinneswerkzeuge nicht eine Bedeutung *für uns* gewinnen können, so haben die Ideen einen objektiven Wert, obwohl sie nicht ohne die eigene Tätigkeit des Geistes in denselben eintreten können.

Es ist eben durchaus notwendig, daß alles, was in unserem Bewußtsein auftreten soll, erst durch unseren physischen oder psychischen Organismus hindurchgeht.

Dies vorausgesetzt, erkennen wir, daß im Sinne der Goetheschen Denkart ein fortwährendes Abwechseln zwischen dem Zufluß des durch die Sinne gelieferten Materiales und des frei von der Vernunft erschaffenen Typischen und ein Durchdringen dieser beiden Produkte im Geiste des Forschers stattfinden muß, wenn eine befriedigende Lösung der Probleme der Naturwissenschaft möglich sein soll. Dieses Abwechseln vergleicht Goethe mit einer Systole und Diastole des Geistes, deren fortwährendes Übergehen ineinander er bei jedem wahren Naturforscher voraussetzt. Er sagt: «Es müsse in dem Geiste des wahren Naturforschers sich immerfort wechselweise wie eine sich im Gleichgewicht bewegende Systole und Diastole ereignen.»

Das bis jetzt Gesagte liefert uns nun auch die Möglichkeit, darüber zu entscheiden, ob es der Auffassung Goethes gemäß ist, die Urpflanze oder das Urtier mit irgendeiner zu einer bestimmten Zeit vorgekommenen oder noch vorkommenden sinnlich-realen organischen Form zu identifizieren. Darauf kann nur mit einem entschiedenen «Nein» geantwortet werden. Die «Urpflanze» ist in jeder Pflanze enthalten, kann durch die konstruktive Kraft des Geistes aus der Pflanzenwelt gewonnen werden; aber keine einzelne individuelle Form darf als typisch angesprochen werden.

Nun ist aber gerade die «Urpflanze» (oder auch das «Urtier») dasjenige, was jede einzelne Form zu dem macht, was sie ist; sie ist das Wesentliche. Das müssen wir festhalten, wenn wir in Goethes Absichten vollständig eindringen wollen.

Das Gesetzmäßige des Organischen darf nicht auf demselben Gebiete gesucht werden wie das des Unorganischen. In der Wissenschaft der unorganischen Natur habe ich meine Aufgabe vollkommen erfüllt, wenn es mir gelungen ist, das, was ich mit den Sinnen wahrnehme, nach seinem ursächlichen Zusammenhange zu erklären. Im Organischen muß ich solche Tatsachen der Erklärung unterwerfen, die für die Sinne nicht mehr wahrzunehmen sind. Wer an einem Lebewesen nur das betrachten und zur Erklärung herbeiziehen wollte, was er an demselben mit den Sinnen wahrnimmt, der genügte vor dem Forum Goethescher Wissenschaftlichkeit nicht.

Man hat vielfach behauptet, das Organische sei nur dann zu erklären, wenn man die Gesetze des Anorganischen einfach in das Reich des Belebten herübernehme. Die Versuche, eine Wissenschaft der Lebewesen auf diese Weise zu begründen, sind auch heute noch auf der Tagesordnung. Es war aber Goethes großer Gedankenflug, der ihn erkennen ließ, daß man auch dann an der Möglichkeit einer Erklärung des Organischen nicht zu zweifeln brauche, wenn sich die anorganischen Naturgesetze hierzu als unzulänglich erweisen sollten. Soll denn unsere Fähigkeit zu erklären nur so weit reichen, als wir die Gesetze des Anorganischen anwenden können? Was Goethe wollte, war nichts anderes, als: alle dunklen und unklaren Vorstellungen wie Lebenskraft, Bildungstrieb und so weiter aus der Wissenschaft verbannen und für sie Naturgesetze auffinden. Aber er wollte für die Organik Gesetze suchen, wie man sie für die Mechanik, Physik, Chemie gefunden hat, nicht einfach die in diesen andern Gebieten vorhandenen herübernehmen. Der zerstört das Reich des Organischen, der es einfach in das des Unorganischen aufgehen läßt. Goethe wollte eine selbständige Organik, die ihre eigenen Axiome und ihre eigene Methode hat. Dieser Gedanke setzte sich immer mehr bei ihm fest, und «Morphologie» wurde ihm allmählich der Inbegriff alles dessen, was zu einer befriedigenden Erklärung der Lebenserscheinungen aufgebracht werden muß. So lange man nicht alle Bewegungserscheinungen aus Naturgesetzen ableiten konnte, gab es keine Mechanik; so lange man die einzelnen Orte, welche die Himmelskörper einnehmen, nicht durch gesetzliche Linien zusammenzufassen imstande war, gab es keine Astronomie; so lange man die Lebensäußerungen nicht in Form von Prinzipien aufzufassen in der Lage ist, gibt es keine Organik, sagte sich Goethe. Eine Wissenschaft, die das Organische in seinem Zentrum erfaßt und die Gesetze seiner verschiedenen Gestaltungen bloßlegt, schwebte ihm vor. Nicht die Formen der Organe allein, nicht den Stoffwechsel und seine Gesetze für sich, nicht die anatomischen

Tatsachen für sich wollte er erfassen; nein, er strebte nach einer Totalauffassung des Lebens, aus der sich alle jene Teilerscheinungen ableiten lassen. Er will eine Wissenschaft, zu der sich Naturgeschichte, Naturlehre, Anatomie, Chemie, Zoonomie, Physiologie nur wie vorbereitende Stufen verhalten. Eine jede von diesen genannten Wissenschaften behandelt ja nur eine Seite des Naturkörpers; aber alle zusammen, bloß als Summe gedacht, erschöpfen das Leben doch auch nicht. Denn dieses ist wesentlich mehr als die Summe seiner Einzelerscheinungen. Wer mit Hilfe der genannten Einzelwissenschaften alle *Seiten* des organischen Seins begriffen hat, dem fehlt noch immer die lebendige Einheit. Diese zu erfassen ist nach Goethes Ansicht die Aufgabe der *Morphologie im weiteren Sinne.*

Die *Naturgeschichte* hat die Aufgabe, die «Kenntnis der organischen Naturen nach ihrem Habitus und nach dem Unterschied ihrer Gestaltverhältnisse» zu vermitteln; der *Naturlehre* obliegt die «Kenntnis der materiellen Naturen überhaupt als Kräfte und in ihren Ortsverhältnissen»; die *Anatomie* sucht die «Kenntnis der organischen Naturen nach ihren inneren und äußeren Teilen, ohne aufs lebendige Ganze Rücksicht zu nehmen»; die *Chemie* strebt nach «Kenntnis der Teile eines organischen Körpers, insofern er aufhört, organisch zu sein, oder insofern seine Organisation nur als Stoff-hervorbringend und als Stoff-zusammengesetzt angesehen wird»; von der *Zoonomie* wird verlangt: die «Betrachtung des Ganzen, insofern es lebt und diesem Leben eine besondere physische Kraft untergelegt wird», von der *Physiologie* die «Betrachtung des Ganzen, insofern es lebt und wirkt», von der *Morphologie im engern Sinne* «Betrachtung der Gestalt sowohl in ihren Teilen als im Ganzen, ihren Übereinstimmungen und Abweichungen ohne alle andere Rücksichten». Die *Morphologie* im weitern und im *Goetheschen Sinne* aber will: «*Betrachtung des organischen Ganzen durch Vergegenwärtigung aller dieser Rücksichten und Verknüpfung derselben durch die Kraft des Geistes.*»*

* Diese Sätze sind einem erhaltenen Manuskript entlehnt, das in großen Zügen die Idee einer solchen *Morphologie* skizziert und offenbar einer solchen als Einleitung dienen sollte.

Goethe ist sich dabei voll bewußt, daß er die Idee einer «neuen Wissenschaft» nach «Ansicht und Methode» aufstellt. Nicht neu ist sie allerdings dem Inhalte nach, «denn derselbe ist bekannt». Das heißt aber nichts anderes, als er ist, rein tatsächlich genommen, derselbe, der in den vorher charakterisierten Hilfswissenschaften dargelegt wird. Neu aber ist die Art, wie dieser Inhalt in den Dienst einer Gesamterfassung der organischen Welt gestellt wird.

Das ist wieder wichtig für die Bestimmung des Goetheschen «Typus». Denn der Typus, das Gesetzliche im Organischen, ist ja der Gegenstand seiner Morphologie im weitern Sinne. Was die sieben Hilfswissenschaften zu leisten haben, das liegt im Bereich des Sinnlich-Erreichbaren. Ja, eben deswegen, weil sie in dem Gebiete des Sinnlich-Erreichbaren bleiben, können sie nicht über die Erkenntnis von *einzelnen Seiten* des Organischen hinauskommen.

So sehen wir uns denn durchaus gezwungen anzuerkennen, daß Goethe der organischen Welt eine Gesetzmäßigkeit zuschrieb, die sich mit derjenigen nicht deckt, welche wir an den Erscheinungen der unorganischen Natur beobachten. Wir können uns dieselbe nur durch eine freie Konstruktion des Geistes vergegenwärtigen, da sie sich mit dem, was wir am Organismus sinnenfällig wahrnehmen, nicht deckt.

Nun fragt es sich: wie verhält sich Goethe unter solchen Voraussetzungen zu der Mannigfaltigkeit der organischen Arten?

Diese Frage kann nicht beantwortet werden, ohne vorher das Verhältnis des Typus (Urpflanze, Urtier) zu dem einzelnen Individuum festgestellt zu haben. «Das Individuum ist kein Einzelnes, sondern eine Mehrheit.»* Und zwar eine Mehrheit von äußerlich voneinander durchaus verschiedenen Einzelheiten. Wie ist das nun möglich? Wie kann das Verschiedene doch eine Einheit sein? Oder im Speziellen: wie kann *ein und dasselbe* Organ einmal als Stengelblatt, dann wieder als Blumenblatt oder als Staubgefäß erscheinen? Wer die Einheit im Sinne eines abstrakten Begriffes, eines Schemas oder dergleichen faßt, kann das freilich nicht be-

* Siehe: Goethes naturwissenschaftliche Schriften (Kürschners «Deutsche National-Literatur»), Goethes Werke, Band XXXIII, S. 97.

greifen. Aber das ist sie im Goetheschen Sinne nicht. Da ist sie eine Gesetzmäßigkeit, die als solche die Form, in der sie sich für die Sinnenwelt äußert, noch vollständig unbestimmt läßt. Eben weil der eigentliche Kern, der tiefere Gehalt dieser Gesetzlichkeit *nicht* in dem aufgeht, was sinnenfällig wird, kann er sich in *verschiedenen* sinnlichen Formen äußern und doch immer derselbe bleiben. Es ist vielmehr der organischen Gesetzlichkeit bei ihrem Auftreten als äußere Erscheinung ein unendliches Feld geöffnet, *wie* das möglich ist. Da aber die Stoffe und Kräfte der unorganischen Natur in den Dienst dieser Gesetzmäßigkeit treten müssen, wenn überhaupt reale Organismen entstehen sollen, so folgt von selbst, daß nur jene Formen möglich sind, die den in jenen Stoffen und Kräften liegenden Bedingungen nicht widersprechen. Und insoferne sind die Kräfte und Stoffe der unorganischen Natur *negative* Bedingungen des organischen Lebens. Dieses bringt sich durch sie und in ihren Formen zur Geltung, so gut sie es zulassen. Damit ist aber schon die Notwendigkeit einer unendlichen Mannigfaltigkeit organischer Formen gegeben. Denn diese Äußerlichkeit des Daseins ist nichts, was in einem eindeutigen Zusammenhange mit der inneren Gesetzlichkeit stünde Ja, man wird von diesem Standpunkte aus sogar die Frage aufwerfen können: wie kommt es, daß es überhaupt Arten gibt, daß nicht jegliches Individuum von jeglichem anderen verschieden ist? Darauf wollen wir noch zurückkommen. Jedenfalls steht fest, daß die charakterisierte Anschauung Goethes von *konstanten* Formen des Organischen nicht sprechen kann, weil das, was einer Form die *Bestimmtheit* gibt, nicht aus dem fließt, was sie zur *organischen* Form macht. Nur derjenige kann eine Konstanz der Form annehmen, der in dieser Form ein Wesentliches sieht.

Was aber einer Sache nicht wesentlich ist, das braucht sie auch nicht unbedingt beizubehalten. Und damit ist die Möglichkeit der *Umwandlung bestehender Formen* abgeleitet. Mehr aber konnte vom Standpunkte Goethes aus nicht gegeben werden als eine *Ableitung dieser Möglichkeit.* Die empirischen Beobachtungen dazu hat Darwin geliefert. Das ist ja immer die Beziehung zwischen Theorie und Erfahrung, daß die letztere zeigt, was ist und geschieht, und die erstere die Möglichkeit darlegt, inwieferne solches sein und geschehen kann.

Jedenfalls kann auf Grund des im Goethe-Archiv vorhandenen Materiales an kein anderes als an dieses Verhältnis Goethes zu Darwin gedacht werden.

Wer nun aber die organischen Formen für wandelbar ansieht, an den tritt die Aufgabe heran: die zu einer Zeit tatsächlich bestehenden zu *erklären,* das heißt die Ursachen anzugeben, warum sich unter den von ihm vorausgesetzten Verhältnissen doch *bestimmte* Formen entwickeln und ferner jene: den Zusammenhang dieser bestehenden Formen untereinander darzulegen.

Dies war Goethe vollständig klar, und wir ersehen aus den hinterlassenen Papieren, daß er bei der beabsichtigten Weiterführung seiner morphologischen Arbeiten daran dachte, seine Anschauungen nach dieser Richtung hin auszugestalten. So enthält ein Schema zu einer «Physiologie der Pflanzen» folgendes:

«Die Metamorphose der Pflanzen, der Grund einer Physiologie derselben. Sie zeigt uns die Gesetze, wonach die Pflanzen gebildet werden.

Sie macht uns auf ein doppeltes Gesetz aufmerksam:

1. Auf das Gesetz der innern Natur, wodurch die Pflanzen konstituiert werden.

2. Auf das Gesetz der äußern Umstände, wodurch die Pflanzen modifiziert werden.

Die botanische Wissenschaft macht uns die mannigfaltige Bildung der Pflanze und ihrer Teile bekannt, und von der andern Seite sucht sie die *Gesetze dieser Bildung* auf.

Wenn nun die Bemühungen, die große Menge der Pflanzen in ein System zu ordnen, nur dann den höchsten Grad des Beifalls verdienen, wenn sie notwendig sind, die unveränderlichsten Teile von den mehr oder weniger zufälligen und veränderlichen abzusondern und dadurch die nächste Verwandtschaft der verschiedenen Geschlechter immer mehr und mehr ins Licht setzen: so sind die Bemühungen gewiß auch lobenswert, welche das Gesetz zu erkennen trachten, wonach jene Bildungen hervorgebracht werden; und wenn es gleich scheint, daß die menschliche Natur weder die unendliche

Mannigfaltigkeit der Organisation fassen, noch das Gesetz, wonach sie wirkt, deutlich begreifen kann, so ist's doch schön, alle Kräfte aufzubieten und von beiden Seiten, sowohl durch Erfahrung als durch Nachdenken, dieses Feld zu erweitern.»

Jede bestimmte Pflanzen- und Tierform ist nach Goethes Auffassungsweise also aus zwei Faktoren zu erklären: aus dem Gesetz der innern Natur und aus dem Gesetz der Umstände. Da nun aber diese Umstände an einem bestimmten Orte und in einer bestimmten Zeit eben *gegebene* sind, die sich innerhalb gewisser Grenzen nicht verändern, so ist es auch erklärlich, daß die organischen Formen innerhalb dieser Grenzen konstante bleiben. Denn diejenigen Formen, die unter jenen Umständen möglich sind, finden eben in den einmal entstandenen Wesen ihren Ausdruck. Neue Formen können nur durch eine Veränderung dieser Umstände bewirkt werden. Dann aber haben diese neuen Umstände nicht allein sich dem Gesetze des Inneren der organischen Natur zu fügen, sondern auch mit den schon entstandenen Formen zu rechnen, denen sie gegenübertreten. Denn was in der Natur einmal entstanden ist, erweist sich fortan in dem Tatsachenzusammenhange als mitwirkende Ursache. Daraus ergibt sich aber, daß den einmal entstandenen Formen eine gewisse Kraft, sich zu erhalten, innewohnen wird. Gewisse einmal angenommene Merkmale werden noch in den fernsten Nachkommen bemerkbar sein, wenn sie auch aus den Lebensverhältnissen dieser Wesen durchaus sich nicht erklären lassen. Es ist dies eine Tatsache, für die man in neuerer Zeit das Wort *Vererbung* gebraucht. Wir haben gesehen, daß in der Goetheschen Anschauungsweise ein begrifflich strenges Korrelat für das mit diesem Worte Verbundene gefunden werden kann.

Ein besonderes Licht wirft auf diese Auffassung aber noch die Art, wie Goethe sich die Fortpflanzung der Organismen mit ihren übrigen Entwickelungsprinzipien im Zusammenhange dachte. Er stellte sich nämlich vor, daß mit dem, was wir als Individuum annehmen, die innere Entwickelungsfähigkeit eines organischen Wesens noch nicht abgeschlossen ist, sondern daß die Fortpflanzung einfach nur die Fortsetzung und ein spezieller Fall dieser Entwickelungsfähigkeit ist. Das, was sich auf einer niederen Stufe als Wachstum äußert, ist auf einer höheren Stufe Fortpflanzung. *Goethe hatte schon die Ansicht, daß die Zeugung nur ein Wachstum des Organismus über das Individuum hinaus sei.*

Auch das läßt sich aus seinen eigenen Aufzeichnungen nachweisen: «Wir haben gesehen, daß sich die Pflanzen auf verschiedene Art fortpflanzen, welche Arten nur Modifikationen einer einzigen Art anzusehen sind. Die Fortpflanzung wie die Fortsetzung, welche durch die Entwickelung eines Organs aus dem andern geschieht, hat uns hauptsächlich in der Metamorphose beschäftigt. Wir haben gesehen, daß diese Organe, welche selbst von äußerer Gleichheit bis zur größten Unähnlichkeit sich verändern, innerlich eine virtuelle Gleichheit haben...»

«Wir haben gesehen, daß diese sprossende Fortsetzung bei den vollkommenen Pflanzen nicht ins Unendliche fortgehen kann, sondern daß sie stufenweise zum Gipfel führt und gleichsam am entgegengesetzten Ende seiner Kraft eine andere Art der Fortpflanzung, durch Samen, hervorbringt.»

Hier sieht also Goethe die Fortsetzung von Glied zu Glied bei einer und derselben Pflanze und die Fortpflanzung durch Samen nur als zwei verschiedene Arten einer und derselben Tätigkeit an.

«An allen Körpern, die wir lebendig nennen, bemerken wir die Kraft ihresgleichen hervorzubringen», sagt Goethe; diese Kraft schließt aber gewissermaßen ihren Kreis auch während des Wachstums eines Individuums mehrmals ab, denn: Goethe will den «Beweis» erbringen, daß «von Knoten zu Knoten der ganze Kreis der Pflanze im wesentlichen geendigt sei»; wenn wir dann «diese Kraft geteilt gewahr werden, bezeichnen wir sie unter dem Namen der beiden Geschlechter». Von dieser Anschauung ausgehend, skizziert er den Gang seines Vortrages über Wachstum und Fortpflanzung folgendermaßen:

«Bei Betrachtung der Pflanze wird ein lebendiger Punkt angenommen, der ewig seinesgleichen hervorbringt.

Und zwar tut er es bei den geringsten Pflanzen durch Wiederholung eben desselbigen.

Ferner bei den vollkommenern durch progressive Ausbildung

und Umbildung des Grundorgans in immer vollkommenere und wirksamere Organe, um zuletzt den höchsten Punkt organischer Tätigkeit hervorzubringen, Individuen durch Zeugung und Geburt aus dem organischen Ganzen abzusondern und abzulösen.

Höchste Ansicht organischer Einheit.»

Auch daraus erhellt, daß Goethe in der Fortpflanzung kein wesentlich neues Element der Pflanzenentwickelung, sondern nur eine höhere Modifikation des Wachsens sieht.

Die angeführte Stelle ist aber noch in anderer Beziehung bemerkenswert. Goethe spricht darinnen von einem «organischen Ganzen», aus dem sich die einzelnen Individuen absondern und ablösen. Dieses zu verstehen, nennt er die «höchste Ansicht organischer Einheit».

Damit ist die Summe alles organischen Lebens als *einheitliche Totalität* bezeichnet, und alle Einzelwesen sind dann nur als Glieder dieser Einheit zu bezeichnen. Wir haben es somit mit einer *durchgängigen Verwandtschaft* aller Lebewesen im wahrsten Sinne des Wortes zu tun. Und zwar mit einer *tatsächlichen* Verwandtschaft, nicht einer bloß *ideellen.* Die «organische Ganzheit» ist eine einheitliche, die in sich die Kraft hat, ihresgleichen in immerwährender äußerer Veränderung hervorzubringen; die Mannigfaltigkeit der Formen entsteht, indem sie diese Hervorbringungsfähigkeit nicht nur über Individuen, sondern auch über Gattungen und Arten hinaus fortsetzt.

Es ist nur im genauen Sinne der Goetheschen Ausführungen, wenn man sagt: die Kraft, durch welche die verschiedenen Pflanzenfamilien entstehen, ist genau dieselbe wie jene, durch welche ein Stengelblatt sich in ein Blumenblatt verwandelt. Und zwar ist diese Kraft durchaus als reale Einheit und das Hervorgehen der einen Art aus der andern durchaus im realen Sinne vorzustellen.

Die organischen Arten und Gattungen sind auf eine wahrhafte Deszendenz unter fortwährender Veränderung der Formen zurückzuführen. *Goethes Anschauung ist eine Deszendenztheorie mit einer tiefen theoretischen Grundlage.*

Man darf nun aber keineswegs denken, daß die folgenden Entwickelungsformen in den früheren schon angedeutet liegen. Denn, was sich durch alle Formen hindurchzieht, ist eben die ideelle organische Gesetzlichkeit, bei der von jenen Formen gar nicht gesprochen werden kann. Gerade weil das Wesen des Organischen mit der Art, wie es in Formen auftritt, nichts zu tun hat, kann es sich in denselben realisieren, ohne sie aus sich heraus zu wickeln. Die organische Wesenheit bildet die Form nicht aus sich heraus, sondern sich in dieselbe hinein. Deswegen kann diesen Formen keinerlei Präexistenz, auch nicht der Anlage nach, zukommen. Goethe war deshalb ein Gegner jener Einschachtelungslehre, welche annahm, daß die ganze Mannigfaltigkeit des Organischen schon im Keime, aber verborgen, enthalten sei.

«Dieses Viele* in Einem sukzessiv und als eine Einschachtelung zu denken, ist eine unvollkommene und der Einbildungskraft wie dem Verstand nicht gemäße Vorstellung, aber eine Entwickelung im höhern Sinne müssen wir zugeben: das Viele im Einzelnen, am Einzelnen; und setzt uns (so) nicht mehr in Verlegenheit.»

Entwickelung besteht eben darinnen, daß sich eine Einheit fortbildet und daß die Formen, die sie dabei annimmt, als etwas ganz Neues an ihr auftreten. Dies rührt daher, weil diese Formen nicht dem einheitlichen Entwickelungsprinzipe angehören, sondern dem Mittel, dessen sich dasselbe bedient, um sich zu manifestieren. Die Entwickelungsformen müssen alle *ideell* aus der Einheit erklärbar sein, wenn sie auch nicht reell aus derselben hervorgehen. Daß Goethe nur an dieses *ideelle* Enthaltensein dachte, beweist zum Beispiel die Behauptung, daß «diese verschiedenen Teile aus einem *idealen* Urkörper entsprungen und nach und nach in verschiedenen Stufen ausgebildet gedacht werden ...»

Das nächste, was sich nach den obigen Sätzen uns aufdrängen muß, ist, zu erfahren, in *welcher Weise* die beiden Faktoren: *inneres Bildungsprinzip* und *äußere Bedingungen* an dem Zustandekommen einer organischen Form beteiligt sind. Denn nur wenn der rechtmäßige Anteil von beiden Seiten gegeben ist, kann man von einer tatsächlichen Erklärung einer solchen Form sprechen.

* Die Mannigfaltigkeit der Organe und Organismen.

Zweifellos muß man die äußeren Bedingungen zuerst einmal ihrer realen Wirklichkeit nach durch Erfahrung kennen. Goethe zählt unter diesen Bedingungen auf: Temperatur eines Landes, Menge des Sonnenlichtes, Beschaffenheit der Luft der Umgebung und anderes mehr. Die Beobachtung zeigt uns, daß sich unter dem Einflusse einer gewissen Tatsachenreihe eine bestimmte Form bildet. Goethe sagt, daß der Typus eine gewisse «Einschränkung» erfährt. Haben wir aber auf diese Weise erkannt, *daß* unter gewissen äußeren Einflüssen irgendeine Form entsteht, dann stehen wir erst vor dem Problem: dieselbe zu erklären, zu sagen, *wie* sie entstehen konnte. Und da müssen wir die Idee des Typus als Erklärungsprinzip zugrunde legen. Wir müssen aus der allgemeinen Form des Typus diese besondere vorliegende abzuleiten imstande sein. Wenn wir nicht zu sagen vermögen: wie der spezielle Fall mit dem allgemeinen des Typus zusammenhängt, wenn wir nicht in der Lage sind zu sagen: durch diese oder jene Wirkungsform hat sich der Typus gerade in der individuellen Weise ausgebildet, dann ist das Wissen der äußern Bedingungen wertlos.

Diese Bedingungen geben die Gelegenheitsursache ab, *daß* das Organische in bestimmter Weise erscheint; die Kenntnis der innern Gesetzlichkeit gibt die Erklärung, *wie* gerade diese bestimmte Wirklichkeitsform entstehen konnte. Goethe sagt darüber in nicht mißzuverstehender Weise, die Form eines Organismus sei durch «Wechselwirkung der lebendigen Teile *nur aus sich selbst* zu erklären». Und als Methode der Erklärung empfiehlt er in bestimmtester Weise sehr oft: sich in Kenntnis der äußern Umstände zu setzen und dann nach den innern Bedingungen zu fragen, die als Gestaltungsprinzip unter dem Einflusse derselben auftreten.

Eine Erklärung, welche nur die äußeren Einflüsse als causa der organischen Verwandlungen gelten lassen wollte, würde Goethe also entschieden zurückweisen müssen.

Wir haben uns darauf beschränkt, Goethes Ansicht einfach hinzustellen. Wie sich dieselbe zum Darwinismus in seiner gegenwärtigen Form verhält: darüber sich ein Urteil zu bilden, überlassen wir diesmal dem Leser.* Wir wollen nur zum Schlusse noch ein Wort über die *Methode* sagen, durch die Goethe zu seinen Resultaten gelangt. Goethes naturwissenschaftliche Ansichten beruhen auf *idealistischen Forschungsresultaten,* die auf einer *empirischen* Basis ruhen.** Der Typus ist ein solches idealistisches Forschungsresultat. Wir wissen aus jenem vielangeführten Gespräch mit Schiller, daß Goethe den empirischen Charakter dieses «Typus» entschieden betonte.+ Er wurde ärgerlich, als Schiller ihn eine «Idee» nannte. Es war das in jener Zeit, wo ihm die ideelle Natur desselben selbst noch nicht recht klar war. Er war sich damals nur bewußt, daß er zu seiner «Urpflanze» durch sorgfältige *Beobachtung* gekommen war. Daß er aber gerade auf diese Weise zu einer «Idee» gelangt ist, das erkannte er noch nicht. Er hielt noch an der Ansicht der einseitigen Empiriker fest, welche glauben, das *Beobachtbare* erschöpfe sich in den Gegenständen der äußeren Sinneswahrnehmung. Aber gerade Schillers Bemerkung veranlaßte ihn, über diesen Punkt weiter nachzudenken. Er sagte sich: «Wenn er das für eine Idee hielt, was ich als Erfahrung aussprach, so mußte doch zwischen beiden irgend etwas Vermittelndes, Bezügliches obwalten! Der erste Schritt war getan.» ++ Nämlich der erste Schritt, um durch weiteres Nachdenken zu einer befriedigenden Lösung der Frage zu kommen: wie sind die Ideen des Typus (Urpflanze, Urtier) festzuhalten, wenn man streng auf dem Boden der Beobachtung, der Erfahrungswissenschaft stehenbleiben will? Wie ist der Einklang zwischen der Methode und dem Grundcharakter des Resultates herzustellen? Durch gewöhnliches Beobachten der Dinge kommen wir doch nur zur Kenntnis von bloßen

* Ausgeführt, freilich damals ohne die Materialien des Goethe-Archivs zu kennen, haben wir dieses Verhältnis in den Einleitungen zu Goethes naturwissenschaftlichen Schriften (Kürschners «Deutsche National-Literatur»), Goethes Werke, Band XXXIII und XXXIV.

** Die nähere Bestimmung und der Beweis dieses Satzes sind zu ersehen aus Goethes Werken (Kürschners «Deutsche National-Literatur»), Band XXXIV, S. XXXVII ff.

+ Siehe den Aufsatz: «Glückliches Ereignis» (Kürschners «Deutsche National-Literatur»), Goethes Werke, Band XXXIII, S. 108–113.

++ Siehe «Glückliches Ereignis», a. a. O., S. 112.

individuellen Einzelheiten und zu keinen Typen. Welche Modifikation hat das Beobachten zu erleiden? Goethe mußte zu einer «Theorie der Beobachtung» getrieben werden. Es sollte festgestellt werden: wie muß man beobachten, um wissenschaftlich verwertbare Resultate im obigen Sinne zu erhalten? In dieser Untersuchung hatte Goethe nur einen Vorgänger, dessen Denkweise aber der seinigen ziemlich fremd war: *Francis Bacon.* Dieser hat gezeigt, wie man den Erscheinungen der Natur gegenübertreten müsse, um nicht zufällige, wertlose Tatsachen zu erhalten, wie sie sich der gewöhnlichen naiven Anschauung darbieten, sondern Resultate mit dem Charakter der *Notwendigkeit* und *Naturgesetzlichkeit. Goethe* versuchte dasselbe auf seinem Wege. Bisher ist als Frucht dieses Nachdenkens nur der Aufsatz: «*Der Versuch als Vermittler von Objekt und Subjekt*» bekannt.* Nun erfahren wir aber aus einem Briefe Goethes an Schiller vom 17. Januar 1798**, daß der erstere seinem Schreiben einen Aufsatz beilegt, der die Prinzipien seiner naturwissenschaftlichen Forschungsweise enthält. Ich vermutete aus Schillers Antwort vom 19. Januar 1798, daß dieser Aufsatz wichtige Aufschlüsse über die Frage enthalten müsse, wie sich Goethe den Grundbau der Naturwissenschaft gedacht habe, und versuchte dann in der Einleitung meines zweiten Bandes von Goethes naturwissenschaftlichen Schriften*** denselben nach Schillers Ausführungen zu rekonstruieren. Zu meiner besonderen Befriedigung fand sich nun dieser Aufsatz genau in der von mir vorher konstruierten Form im Goethe-Archiv vor. Er gibt tatsächlich über die Grundansichten Goethes über die naturwissenschaftliche Methodik und über die Bedeutung und den Wert verschiedengearteter Beobachtungen eingehende Aufschlüsse. Der Forscher müsse sich erheben vom *gemeinen Empirismus* durch das Zwischenglied des *abstrakten Rationalismus* zum *rationellen Empirismus.* Der gemeine Empirismus bleibt bei dem unmittelbaren Tat-

* Siehe Goethes Werke (Kürschners «Deutsche National-Literatur»), Band XXXIV, S. 10–21.

** Briefwechsel zwischen Schiller und Goethe, 2. Band, S. 10 ff.

*** Goethes Werke (Kürschners «Deutsche National-Literatur»), Band XXXIV, S. XXXIX ff.

bestand der Erfahrung stehen; er kommt nicht zu einer Schätzung des Wertes der Einzelheiten für eine Auffassung der Gesetzlichkeit. Er registriert die Phänomene nach ihrem Verlaufe, ohne zu wissen, welche von den Bedingungen, die dabei in Betracht kommen, *notwendig* und welche *zufällig* sind. Er liefert daher kaum mehr als eine Beschreibung der Erscheinungswelt. Er weiß immer nur, *was* vorhanden sein muß, damit eine Erscheinung eintrete, aber er weiß nicht, was *wesentlich* ist. Daher kann er die Phänomene nicht als eine notwendige Folge ihrer Bedingungen darstellen. Das nächste ist, daß der Mensch über diesen Standpunkt hinausgeht, indem er an den Verstand appelliert und so auf dem Wege des Denkens sich über die Bedingungen klar werden will. Dieser Standpunkt ist wesentlich jener der *Hypothesenbildung.* Der Rationalist *sucht* die Ursachen der Erscheinungen nicht; er ersinnt sie; er lebt in dem Glauben, daß man durch *Nachdenken* über eine Erscheinung herausfinden könne, warum sie erfolgt. Damit kommt er natürlich ins Leere. Denn unser Verstand ist ein bloß formales Vermögen. Er hat keinen Inhalt außer jenem, den er sich durch Beobachtung erwirbt. Wer unter Voraussetzung dieser Erkenntnis doch nach einem *notwendigen* Wissen strebt, der kann dem Verstande dabei nur eine vermittelnde Rolle zuerkennen. Er muß ihm das Vermögen zugestehen, daß er die Ursachen der Erscheinungen *erkennt,* wenn er sie *findet;* nicht aber jenes, daß er sie selbst *ersinnen* könne. Auf diesem Standpunkte steht der *rationelle Empiriker.* Es ist Goethes eigener Standpunkt. «Begriffe ohne Anchauungen» sind leer, sagt er mit Kant; aber er setzt hinzu: sie sind notwendig, um den Wert der einzelnen Anschauungen für das Ganze einer Weltanschauung zu bestimmen. Wenn nun der Verstand in dieser Absicht an die Natur herantritt und diejenigen Tatsachenelemente zusammenstellt, welche einer *inneren* Notwendigkeit nach zusammengehören, so erhebt er sich von der Betrachtung des *gemeinen Phänomens* zum *rationellen Versuch,* was unmittelbar ein Ausdruck der objektiven Naturgesetzlichkeit ist. Goethes Empirismus entnimmt alles, was er zur Erklärung der Erscheinungen heranzieht, aus der Erfahrung; nur die Art, wie er es entnimmt, ist durch seine Anschauung bestimmt.

Jetzt begreifen wir vollständiger, wie er die oben mitgeteilten Worte über seine beabsichtigte Morphologie sprechen konnte, daß sie die Idee einer «neuen Wissenschaft» enthalte «nicht dem Inhalt», sondern «der Ansicht und Methode» nach.*

Der in Rede stehende Aufsatz ist also die methodologische Rechtfertigung von Goethes Forschungsweise. Er ergänzt in dieser Beziehung alles, was Goethe über Naturwissenschaft geschrieben hat, denn er sagt uns, wie wir es aufzufassen haben.

Mit diesen Ausführungen wollten wir vorläufig auf die erfreuliche Tatsache hingewiesen haben, daß durch das Material des Archives die wissenschaftliche Ansicht Goethes nach zwei Seiten hin in ein helleres Licht gerückt wird: erstens werden die bisher bemerkbaren Lücken in seinen Schriften ausgefüllt, und zweitens wird die Art seines Forschens und sein ganzes Verhalten zur Natur neu beleuchtet.

Die Frage: was suchte Goethe in der Natur und Naturwissenschaft, ohne deren Beantwortung das Verständnis der ganzen Persönlichkeit des Menschen doch nicht möglich ist, wird nach der Publikation der «naturwissenschaftlichen Abteilung» in der Weimarer Goethe-Ausgabe in einer ganz anderen Form beantwortet werden müssen, als dies bisher häufig geschah.

* Vgl. Goethes Brief an Hegel vom 7. Oktober 1820 (Fr. Strehlke, Goethes Briefe, Erster Teil, S. 240): «Es ist hier die Rede nicht von einer durchzusetzenden Meinung, sondern von einer mitzuteilenden Methode, deren sich ein jeder als eines Werkzeugs nach seiner Art bedienen möge.»

GEDANKEN ZU DEM HANDSCHRIFTLICHEN NACHLASSE GOETHES

Es gehört zu den Eigentümlichkeiten des Genies, daß es in großen Zügen den Plan der Kulturentwickelung entwirft, dessen Ausbau in den Einzelheiten der nachfolgenden Generation obliegt. Es müssen oft lange Zeiträume vergehen, ehe die Welt auf Umwegen zum vollen Verständnisse dessen gelangt, was ein Einzelner auf der Höhe seiner Geisteskultur geschaffen. Und immer, wenn ein Same, den ein führender Genius der Bildung eingepflanzt hat, reif ist, als Frucht bei der Nachwelt aufzugehn, dann kehrt die letztere zu jenem Führer zurück, um sich wieder einmal mit ihm auseinanderzusetzen.

Als solche Auseinandersetzungen sind die zahlreichen Kundgebungen aufzufassen, die fortwährend aus allen Teilen des gebildeten Europas in bezug auf Goethe zutage treten. Man fühlt immer besser, daß man von Goethe um so mehr zu lernen hat, je weiter man es selbst in der Bildung gebracht hat. Der Zweig der Kultur, der dies in den letzten Jahrzehnten am anschaulichsten bewiesen hat, ist wohl die Naturwissenschaft. Zahlreiche Forscher, die zu irgendeiner Wahrheit gelangt waren, fühlten förmlich ihr Gewissen erleichtert, wenn sie einen Anhaltspunkt dafür fanden, daß Goethe über die von ihnen aufgeworfene Frage eine der ihrigen ähnliche Ansicht gehabt. Das Kapitel «Goethe und die Naturwissenschaft» ist seit langem auf der Tagesordnung und bliebe es ohne Zweifel auch dann noch für unabsehbare Zeiten, wenn nicht der außerordentliche Umstand eingetreten wäre, daß die Publikationen des Goethe-Archives unsere Kenntnisse in diesem Felde nun wesentlich bereichern. Da dieses letztere aber in hohem Maße der Fall ist, so wird die Erörterung der einschlägigen Fragen in der nächsten Zeit überhaupt in ein neues Stadium treten.

Der Verfasser dieser Zeilen hat bereits vor einiger Zeit die verehrten Leser der Goethe-Chronik auf die zu erwartende Bereicherung unserer Goethe-Kenntnisse nach dieser Richtung hin aufmerksam gemacht. Seine vor einigen Monaten im Goethe-Archive wieder aufgenommenen Studien haben ihn nun nicht nur in dieser

Überzeugung bestärkt, sondern seine Erfahrungen auf diesem Gebiete um manches wertvolle Stück vermehrt. Die hohe Besitzerin der Goethe-Schätze, die Frau Großherzogin Sophie von Sachsen, hat ihm nun gnädigst gestattet, im Einvernehmen mit dem Direktor des Goethe- und Schiller-Archivs, Prof. Suphan, die Ergebnisse seiner Forschung zur vorläufigen Orientierung des Publikums zu verwerten, welcher Umstand denn auch diesen Aufsatz möglich macht.

Die Maxime, auf welche sich die gegenwärtige Naturwissenschaft besonders viel zugute tut, ist die, daß sie alle ihre Resultate auf dem Wege der *Beobachtung* gewinnen will. Nichts soll als wahr gelten, was nicht der *Erfahrung,* der Empirie seinen Ursprung verdankt. Es ist hier nicht der Ort, auf die umfassende Prüfung der Richtigkeit des damit gekennzeichneten Standpunktes einzugehen. Auf eines aber müssen wir die Aufmerksamkeit unserer Leser lenken, weil es für die Beurteilung der naturwissenschaftlichen Denkweise Goethes von grundsätzlicher Wichtigkeit ist. Wir meinen die präzise Beantwortung der Frage: was ist denn eigentlich Beobachtung? Was ist Erfahrung? – Wenn ich irgendeinen Satz der Wissenschaft als Erfahrungsresultat hinstelle, so habe ich doch damit nicht ein objektives Kennzeichen dieses Satzes, sondern einzig und allein die Art und Weise angegeben, auf die der Forscher zu demselben gekommen ist. Ich habe nichts über die Sache selbst, sondern nur etwas über das Verhältnis des beobachtenden Menschen zu den Dingen bestimmt. Wer mir die strenge Einhaltung des Grundsatzes der Erfahrung anempfiehlt, der sagt mir nichts weiter, als wie ich mich verhalten soll, um zu richtigen Ergebnissen zu gelangen. Die Natur dieser Ergebnisse selbst muß er völlig unbestimmt lassen. Denn in seiner Forderung liegt es ja, daß ich mir eben von den Dingen selbst über diese ihre Natur Aufschluß hole, daß ich mein Auffassungsvermögen frei der Einwirkung der Welt öffne und die Objekte an mich herankommen lasse. Dann sollen sie selbst mir das enthüllen, was an ihnen für mich erkennbar ist.

Es wird diesem Grundsatze sofort widersprochen, wenn man, ausgehend von der Forderung strenger Erfahrungswissenschaft, behauptet: weil die Welt nur durch Erfahrung erkennbar ist, deshalb muß sie diese oder jene Eigenschaften haben. Wer durch das Prinzip der Erfahrung sich zum Materialismus, Atomismus und so weiter drängen läßt, der überschreitet die Grenzen, die er sich selbst gezogen hat.

Zu denjenigen Forschern nun, die sich streng innerhalb dieser Grenzen gehalten haben, gehört Goethe. Wie kommt es nun aber, daß seine Anschauungen doch gerade von denjenigen oft erheblich abweichen, die wir bei den sogenannten reinen Empirikern finden? Die letzteren verwerfen ja den Standpunkt des Idealismus, und dieser ist doch der Goethes. Verträgt sich denn die Forderung der Erfahrung überhaupt mit dem Idealismus? Wir antworten: ja, wenn der Empiriker nicht bloß mit den Sinnen des Körpers, sondern auch mit denen des Geistes zu beobachten versteht. So wie das Auge Farben und Formen, wie das Ohr Töne, so liefert der Geist Ideen als Resultate der Erfahrung.

Dies ist ein Widerspruch, vernehmen wir von Seite der Empiriker. Ideen können nie Gegenstand der Erfahrung sein, denn sie sind nicht in der Außenwelt, sondern nur *in* uns, in unserer Seele enthalten. So sagen die Vertreter der Erfahrung, ohne zu merken, daß sie damit eine ungeheure Inkonsequenz begehen. Was berechtigt mich zu sagen: nur das gehört den Dingen der Außenwelt an, was mit den äußeren Sinnesorganen wahrzunehmen ist? Die Objekte können sich mir doch nimmermehr ihrem ganzen Inhalte nach enthüllen, wenn ich ihnen vorschreibe, sie dürfen keine anderen Eigenschaften haben als solche, die mich meine physischen Organe erkennen lassen. Das Prinzip der Erfahrung verlangt, daß ich alles, was an mir ist, den Objekten entgegenhalte, um allseitig ihr Wesen zu erforschen. Das sinnliche Auffassungsvermögen ist aber nur eine Seite im Wesen des Menschen. Und Goethe kann denjenigen nicht als wahren Forscher gelten lassen, der sich von vornherein dazu verdammt, von den Dingen nur die Hälfte kennenzulernen, weil er behauptet, nur die Hälfte seines Wesens liefere ihm die Wahrheit. Nur in der Entfaltung aller unserer Erkenntniskräfte erschließt sich uns nach Goethes Ansicht das Wesen der Dinge, soweit es uns überhaupt erkennbar ist.

Wer in einseitiger Weise bloß dem Denken, der Entwickelung

unseres Begriffsvermögens sich hingibt, dessen wissenschaftliche Ansichten sind leer, inhaltlos, sie tragen den Charakter des Überflüssigen, weil sie gerade das Gebiet, in dessen Rätsel sie uns einführen sollen, fliehen; wer nur den Sinnen vertraut, nichts sucht, als das, was *sie* ihm liefern, der krankt an geistiger Blindheit; er tastet an den Objekten herum, ohne den Faden zu kennen, der ihn ins Innere führt, wo sich ihm die scheinbare Regellosigkeit als gesetzliche Ordnung enthüllt. Der echte wissenschaftliche Geist gibt sich für Goethe darinnen kund, daß er zwischen sinnlicher Wahrnehmung und denkender Überlegung fortwährend abwechselt. Wie Einatmen und Ausatmen das Leben unterhalten, so unterhält das Hin- und Herbewegen des Geistes zwischen Ausbreitung über die Masse der Sinnenwelt und Zusammenziehung auf die gesetzmäßigen Quellen dieser Mannigfaltigkeit die sachgemäße Forschung. Ja, aller wissenschaftliche Betrieb wird Goethe zuletzt nur als solche lebensvolle Tätigkeit des Menschen verständlich. Theorien, Hypothesen sind an sich tot; sie gewinnen nur Leben, wenn sie den Geist wie Systole und Diastole beherrschen.* Nicht um die Resultate ist es Goethe zu tun, sondern darum, durch die lebendige Kraft des Geistes der schaffenden Natur näherzukommen. Das können *die* nicht erreichen, die sich mit fertigem, totem Wissen begnügen, sondern nur jene, die schöpferisch in sich dies tote Material lebendig werden lassen, und so *in* sich das hervorbringen, was außer ihnen die Natur werden läßt. Nicht was der Mensch aus der Welt zusammenzulesen vermag, ist für Goethe das Höchste, sondern wie er sich damit abfindet, um seinen Geist mit lebenswahrem Weltinhalt zu füllen.

Wem es nicht gelingt, die Dinge in der Weise auf sich wirken zu lassen, daß die Welt in seinem Innern so lebendig, so tätig und durch und durch wirksam ist wie die Welt außer uns, wo

* Prof. Suphan macht mich während der Ausarbeitung dieses Aufsatzes auf eine Stelle in Biedermann, Goethes Gespräche, VII, S. 122, aufmerksam, die einen wichtigen Beleg für meine obigen Ausführungen liefert: «So entgegnete er (Goethe) Herrn Vogel auf seine Behauptung, die Theorie müsse immer der Praxis vorangehen, mit Nachdruck, daß sie immer mit der Praxis zusammengehe: ‹denn es ist den Menschen unmöglich, körperlose Seelen zu schaffen›.»

kein Teil ist, an dem nicht unzählige Kräfte angreifen, der hat im Sinne Goethes dem Grundsatze der Erfahrung nicht genug getan.

Was an der Welt ruhend, geworden, erstarrt erscheint, ist leerer Schein, ist nur das oberflächliche Ergebnis ewigen Werdens und Wirkens. Aber jene scheinbare Ruhe ist der Gegenstand der Sinne, dieses Werden und Wirken offenbart sich in der Idee.* Und so ist die Idee Erfahrungsergebnis. Sie enthüllt sich freilich nur dem, der sich nicht mit der oberflächlichen Erfahrung befriedigt. Goethe hatte über die Resultate seiner wissenschaftlichen Forschung nie eine andere Ansicht als die, daß er auf dem Wege der Beobachtung zu ihnen gelangt ist. Aber von dem Augenblicke an, wo er durch Schiller gedrängt wurde, doch über den Charakter seiner Erfahrungen nachzudenken, wurde ihm immer klarer, daß sein ganzes Streben nur ein Suchen nach Ideen ist, als den höchsten Formen, in denen sich die Wirklichkeit ausspricht.** Diese Überzeugung drängte sich uns immer mehr und mehr auf, da wir uns an der Hand von Goethes hinterlassenen Papieren den Weg anschaulich zu machen suchten, den dieser Genius auf wissenschaftlichem Gebiete genommen hat. Da bleibt keine Beobachtung einzeln stehen; stets werden weitere verwandte an sie angereiht, um über das «Was» zum «Wie», über das Einzelne hinaus zum Ganzen zu kommen, um von der Kenntnisnahme zur Anschauung aufzusteigen. Die Erfahrungen interessieren Goethe nie unmittelbar, wie sie an sich sind, sondern immer als Frage an die Natur. Wer sich in diese Notizen vertieft, der sieht überall hinter der einzelnen Aufzeichnung eine Idee walten, die sich im Geiste Goethes aus dem Unbestimmten immer ins Bestimmtere herausarbeitet.

* Zum ersten Male wurde die hiermit gekennzeichnete und durch Goethes Nachlaß für dessen wissenschaftliche Tätigkeit in voller Beleuchtung erscheinende Eigenart des größten deutschen Dichters von K. J. Schröer zum ästhetischen Prinzipe in der Gesamt-Auffassung desselben gemacht. (Siehe Goethes «Faust» I und II mit Einleitung und fortlaufender Erklärung und Dramen, Kürschners «Deutsche National-Literatur», 6. bis 11. Band.)

** Wir finden hier auf das theoretisch-wissenschaftliche Gebiet jene Anschauung übertragen, die Goethe im Sittlichen zu seiner hohen Auffassung der *Liebe*, als selbstloser Hingabe an das Objekt, führte. (Siehe Schröer, Goethe und die Liebe, und dessen Einleitung zum 3. Bande von Goethes Dramen, in Kürschners «Deutsche National-Literatur».)

Wer so auf dem Papiere die Zeichen verfolgt, die deutlich genug aussprechen, wie in Goethe durch stetigen Verkehr mit der Welt Ideen werden, dem ist auch begreiflich, was es heißt: Idealismus ist mit Erfahrungswissenschaft durchaus vereinbar. Denn der Idealismus ist eben nichts anderes als die *ganze* Erfahrung, die Summe alles dessen, was von den Dingen kennenzulernen uns möglich ist, während das, was die Empiriker gewöhnlich zum Gegenstande ihrer Wissenschaft machen, nur die *halbe* Erfahrung ist, die Summanden ohne die Summe. Francis Bacon, der bekannte englische Philosoph, sagte einmal, die wissenschaftliche Forschung sei eine Additionsaufgabe; aber er hat es nicht weiter gebracht als bis zu einer Anleitung, wie man die einzelnen Posten aufstellt; wie man die Summe findet, blieb ihm verborgen, weil er die Sinne für die einzigen Vermittler der Erfahrung hielt und nicht wußte, daß die Vernunft den gleichen Anspruch auf diesen Titel hat. Goethe hat die letztere denn auch in ihre Rechte eingesetzt und damit eine hohe Sendung erfüllt. Die Sinne sind wunderbare Boten der Außenwelt, wenn der Geist die Kundgebungen ihrer ideellen Bedeutung nach versteht, die sie ihm bringen; aber ihre Schriftzüge sind wertlos, wenn wir bloß hinstarren auf das, was wir lesen sollten. Wer behauptet: es gäbe nichts zu lesen, dem werden alle jene, die bei Goethe in die Schule gegangen sind, antworten: suche den Grund nicht in den Dingen dieser Welt, sondern in dir.

ZU DEM «FRAGMENT» ÜBER DIE NATUR

Als Knebel anfangs 1783 im 32. Stück des Tiefurter Journales das Fragment «Die Natur» gelesen hatte, schrieb er in sein Tagebuch: «Goethes Fragment über die Natur hatte tiefen Eindruck auf mich. Es ist meisterhaft und groß. Es bestärkt mich in Liebe.» Der Aufsatz erschien wie die andern Beiträge des Journales ohne Namen des Verfassers. Die Ideen, die darin niedergelegt sind, vermochte Knebel nur Goethe zuzuschreiben. In gleicher Weise werden wohl auch andere Leser des Journals gedacht haben. Goethe selbst trat dieser Meinung entgegen. Er schrieb an Knebel: «Der Aufsatz im Tiefurter Journal, dessen Du erwähnst, ist nicht von mir, und ich habe bisher ein Geheimnis daraus gemacht, von wem er sei. Ich kann nicht leugnen, daß der Verfasser mit mir umgegangen und mit mir über diese Gegenstände oft gesprochen hat... Er hat mir selbst viel Vergnügen gemacht und hat eine gewisse Leichtigkeit und Weichheit, die ich ihm vielleicht nicht hätte geben können.» Und Frau von Stein schreibt am 28. März 1783 an Knebel: «Goethe ist nicht der Verfasser, wie Sie es glauben, von dem tausendfältigen Ansichtenbilde der Natur; es ist von Tobler; mitunter ist mir's nicht wohltätig, aber es ist reich!» Wären diese Briefstellen nicht vorhanden, so erschiene heute ein Aufwerfen der Fragen: «Ist Goethe der Verfasser dieses Aufsatzes?» oder «Inwieferne gehören die in demselben ausgesprochenen Gedanken ihm an?» geradezu unmöglich. Wenn wir in wenigen Worten sagen sollen, was bisher wohl jedem Kenner von Goethes wissenschaftlicher Entwickelung die Überzeugung von Goethes Autorschaft aufgedrängt hat, so ist es der Umstand, daß der letztere im Fortschreiten zu seinen späteren Naturanschauungen einmal notwendig durch die Stufe durchgegangen sein muß, die in dem Aufsatze festgehalten ist. Als Ernst Haeckel zum Beleg dafür, daß Goethe einer der ersten Propheten einer einheitlichen (monistischen) Naturauffassung war, eine besonders charakteristische Arbeit desselben an die Spitze seiner «natürlichen Schöpfungsgeschichte» stellen wollte, da wählte er den Aufsatz «Die Natur». Hiermit ist aber gar nichts anderes ausgesprochen, als was Goethe selbst in hohem Alter, als ihm der aus seinem Gedächtnisse längst entschwundene Aufsatz vorgelegt wurde, für das Richtige gehalten hat. Im Jahre 1828 erhielt er denselben aus dem Nachlaß der Herzogin Anna Amalia. Er nahm keinen Anstand, die darin ausgesprochenen Ideen als die seinigen zu bezeichnen, obwohl er sich tatsächlich an die Abfassung nicht erinnern konnte. In einer erläuternden Bemerkung zu dem Fragment, die er 1828 niederschreibt, lesen wir: «Daß ich diese Betrachtungen verfaßt, kann ich mich faktisch zwar nicht erinnern, allein sie stimmen mit den Vorstellungen wohl überein, zu denen sich mein Geist damals ausgebildet.» Und weiter oben: «Er ist von einer wohlbekannten Hand geschrieben, deren ich mich in den achtziger Jahren in meinen Geschäften zu bedienen pflegte.» Diese Hand ist die Seidels, von der auch die andern Goetheschen Beiträge zum Tiefurter Journal geschrieben sind. Zu diesen historischen Zeugnissen gehört auch ein Blatt, das im Goethe-Archiv unter den naturwissenschaftlichen Manuskripten Goethes liegt und das wohl eine Aufzeichnung des Kanzlers von Müller ist. (Oben am Rande steht von Eckermanns Hand mit Bleistift: Betrifft wahrscheinlich den Aufsatz: Die Natur, in G. Werken 1890, Bd. 40, S. 385.) Wir heben aus derselben folgende Stellen heraus: d. 25. Mai 1828. «Vorstehender Aufsatz, ohne Zweifel von Goethe, wahrscheinlich für das Tiefurter Journal bestimmt, von Einsiedeln dazu mit Nr. 3 bezeichnet und also etwa aus den ersten achtziger Jahren, jedoch vor der Metamorphose der Pflanzen geschrieben, wie Goethe selbst mir die Vermutung äußerte, war mir am 24. Mai 1828 von ihm kommuniziert. Da er ihn drucken lassen wird, so habe ich kein Bedenken gefunden, ihn vorläufig abzuschreiben.» ... d. 30. Mai 1828. «Nach einem Gespräch bekennt sich Goethe nicht mit voller Überzeugung ganz dazu; und auch mir hat geschienen, daß es zwar seine Gedanken, aber nicht von ihm selbst, sondern per traducem niedergeschrieben. Die Handschrift ist Seidels, des nachherigen Rentbeamten, und da dieser in Goethes Vorstellungen eingeweiht war und eine Tendenz zu solchen Gedanken hatte, so ist es wahrscheinlich, daß jene Gedanken als aus Goethes Munde kollektiv von ihm niedergeschrieben.» Die Ansicht, daß Seidel wirklichen Anteil an der Autorschaft habe, wird wohl niemand festhalten können; dagegen spricht die ganz einzigartige Harmonie zwischen den Gedanken des Aufsatzes und der Form, in der sie ausgesprochen sind. Das sind keine umgeformten Gedanken, es sind solche, die ganz wie sie sind konzipiert sein müssen. Man kann sich bei fast keinem Satze denken, daß der Inhalt genauer oder schöner formuliert werden könne. Wenn der Aufsatz nicht ein Diktat Goethes, sondern nach einer mündlichen Mitteilung von einem andern abgefaßt ist, dann könnte das nur von jemandem geschehen sein, der auf solcher Bildungshöhe stand, daß er Goethe nach allen Seiten erfassen und seine Gedanken in ihrer künstlerisch vollendeten Gestalt fast wörtlich aus dem Gedächtnisse niederschreiben konnte. Nun scheint der von Frau von Stein genannte G. Chr. Tobler in der Tat ein solcher Mann gewesen zu sein. Frau Herder schrieb über ihn an Müller: «Er wurde in diesem Zirkel (Goethes und der fürstlichen Personen) sehr geehrt, geliebt und als der philosophischste, gelehrteste, geliebteste Mensch erhoben; kurz, sie sprachen von ihm als von einem Menschen höherer Art.» Und J. G. Müller schrieb in sein Tagebuch, als er im April 1781 Tobler mit Passavant in Münden kennengelernt hatte: «Tobler ist ganz und gar griechischen Geblütes, sein einziges Bestreben ist, immer menschlicher zu werden, voll Gesundheit und Manneskraft wie ein junger Baum; wen er liebt, den liebt er ganz. An den simplen Lichtsätzen des Christentums hat er nicht genug. Er ist bald Christ, bald Grieche...» Tobler brachte nur den Sommer 1781 in Weimar zu. Er wohnte bei Knebel, und Goethe verkehrte viel mit ihm. In einem Briefe Goethes an Lavater vom 22. Juni 1781 sagt der erstere, daß er Tobler sehr «lieb gewonnen», und das Tagebuch enthält unter dem 2. August die Bemerkung: «Mit Toblern über Historie bei Gelegenheit Borromäus.» Das sind Beweise dafür, daß intime Gespräche über allgemeine Anschauungen zwischen Goethe und Tobler stattgefunden haben können, und daß der letztere eine Ausführung Goethes, das sich mit dem Fragment «Natur» deckt, zu Papier gebracht haben kann.

Daß aber Tobler keine andere Rolle dabei spielen konnte als

die eines Berichterstatters, der sich möglichst genau an den Wortlaut des Gehörten hielt, dafür sprechen gewichtige innere Gründe, die aus der Betrachtung des Verhältnisses des fraglichen Aufsatzes zu Goethes späteren Arbeiten über Naturwissenschaft hervorgehen. Er selbst sagt in der bereits oben zitierten erläuternden Bemerkung: «Ich möchte die Stufe damaliger Einsicht einen Komparativ nennen, der seine Richtung gegen einen noch nicht erreichten Superlativ zu äußern gedrängt ist. Man sieht die Neigung zu einer Art von Pantheismus, indem den Welterscheinungen ein unerforschliches, unbedingtes, humoristisches, sich selbst widersprechendes Wesen zum Grunde gedacht ist, und mag als Spiel, dem es bitterer Ernst ist, gar wohl gelten.

Die Erfüllung aber, die ihm fehlt, ist die Anschauung der zwei großen Triebräder aller Natur: der Begriff von *Polarität* und von *Steigerung,* jene der Materie, insofern wir sie materiell, diese ihr hingegen, insofern wir sie geistig denken, angehörig.»

Goethes wissenschaftliche Entwickelung stellt sich der genaueren Betrachtung als ein fortschreitendes Ausgestalten der im Aufsatz «Die Natur» ausgesprochenen Maximen dar. In diesen Sätzen sind die allgemeinen Forderungen aufgestellt, nach denen das Denken bei der Erforschung besonderer Naturgebiete zu verfahren hat. Diesen Prinzipien entspricht alles Naturgeschehen. Wie das im einzelnen vor sich geht, sucht Goethe dann später auf verschiedenen Gebieten zu ergründen. Der in Rede stehende Aufsatz ist eine Art Lebensprogramm, das allem Goetheschen Denken über die Natur zugrunde liegt.

Wo immer wir mit der Betrachtung von Goethes Forschungen einsetzen, bestätigt sich uns dieses. In der Geologie stellt Goethe unabhängig von anderen Forschern den Grundsatz fest, daß dieselben Gesetze, die gegenwärtig die auf der Erdoberfläche vor sich gehenden Bildungen bedingen, auch in den verflossenen Epochen gültig waren und daß dieselben niemals eine gewaltsame Unterbrechung durch ausnahmsweise Umwälzungen und so weiter erlitten haben. Dieses Prinzip weist zurück auf die Stelle in dem Fragment: «Sie (die Natur) schafft ewig neue Gestalten; was da ist, war noch nie, was war, kommt nicht wieder – alles ist neu und doch immer das Alte.» «Auch das Unnatürlichste ist Natur. Wer sie nicht allenthalben sieht, sieht sie nirgendwo recht.»

Fast wie die Pflanze aus dem Samen hat sich die Metamorphosenlehre aus folgenden Sätzen des Fragmentes entwickelt: «Es ist ein ewiges Leben, Werden und Bewegen in ihr, und doch rückt sie nicht weiter. Sie verwandelt sich ewig, und ist kein Moment Stillstehen in ihr.» «Sie scheint alles auf Individualität angelegt zu haben und macht sich nichts aus den Individuen.» «Sie hat wenige Triebfedern, aber nie abgenutzte, immer wirksam, immer mannigfaltig.» In dem ersten Satze ist schon ganz deutlich der Ansatz zu dem Gedanken von der Umwandlung der einzelnen Organe eines Lebewesens und der fortschreitenden Entwickelung derselben gemacht. Man braucht, um einen Beweis zu haben, nur folgende Stelle der «Metamorphose» (1790) damit zu vergleichen: «Betrachten wir alle Gestalten, besonders die organischen, so finden wir, daß nirgends ein Bestehendes, nirgends ein Ruhendes, ein Abgeschlossenes vorkommt, sondern daß vielmehr alles in steter Bewegung schwanke.» Der angeführte Satz über die «Individualität» ist der Keim zur Idee des Typus, die uns in Goethes osteologischen Arbeiten entgegentritt. In den «Vorträgen über den Typus» (1796) sagt Goethe: «Dies also hätten wir gewonnen, ungescheut behaupten zu dürfen, daß alle vollkommenern organischen Naturen, worunter wir Fische, Amphibien, Vögel, Säugetiere und an der Spitze der letztern den Menschen sehen, alle nach Einem Urbilde geformt seien, das nur in seinen sehr beständigen Teilen mehr oder weniger hin und her weicht und sich noch täglich durch Fortpflanzung aus- und umbildet.» Das heißt aber nichts anderes als: die Natur schafft zwar Individuen, aber aller Individualität liegt der Typus zugrunde; auf diesen kommt es zuletzt doch an und nicht auf die Individuen. Ja, auch die Art, wie die Natur verfährt, um aus der allgemeinen Form des Typus heraus eine besondere Gestalt zu schaffen, finden wir in dem Fragment angedeutet. Diese Art besteht darinnen, daß ein Organ oder eine Organgruppe besonders stark entwickelt ist, und dagegen die anderen Teile des Typus zurückstehen müssen, weil die Natur nur einen gewissen Etat für jedes Lebewesen hat, den sie nicht überschreiten darf. Je nachdem dann die eine oder andere Partie des Typus entwickelt ist, entsteht die eine oder die andere Form der Lebewesen. In dem Aufsatz über den Streit zwischen Geoffroy de Saint Hilaire und Cuvier in der französischen Akademie faßt Goethe diese Regel in die Worte zusammen: «... daß die haushälterische Natur sich einen Etat, ein Budget vorgeschrieben, in dessen einzelnen Kapiteln sie sich die vollkommenste Willkür vorbehält, in der Hauptsumme jedoch sich völlig treu bleibt, indem, wenn an der einen Seite zu viel ausgegeben worden, sie es der andern abzieht und auf die entschiedenste Weise sich ins Gleiche stellt.» Ganz der gleiche Begriff ist im Fragment enthalten: «Gibt sie (die Natur) eins (ein Bedürfnis) mehr, so ist's ein neuer Quell der Lust; aber sie kommt bald ins Gleichgewicht.» Zwei parallele Gedankenreihen sind auch die folgenden. Fragment: «Sie (die Natur) ist die einzige Künstlerin; aus dem simpelsten Stoff zu den größten Kontrasten»; und in den osteologischen Vorträgen: «Betrachten wir nach jenem erst im allgemeinsten aufgestellten Typus die verschiedenen Teile der vollkommensten Tiere, die wir Säugetiere nennen, so finden wir, daß der Bildungskreis der Natur zwar eingeschränkt ist, dabei jedoch wegen der Menge der Teile und wegen der vielfachen Modifikabilität, die Veränderungen der Gestalt ins Unendliche möglich werden.» Selbst der Kernpunkt der Metamorphosenlehre, daß der unendlichen Mannigfaltigkeit der organischen Wesen ein einziger Urorganismus zugrunde liegt, findet sich in der im «Fragment» angedeuteten Idee: «Jedes ihrer (der Natur) Werke hat ein eigenes Wesen, jede ihrer Erscheinungen den isoliertesten Begriff, und doch macht alles *Eins* aus.»

Nicht minder bemerkenswert ist der Umstand, daß der Gesichtspunkt, von dem aus Goethe später die Mißbildungen an Organismen ansah, bereits in unserem Aufsatze eingenommen ist. Die Abweichung von der gewöhnlichen Gestalt eines Naturwesens ist nach dieser Annahme nicht eine Abweichung von den allgemeinen Naturgesetzen, sondern nur eine Wirkungsweise derselben unter besonderen Bedingungen. «Die Natur bildet normal, wenn sie unzähligen Einzelheiten die Regel gibt, sie bestimmt und bedingt; abnorm aber sind die Erscheinungen, wenn die Einzelheiten obsiegen und auf eine willkürliche, ja zufällig scheinende Weise sich hervortun. Weil aber beides nah zusammen verwandt und sowohl das Geregelte als Regellose von Einem Geiste belebt ist, so entsteht ein Schwanken zwischen Normalem und Abnormem, weil immer Bildung und Umbildung wechselt, so daß das Abnorme normal und das Normale abnorm zu werden scheint.» Das ist in reiferer Form (der Aufsatz, dem der Satz angehört, ist im Hinblick auf Jägers Werk «Über die Mißbildung der Gewächse», das 1814 erschien, niedergeschrieben) der Gedanke aus dem Fragment: «Auch das Unnatürlichste ist Natur.»

Wenn wir absehen von den speziell auf das Reich der unorganischen Natur bezüglichen Prinzipien Goethes, so finden wir dessen ganzes Gedankengebäude in dem Fragment «Natur» bereits vorgebildet. In der allgemeinen, abstrakten Weise, wie diese Ideen hier stehen, erscheinen sie wie die Verkündigung einer neuen Weltanschauung. Man vermag sie nur einem Geiste zuzuschreiben, der eigene, neue Wege zur Erklärung der Erscheinungen einschlagen wollte. Die Erfüllung dieser Verkündigung sind Goethes spezielle Arbeiten über naturwissenschaftliche Gegenstände. Hier erst erhalten jene allgemeinen Sätze ihren vollen Wert, ihre eigentliche Bedeutung. Wir verstehen sie sogar erst ganz, wenn wir sie in Goethes Metamorphosenlehre, in seinen osteologischen Studien und in seinen geologischen Betrachtungen verwirklicht sehen. Hätten wir diese letzteren ohne die allgemeinen theoretischen Grundsätze, so müßten wir sie selbst durch sie ergänzen. Wir müßten uns fragen: wie stellte Goethe die Natur im ganzen vor, um sich über die Pflanzen- und Tierwelt die ihm eigenen Vorstellungen bilden zu können? Die Beantwortung dieser Frage kann aber mit nichts besser und befriedigender gegeben werden als mit dem Inhalte des Fragmentes «Die Natur». Goethe sagt in der «Geschichte der Farbenlehre»: «Wie irgend jemand über einen gewissen Fall denke, wird man nur erst recht einsehen, wenn man weiß, wie er überhaupt gesinnt ist.» Wir wissen erst vollständig, wie Goethe über einen einzelnen Fall in der Natur gedacht, wenn wir aus dem besprochenen Fragment erfahren haben, was für Anschauungen er über die Natur überhaupt gehabt hat.

Diese Beziehung erscheint doch wichtiger als die Frage, ob derjenige, welcher die Niederschrift des Aufsatzes besorgt hat, ein unmittelbares Diktat oder einen mehr oder weniger wörtlichen Bericht aus dem Gedächtnisse geliefert hat.

GOETHES NATURANSCHAUUNG

gemäß den neuesten Veröffentlichungen des Goethe-Archivs

Einmal schon gab eine Geburtstagsfeier Goethes Veranlassung, daß hier in Frankfurt ein Mann das offene Bekenntnis ablegte: er sehe in Deutschlands größtem Dichter auch einen Geist, der als einer der ersten in Betracht kommt, wenn von den Pfadfindern auf dem Gebiete der Naturerkenntnis die Rede ist. Arthur Schopenhauer schrieb in das ‚Goethe-Album', mit dem man den 28. August 1849 begrüßte, einen Beitrag, der von kräftigen Zornesworten über die Gegner von Goethes Farbenlehre so voll war wie die Seele des Philosophen von begeisterter Anerkennung für Goethe den Naturforscher. «Nicht bekränzte Monumente noch Kanonensalven noch Glockengeläute, geschweige Festmahle mit Reden, reichen hin, das schwere und empörende Unrecht zu sühnen, welches Goethe erleidet in betreff seiner Farbenlehre.» Ferne sei es von mir, Ihre Aufmerksamkeit heute gerade auf diesen Punkt der wissenschaftlichen Tätigkeit des Dichters zu lenken. Die Zeit wird kommen, in der auch für diese Frage die wissenschaftlichen Voraussetzungen zu einer Verständigung der Forscher vorhanden sein werden. Gegenwärtig bewegen sich gerade die physikalischen Untersuchungen in einer Richtung, die zu Goetheschem Denken nicht führen kann. Goethe möchte auch die Betrachtung der rein physikalischen Erscheinungen an das Menschlich-Persönliche soweit als möglich heranrücken. Der Mensch ist ihm «der größte und genaueste physikalische Apparat, den es geben kann», und das ist – nach seiner Ansicht – «eben das größte Unheil der neueren Physik, daß man die Experimente gleichsam vom Menschen abgesondert hat und bloß in dem, was künstliche Instrumente zeigen, die Natur erkennen, ja was sie leisten kann, dadurch beschränken und beweisen will». In der ängstlichen Vermeidung alles Subjektiven und Persönlichen gehen aber die Physiker unserer Zeit noch viel weiter als diejenigen, die Goethe mit diesen Worten treffen wollte. Das Ideal unserer Zeitgenossen in dieser Beziehung ist, alle Erscheinungen auf möglichst wenige unlebendige

Grundkräfte zurückzuführen, die nach rein mathematischen und mechanischen Gesetzen wirken. Goethes Sinn war auf anderes gerichtet. Was in der übrigen Natur nur verborgen ist, erscheint seiner Ansicht nach im Menschen in seiner ureigenen Gestalt. Der Menschengeist ist für Goethe die höchste Form des Naturprozesses, das Organ, das sich die Natur anerschaffen hat, um durch es ihr Geheimnis offen an den Tag treten zu lassen. Alle Kräfte, die die Welt durchzittern, dringen in die Menschenseele ein, um da zu sagen, was sie ihrem Wesen nach sind. Eine von dem Menschen abgesonderte Natur konnte sich Goethe nicht denken. Eine tote, geistlose Materie war seinem Vorstellen unmöglich. Eine Naturerklärung mit Prinzipien, aus denen nicht auch der Mensch seinem Dasein und Wesen nach begreiflich ist, lehnte er ab.

Ebenso begreiflich wie die Gegnerschaft der Physiker ist die Zustimmung, welche Goethes Naturauffassung bei einigen der hervorragendsten Erforscher der Lebenserscheinungen, besonders bei dem geistvollsten Naturforscher der Gegenwart, Ernst Haeckel, gefunden hat. Haeckel, der den Darwinschen Ideen über die Entstehung der Organismen eine der deutschen Gründlichkeit angemessene Vervollkommnung hat angedeihen lassen, legt sogar den größten Wert darauf, daß der Einklang seiner Grundüberzeugungen mit den Goetheschen erkannt werde. Für Haeckel ist die Frage Darwins nach dem Ursprunge der organischen Formen sogleich zu der höchsten Aufgabe geworden, die sich die Wissenschaft vom organischen Leben überhaupt stellen kann, zu der vom Ursprunge des Menschen. Und er ist genötigt gewesen, an Stelle der toten Materie der Physiker solche Naturprinzipien anzunehmen, mit denen man vor den Menschen nicht Halt zu machen braucht. Haeckel hat in seiner vor kurzem (1892) erschienenen Schrift «Der Monismus als Band zwischen Religion und Wissenschaft», welche nach meiner Überzeugung die bedeutsamste Kundgebung der neuesten Naturphilosophie ist, ausdrücklich betont, daß er sich einen «immateriellen lebendigen Geist» ebensowenig denken könne wie eine «tote geistlose Materie». Und ganz übereinstimmend damit sind Goethes Worte, daß «die

Materie nie ohne Geist, der Geist nie ohne Materie existiert und wirksam sein kann».

Gegenüber dem hartnäckigen Widerstande der Physiker finden wir hier eine Naturauffassung, die Goethes Ideen mit Stolz für sich in Anspruch nimmt.

Für denjenigen, der sich die volle Würdigung des Goetheschen Genies auf einem bestimmten Gebiete zur Aufgabe macht, entsteht nun die Frage: Wird diejenige Richtung der modernen Naturwissenschaft, welche wir soeben gekennzeichnet haben, Goethe vollkommen gerecht? Wem es nur um diese Naturwissenschaft zu tun ist, der fragt natürlich einfach: inwiefern stimmt Goethe mit mir überein? Er betrachtet Goethe als einen Vorläufer seiner eigenen Richtung in bezug auf jene Anschauungen, die dieser mit ihm gemein hat. Sein Maßstab ist die gegenwärtige Naturanschauung. Goethe wird nach ihr beurteilt. Diesen Beurteilern gegenüber sei mein Standpunkt in den folgenden Auseinandersetzungen: Wie hätte sich Goethe zu denjenigen Naturforschern verhalten, die heute sich in ihrer Art anerkennend für ihn aussprechen? Wäre er des Glaubens gewesen, daß sie Ideen ans Tageslicht gebracht haben, die er nur vorausgeahnt, oder hätte er vielmehr gemeint, daß die Gestalt, die sie der Naturwissenschaft gegeben haben, seinen Anfängen nur unvollkommen entspricht? Wie wir diese Frage beantworten und wie wir uns selbst dann zu Goethes Weltanschauung stellen, davon wird es abhängen, ob wir in Goethe, dem Naturforscher, bloß eine mehr oder weniger interessante Erscheinung der Wissenschaftsgeschichte sehen oder ob wir auch auf naturwissenschaftlichem Gebiete seine Schöpfungen für unsere Erkenntnis noch fruchtbar machen und ihn, um mit einer Wendung Herman Grimms zu sprechen, in den Dienst der Zeit stellen wollen.

Es handelt sich darum, aus der Betrachtungs- und Denkart Goethes selbst, nicht aus der äußerlichen Vergleichung mit wissenschaftlichen Ideen der Gegenwart, in den Geist seiner Naturanschauung einzudringen. Wenn wir Goethe recht verstehen wollen, so kommen die einzelnen Leistungen, in denen sein reicher Geist die wissenschaftlichen Gedanken niedergelegt hat, weniger in Betracht als die Absichten und Ziele, aus denen sie hervorgegangen sind. Hervorragende Männer können in einer zweifachen Weise für die Menschheit epochemachend werden. Entweder sie finden für bereits gestellte Fragen die Lösung, oder sie finden neue Probleme in Erscheinungen, an denen ihre Vorgänger achtlos vorübergegangen sind. In der letzteren Art wirkte zum Beispiel Galilei auf die Entwickelung der Wissenschaft ein. Unzählige Menschen vor ihm hatten einen schwingenden Körper gesehen, ohne daran etwas Auffälliges zu bemerken; für seinen Blick enthüllte sich in dieser Erscheinung die große Aufgabe, die Gesetze der Pendelbewegung kennenzulernen, und er schuf in diesem Gebiete der Mechanik ganz neue wissenschaftliche Grundlagen. In Geistern solcher Art leben eben Bedürfnisse, die ihre Vorgänger noch nicht gekannt haben, zum ersten Male auf. Und das Bedürfnis öffnet die Augen für eine Entdeckung.

Frühzeitig erwachte in Goethe ein solches Bedürfnis. Sein Forschertrieb entzündete sich zunächst an der Mannigfaltigkeit des organischen Lebens. Mit anderem Blick als seine wissenschaftlichen Zeitgenossen sah er die Fülle der Gestalten des Tier- und Pflanzenreiches. Sie glaubten genug getan zu haben, wenn sie die Unterschiede der einzelnen Formen genau beobachteten, die Eigentümlichkeiten jeder besonderen Art und Gattung feststellten und auf Grund dieser Arbeit eine äußerliche Ordnung, ein System der Lebewesen schufen. Linné, der Botaniker, namentlich war ein Meister in dieser Kunst des Klassifizierens. Goethe lernte die Schriften dieses Mannes, wie wir aus dem Briefwechsel mit Frau von Stein wissen, im Jahre 1782 kennen. Was für Linné das Wichtigste war, die Merkmale genau festzustellen, welche eine Form von der anderen unterscheide, kam für Goethe zunächst gar nicht in Betracht. Für ihn entstand die Frage: was lebt in der unendlichen Fülle der Pflanzenwelt, das diese Mannigfaltigkeit zu einem einheitlichen Naturreich verbindet? Er wollte erst begreifen, was eine Pflanze überhaupt ist, dann hoffte er auch zu verstehen, warum sich die Pflanzennatur in so unendlich vielen Formen auslebt. Von seinem Verhältnis zu Linné sagt er später selbst: «Das, was er mit Gewalt auseinanderzuhalten suchte, mußte nach dem innersten Bedürfnis meines Wesens zur Vereinigung anstreben.» Daß Goethe hier auf dem rechten Wege war, ein Naturgesetz zu finden, lehrt eine einfache Betrachtung darüber, wie sich Naturgesetze in den Erscheinungen aussprechen. Jede Naturerscheinung geht aus einer Reihe sie bedingender Umstände hervor. Nehmen wir etwas ganz Einfaches. Wenn ich einen Stein in waagerechter Richtung werfe, so wird er in einer gewissen Entfernung von mir auf die Erde fallen. Er hat im Raume während seines Hinfliegens eine ganz bestimmte Linie beschrieben. Diese Linie ist von drei Bedingungen abhängig: von der Kraft, mit der ich den Stein stoße, von der Anziehung, die die Erde auf ihn ausübt, und von dem Widerstand, den ihm die Luft entgegensetzt. Ich kann mir die Bewegung des Steines erklären, wenn ich die Gesetze kenne, nach denen die drei Bedingungen auf ihn einwirken. Daß Erscheinungen der leblosen Natur auf diese Weise erklärt werden müssen, das heißt dadurch, daß man ihre Ursachen und deren Wirkungsgesetze sucht, hat bei Goethes Auftreten niemand bezweifelt, der für die Geschichte der Wissenschaften in Betracht kommt. Anders aber stand es um die Erscheinungen des Lebens. Man sah Gattungen und Arten vor sich und innerhalb ihrer jedes Wesen mit einer solchen Einrichtung, mit solchen Organen ausgerüstet, wie sie seinen Lebensbedürfnissen entsprechen. Eine derartige Gesetzmäßigkeit hielt man nur für möglich, wenn die organischen Formen nach einem wohlüberlegten Schöpfungsplan gestaltet sind, demgemäß jedes Organ gerade die Bildung erhalten hat, die es haben muß, wenn es seinen vorbedachten Zweck erfüllen soll. Während man also die Erscheinungen der leblosen Natur aus Ursachen zu erklären suchte, die innerhalb der Welt liegen, glaubte man für die Organismen außerweltliche Erklärungsprinzipien annehmen zu müssen. Den Versuch, die Erscheinungen des Lebens ebenfalls auf Ursachen zurückzuführen, die innerhalb der uns beobachtbaren Welt liegen, hat man vor Goethe nicht versucht, ja der berühmte Philosoph Immanuel Kant hat noch 1790 jeden solchen Versuch «ein Abenteuer der Vernunft» genannt. Man dachte sich einfach jede der Linnéschen Arten nach einem bestimmten vorgedachten Plan geschaffen und meinte eine Erscheinung erklärt zu haben, wenn man den Zweck erkannte, dem sie dienen soll. Eine solche Anschauungsweise konnte Goethe nicht befriedigen. Der Gedanke eines Gottes, der außerhalb der Welt ein abgesondertes Dasein führt und seine Schöpfung nach äußerlich aufgedrängten Gesetzen lenkte, war ihm fremd. Sein ganzes Leben hindurch beherrschte ihn der Gedanke:

«Was wär' ein Gott, der nur von außen stieße,
Im Kreis das All am Finger laufen ließe?
Ihm ziemt's, die Welt im Innern zu bewegen,
Natur in sich, sich in Natur zu hegen,
So daß, was in ihm lebt und webt und ist,
Nie seine Kraft, nie seinen Geist vermißt.»

Was mußte Goethe, dieser Gesinnung gemäß, in der Wissenschaft der organischen Natur suchen? Erstens ein Gesetz, welches erklärt, was die Pflanze zur Pflanze, das Tier zum Tiere macht, zweitens ein anderes, das begreiflich macht, warum das Gemeinsame, allen Pflanzen und Tieren zugrunde Liegende in einer solchen Mannigfaltigkeit von Formen erscheint. Das Grundwesen, das sich in jeder Pflanze ausspricht, die Tierheit, die in allen Tieren zu finden ist, die suchte er zunächst. Die künstlichen Scheidewände zwischen den einzelnen Gattungen und Arten mußten niedergerissen, es mußte gezeigt werden, daß alle Pflanzen nur Modifikationen einer Urpflanze, alle Tiere eines Urtieres sind. Daß wir die Urform erkennen können, die allen Organismen zugrunde liegt, und daß wir die gesetzmäßigen Ursachen innerhalb unserer Erscheinungswelt zu finden imstande sind, welche bewirken, daß diese Urform einmal als Lilie, das andere Mal als Eiche erscheint, hatte Kant für unmöglich erklärt. Goethe unternahm «das Abenteuer der Vernunft» und hat damit eine wissenschaftliche Tat ersten Ranges vollbracht. Goethe ging also darauf aus: sich eine Vorstellung von jener Urform zu machen und die Gesetze und Bedingungen zu suchen, welche das Auftreten in den mannigfachen Gestalten erklären. Beiden Forderungen muß aber, seiner Meinung nach, die Wissenschaft gerecht werden. Wer keinen Begriff von der Urform hat, der kann zwar die Tatsachen angeben, unter deren Einfluß sich eine organische Form in die andere verwandelt hat, er kann aber niemals zu einer wirklichen Erklärung gelangen. Deshalb betrachtete es Goethe als seine erste Aufgabe, die Urpflanze und das Urtier oder, wie er es auch nannte, den Typus der Pflanzen und der Tiere zu finden.

Was versteht Goethe unter diesem Typus? Er hat sich darüber klar und unzweideutig ausgesprochen. Er sagt, er fühlte die Notwendigkeit: «einen Typus aufzustellen, an welchem alle Säugetiere nach Übereinstimmung und Verschiedenheit zu prüfen wären, und wie ich früher die Urpflanze aufgesucht, so trachtete ich nunmehr das Urtier zu finden, das heißt denn doch zuletzt: den Begriff, die Idee des Tieres». Und ein anderes Mal mit noch größerer Deutlichkeit: «Hat man aber die Idee von diesem Typus gefaßt, so wird man recht einsehen, wie unmöglich es sei, eine einzelne Gattung als Kanon aufzustellen. Das Einzelne kann kein Muster des Ganzen sein, und so dürfen wir das Muster für alle nicht im Einzelnen suchen. Die Klassen, Gattungen, Arten und Individuen verhalten sich wie die Fälle zum Gesetz: sie sind darin enthalten, aber sie enthalten und geben es nicht.» Hätte man also Goethe gefragt, ob er in einer bestimmten Tier- oder Pflanzenform, die zu irgendeiner Zeit existiert hat, seine Urform, seinen Typus verwirklicht sehe, so hätte er ohne Zweifel mit einem kräftigen Nein geantwortet. Er hätte gesagt: So wie der Haushund, so ist auch der einfachste tierische Organismus nur ein Spezialfall dessen, was ich unter Typus verstehe. Den Typus findet man überhaupt nicht in der Außenwelt verwirklicht, sondern er geht uns als Idee in unserem Innern auf, wenn wir das Gemeinsame der Lebewesen betrachten. Sowenig der Physiker einen einzelnen Fall, eine zufällige Erscheinung zum Ausgangspunkte seiner Untersuchungen macht, sowenig darf der Zoologe oder Botaniker einen einzelnen Organismus als Urorganismus ansprechen.

Und hier ist der Punkt, an dem es klar werden muß, daß der neuere Darwinismus weit hinter Goethes Grundgedanken zurückbleibt. Diese wissenschaftliche Strömung findet, daß es zwei Ursachen gibt, unter deren Einfluß eine organische Form sich in eine andere umformen kann: die Anpassung und den Kampf ums

Dasein. Unter Anpassung versteht man die Tatsache, daß ein Organismus infolge von Einwirkungen der Außenwelt eine Veränderung in seiner Lebenstätigkeit und in seinen Gestaltverhältnissen annimmt. Er erhält dadurch Eigentümlichkeiten, die seine Voreltern nicht hatten. Auf diesem Wege kann sich also eine Umformung bestehender organischer Formen vollziehen. Das Gesetz vom Kampf ums Dasein beruht auf folgenden Erwägungen. Das organische Leben bringt viel mehr Keime hervor, als auf der Erde Platz zu ihrer Ernährung und Entwickelung finden. Nicht alle können zur vollen Reife kommen. Jeder entstehende Organismus sucht aus seiner Umgebung die Mittel zu seiner Existenz. Es ist unausbleiblich, daß bei der Fülle der Keime ein Kampf entsteht zwischen den einzelnen Wesen. Und da nur eine begrenzte Zahl den Lebensunterhalt finden kann, so ist es natürlich, daß diese aus denen besteht, die sich im Kampf als die stärkeren erweisen. Diese werden als Sieger hervorgehen. Welche sind aber die Stärkeren? Ohne Zweifel diejenigen mit einer Einrichtung, die sich als zweckmäßig erweist, um die Mittel zum Leben zu beschaffen. Die Wesen mit unzweckmäßiger Organisation müssen unterliegen und aussterben. Deswegen, sagt der Darwinismus, kann es nur zweckmäßige Organisationen geben. Die anderen sind einfach im Kampf ums Dasein zugrunde gegangen. Der Darwinismus erklärt mit Zugrundelegung dieser beiden Prinzipien den Ursprung der Arten so, daß sich die Organismen unter dem Einfluß der Außenwelt durch Anpassung umwandeln, die hierdurch gewonnenen neuen Eigentümlichkeiten auf ihre Nachkommen verpflanzen und von den auf diese Weise umgewandelten Formen immer diejenigen sich erhalten, welche in dem Umwandlungsprozesse die zweckentsprechendste Gestalt angenommen haben.

Gegen diese beiden Prinzipien hätte Goethe zweifellos nichts einzuwenden. Wir können nachweisen, daß er beide bereits gekannt hat. Für ausreichend aber, um die Gestalten des organischen Lebens zu erklären, hat er sie nicht gehalten. Sie waren ihm äußere Bedingungen, unter deren Einfluß das, was er Typus nannte, besondere Formen annimmt und sich in der mannigfaltigsten Weise verwandeln kann. Bevor sich etwas umwandelt, muß es aber erst vorhanden sein. Anpassung und Kampf ums Dasein setzen das Organische voraus, das sie beeinflussen. Die notwendige Voraussetzung sucht Goethe erst zu gewinnen. Seine 1790 veröffentlichte Schrift «Versuch, die Metamorphose der Pflanzen zu erklären» verfolgt den Gedanken, eine ideale Pflanzengestalt zu finden, welche allen pflanzlichen Wesen als deren Urbild zugrunde liegt. Später versuchte er dasselbe auch für die Tierwelt.

Wie Kopernikus die Gesetze für die Bewegungen der Glieder unseres Sonnensystems, so suchte Goethe die, wonach sich ein lebendiger Organismus gestaltet. Ich will auf die Einzelheiten nicht eingehen, will vielmehr gerne zugeben, daß sie sehr der Verbesserung bedürfen. Einen entscheidenden Schritt bedeutet Goethes Unternehmen aber doch in genau derselben Weise wie des Kopernikus Erklärung des Sonnensystems, die ja auch durch Kepler eine wesentliche Verbesserung erfahren hat.

Ich habe mich bereits im Jahre 1883 (in meiner Ausgabe von Goethes naturwissenschaftlichen Schriften in Kürschners Nat. Lit., 1. Bd.) bemüht, zu zeigen, daß die neuere Naturwissenschaft nur eine Seite der Goetheschen Anschauung zur Ausgestaltung gebracht hat.* Das Studium der äußeren Bedingungen für die Artverwandlung ist in vollem Gange. Haeckel hat in genialer Weise die Verwandtschaftsgrade der Formen der Tierwelt festzustellen gesucht. Für die Erkenntnis der inneren Bildungsgesetze des Organismus ist so gut wie nichts geschehen. Ja, es gibt Forscher, die solche Gesetze für bloße Phantasiegebilde halten. Sie glauben alles Nötige getan zu haben, wenn sie zeigen, wie sich die komplizierteren Lebewesen allmählich aus Elementarorganismen aufgebaut haben. Und diese elementaren organischen Wesenheiten will man durch bloße gesetzmäßige Verbindung unorganischer Stoffe in derselben Art erklären, wie man das Entstehen einer chemischen Verbindung erklärt. So hätte man denn glücklich das Kunststück vollbracht, das Leben dadurch zu erklären, daß man es vernichtet

* Meine der Kürschnerischen Ausgabe einverleibten «Einleitungen zu Goethes naturwissenschaftlichen Schriften» versuchen die wissenschaftliche Bedeutung dieser Schriften und deren Verhältnis zum gegenwärtigen Standpunkt der Wissenschaft ausführlich darzustellen.

oder, besser gesagt, als nicht vorhanden denkt. Mit einer solchen Betrachtungsweise wäre Goethe nie einverstanden gewesen. Er suchte Naturgesetze für das Lebendige, aber nichts lag ihm ferner als der Versuch, die Gesetze des Leblosen auf das Belebte einfach zu übertragen.

Bis zur Eröffnung des Goethe-Archivs hätte manche meiner Behauptungen vielleicht angefochten werden können, obwohl ich glaube, daß für denjenigen, der Goethes wissenschaftliche Schriften im Zusammenhange liest, kein Zweifel besteht über die Art, wie ihr Verfasser gedacht hat. Aber diese Schriften bilden kein geschlossenes Ganzes. Sie stellen nicht eine allseitig ausgeführte Naturansicht dar, sondern nur Fragmente einer solchen. Sie haben Lücken, die sich derjenige, der eine Vorstellung von Goethes Ideenwelt gewinnen will, hypothetisch ausfüllen muß. Der handschriftliche Nachlaß Goethes, der sich im Weimarischen Goethe-Archiv befindet, macht es nun möglich, zahlreiche und wichtige dieser Lücken auszufüllen. Mir hat er durchwegs die erfreuliche Gewißheit gebracht, daß die Vorstellungen, die ich mir schon früher von Goethes wissenschaftlichem Denken gemacht hatte und die ich eben charakterisiert habe, vollständig richtig sind. Ich hatte nicht nötig, meine Begriffe zu modifizieren, wohl aber kann ich heute manches, was ich vor Eröffnung des Archivs nur hypothetisch zu vertreten in der Lage war, mit Goethes eigenen Worten belegen.*

Wir lesen zum Beispiel in einem Aufsatz, der im sechsten Bande von Goethes naturwissenschaftlichen Schriften in der Weimarer Ausgabe veröffentlicht ist: Die Metamorphose der Pflanzen «zeigt uns die Gesetze, wonach die Pflanzen gebildet werden. Sie macht uns auf ein doppeltes Gesetz aufmerksam: 1. auf das Gesetz der

* Ein vollständiges, systematisch geordnetes Ganzes von Goethes morphologischen und allgemein-naturwissenschaftlichen Ideen werden die Bände 6–12 (6, 7, 8, 9 sind bereits veröffentlicht) der zweiten Abteilung der Weimarischen Goethe-Ausgabe bilden. Die Gliederung des Stoffes ist in Übereinstimmung mit dem Redaktor der Bände, Prof. Suphan, und unter dessen fortwährender tätiger Anteilnahme von mir und (für den 8. Band) von Prof. Bardeleben in Jena, als Herausgeber dieser Schriften, besorgt.

inneren Natur, wodurch die Pflanzen konstituiert werden, 2. auf das Gesetz der äußeren Umstände, wodurch die Pflanzen modifiziert werden.»

Besonders interessant ist es aber, daß wir den Gedankengang Schritt für Schritt verfolgen können, durch den Goethe dieses Gesetz der inneren Natur, wonach die Pflanzen gebildet werden, zu erkennen suchte. Diese Gedanken entwickeln sich in Goethe während seiner italienischen Reise. Die Notizblätter, auf denen er seine Beobachtungen notiert hat, sind uns erhalten. Die Weimarische Ausgabe hat sie dem siebenten Bande der naturwissenschaftlichen Schriften einverleibt. Sie sind ein Muster dafür, wie ein Forscher mit philosophischem Blick die Geheimnisse der Natur zu ergründen sucht. Mit demselben tiefen Ernst, mit dem er in Italien seinen künstlerischen Interessen obliegt, ist er bestrebt, die Gesetze des pflanzlichen Lebens zu erkennen. Diese Blätter liefern den vollen Beweis, daß ein langes Bemühen hinter Goethe lag, als er um die Mitte des Jahres 1787 die Hypothese von der Urpflanze zur entschiedenen wissenschaftlichen Überzeugung erhob.

Noch mehr Zeit und Arbeit verwandte der Dichter darauf, seine Ideen auch auf das Tierreich und den Menschen anzuwenden. Bereits im Jahre 1781 beginnt das ernste Studium der Anatomie in Jena. Auf diesem Gebiete fand Goethe eine wissenschaftliche Anschauung vor, gegen die sich seine ganze Natur sträubte. Man glaubte in einer geringfügigen Kleinigkeit einen Unterschied des Menschen von den Tieren in bezug auf den anatomischen Bau gefunden zu haben. Die Tiere haben zwischen den beiden symmetrischen Hälften des Oberkieferknochens noch einen kleinen Knochen (Zwischenknochen), der die oberen Schneidezähne enthält. Bei dem Menschen, glaubte man, sei ein solcher nicht vorhanden. Diese Ansicht mußte Goethe sofort als ein Irrtum erscheinen. Wo eine solche Übereinstimmung des Baues wie beim Skelett des Menschen und dem der höhern Tiere besteht, da muß eine tiefere Naturgesetzlichkeit zugrunde liegen, da ist ein solcher Unterschied im einzelnen nicht möglich. Im Jahre 1784 gelang es Goethe, den Nachweis zu führen, daß der Zwischenknochen auch beim Menschen vorhanden ist, und damit war das letzte Hindernis hinweggeräumt, das im Wege stand, wenn es sich darum handelte, allen tierischen Organisationen bis herauf zum Menschen einen einheitlichen Typus zugrunde zu legen. Schon 1790 ging Goethe daran, seinem Versuch über die Metamorphose der Pflanzen einen solchen «Über die Gestalt der Tiere» nachfolgen zu lassen, der leider Fragment geblieben ist. Es befindet sich im achten Bande der naturwissenschaftlichen Schriften der Weimarischen Ausgabe. Goethe ging dann nochmals im Jahre 1795 daran, diese Absicht auszuführen, allein auch diesmal kam er nicht zu Ende. Wir können seine Intentionen im einzelnen aus den beiden Fragmenten wohl erkennen; die Ausführung der gewaltigen Idee hätte mehr Zeit in Anspruch genommen, als dem Dichter bei seinen vielseitigen Interessen zur Verfügung stand. Eine Einzelentdeckung schließt sich aber diesen Bestrebungen noch an, die uns klar erkennen läßt, worauf sie zielten. Wie Goethe nämlich alle Pflanzen auf die Urpflanze, alle Tiere auf das Urtier zurückzuführen suchte, so ging sein Streben auch dahin, die einzelnen Teile eines und desselben Organismus aus einem Grundbestandteil zu erklären, der die Fähigkeit hat, sich in vielfältiger Weise umzubilden. Er dachte sich, alle Organe lassen sich auf eine Grundform zurückführen, die nur verschiedene Gestalten annimmt. Ein tierisches und ein pflanzliches Individuum sah er als aus vielen Einzelheiten bestehend an. Diese Einzelheiten sind der Anlage nach gleich, in der Erscheinung aber gleich oder ähnlich, ungleich und unähnlich. Je unvollkommener das Geschöpf ist, desto mehr sind die Teile einander gleich und desto mehr gleichen sie dem Ganzen. Je vollkommener das Geschöpf wird, desto unähnlicher werden die Teile einander. Goethes Streben ging deshalb dahin, Ähnlichkeiten zwischen den einzelnen Teilen eines Organismus zu suchen. Dies brachte ihn beim tierischen Skelett auf einen Gedanken von weittragender Bedeutung, auf den der sogenannten Wirbelnatur der Schädelknochen. Wir haben es hier mit der Ansicht zu tun, daß die Knochen, die das Gehirn umschließen, die gleiche Grundform haben mit denen, welche das Rückgrat zusammensetzen. Goethe vermutete das wohl bald nach dem Beginn seiner anatomischen Untersuchungen. Zur vollen Gewißheit wurde es für ihn im Jahre 1790.

Damals fand er auf den Dünen des Lido in Venedig einen Schafschädel, der so glücklich auseinandergefallen war, daß Goethe in den Stücken deutlich die einzelnen Wirbelkörper zu erkennen glaubte. Auch hier hat man wieder behauptet, daß es sich bei Goethe viel mehr um einen glücklichen Einfall als um ein wirkliches wissenschaftliches Ergebnis handle. Allein mir scheint, daß gerade die neuesten Arbeiten auf diesem Gebiete den vollen Beweis liefern, daß der von Goethe betretene Weg der rechte war. Der hervorragende Anatom Carl Gegenbaur hat im Jahre 1872 Untersuchungen veröffentlicht über das Kopfskelett der Selachier oder Urfische, welche zeigen, daß der Schädel der umgebildete Endteil des Rückgrats und das Gehirn das umgebildete Endglied des Rückenmarks ist. Man muß sich nun vorstellen, daß die knöcherne Schädelkapsel der höheren Tiere aus umgebildeten Wirbelkörpern besteht, die aber im Laufe der Entwickelung höherer Tierformen aus niederen allmählich eine solche Gestalt angenommen haben und die so miteinander verwachsen sind, daß sie zur Umschließung des Gehirns geeignet erscheinen. Deshalb kann man die Wirbeltheorie des Schädels nur im Zusammenhang mit der vergleichenden Anatomie des Gehirns studieren. Daß Goethe diese Sache bereits 1790 von diesem Gesichtspunkte aus betrachtete, das zeigt eine Eintragung in sein Tagebuch, die vor kurzem im Goethe-Archiv gefunden worden ist: «Das Hirn selbst ist nur ein großes Hauptganglion. Die Organisation des Gehirns wird in jedem Ganglion wiederholt, so daß jedes Ganglion als ein kleines subordiniertes Gehirn anzusehen ist.»

Aus alledem geht hervor, daß Goethes wissenschaftliche Methode jeder Kritik gewachsen ist und daß er im Verfolge seiner naturphilosophischen Ideen eine Reihe von Einzelentdeckungen machte, welche auch die heutige Wissenschaft, wenn auch in verbesserter Gestalt, für wichtige Bestandteile der Naturerkenntnis halten muß. Goethes Bedeutung liegt aber nicht in diesen Einzelentdeckungen, sondern darin, daß er durch seine Art, die Dinge anzusehen, zu ganz neuen leitenden Gesichtspunkten der Naturerkenntnis kam. Darüber war er sich selbst vollständig klar. Am 18. August des Jahres 1787 schrieb er von Italien aus an Knebel: «Nach dem, was ich bei Neapel, in Sizilien von Pflanzen und Fischen gesehen habe, würde ich, wenn ich zehn Jahre jünger wäre, sehr versucht sein, eine Reise nach Indien zu machen, nicht um Neues zu entdecken, sondern um das Entdeckte nach meiner Art anzusehen.» In diesen Worten ist die Ansicht ausgesprochen, die Goethe vom wissenschaftlichen Erkennen hatte. Nicht die treue, nüchterne Beobachtung allein kann zum Ziele führen. Erst wenn wir den entsprechenden Gesichtspunkt finden, um die Dinge zu betrachten, werden sie uns verständlich. Goethe hat durch seine Anschauungsweise die große Scheidewand zwischen lebloser und belebter Natur vernichtet, ja er hat die Lehre von den Organismen erst zum Range einer Wissenschaft erhoben. Worin das Wesen dieser Anschauungsweise besteht, hat Schiller mit bedeutungsvollen Worten in einem Briefe an Goethe vom 23. August 1793 ausgesprochen: «Lange schon habe ich, obgleich aus ziemlicher Ferne, dem Gang Ihres Geistes zugesehen und den Weg, den Sie vorgezeichnet haben, mit immer erneuter Bewunderung bemerkt. Sie suchen das Notwendige in der Natur, aber Sie suchen es auf dem schwersten Wege, vor welchem jede schwächere Kraft sich wohl hüten wird. Sie nehmen die ganze Natur zusammen, um über das Einzelne Licht zu bekommen; in der Allheit ihrer Erscheinungsarten suchen Sie den Erklärungsgrund für das Individuum auf. Von der einfachen Organisation steigen Sie Schritt vor Schritt zu der mehr verwickelten hinauf, um endlich die verwickeltste von allen, den Menschen, genetisch aus den Materialien des ganzen Naturgebäudes zu erbauen. Dadurch, daß Sie ihn der Natur gleichsam nacherschaffen, suchen Sie in seine verborgene Technik einzudringen.»

Aus dieser Geistesrichtung mußte sich eine Naturanschauung entwickeln, die von rohem Materialismus und nebuloser Mystik gleich weit entfernt ist. Für sie war es selbstverständlich, daß man das Besondere nur erkennt durch Erfahrung, das Allgemeine, die großen gesetzlichen Naturzusammenhänge nur durch Aufsteigen von der Beobachtung zur Idee. Nur wo beide zusammenwirken: Idee und Erfahrung, sieht Goethe den Geist der wahren Naturforschung. Treffend spricht er das mit den Worten aus: «Durch die Pendelschläge wird die Zeit, durch die Wechselbewegung von Idee zu Erfahrung die sittliche und wissenschaftliche Welt regiert» (Goethes Werke, II. Abteilung, 6. Band, S. 354). Nur in der Idee glaubte Goethe dem Geheimnis des Lebens nahekommen zu können. In der organischen Welt fand er Ursachen wirksam, die nur zum Teil für die Sinne wahrnehmbar sind. Den anderen Teil suchte er zu erkennen, indem er die Gesetzmäßigkeit der Natur im Bilde nachzuschaffen unternahm. In der sinnfälligen Wirklichkeit äußert sich das Leben zwar, aber es besteht nicht in ihr. Deshalb kann es durch sinnliche Erfahrung auch nicht gefunden werden. Die höheren Geisteskräfte müssen dafür eintreten. Es ist heute beliebt, neben der nüchternen Beobachtung nur dem Verstande ein Recht zuzuerkennen, in der Wissenschaft mitzusprechen. Goethe glaubte, nur mit Aufwendung aller Geisteskräfte in den Besitz der Wahrheit kommen zu können. Deshalb wurde er nicht müde, sich zu den verschiedensten Arten des wissenschaftlichen Betriebes in ein Verhältnis zu setzen. In den wissenschaftlichen Instituten der Jenaer Hochschule sucht er sich die sachlichen Kenntnisse für seine Ideen zu erwerben; bei ihren berühmten philosophischen Lehrern und bei Schiller sucht er Aufschluß über die philosophische Berechtigung seiner Gedankenrichtung. Goethe war im eigentlichen Sinne des Wortes nicht Philosoph; aber seine Art, die Dinge zu betrachten, war eine philosophische. Er hat keine philosophischen Begriffe entwickelt, aber seine naturwissenschaftlichen Ideen sind von philosophischem Geiste getragen. Goethe konnte seiner Natur nach weder einseitig Philosoph noch einseitig Beobachter sein. Beide Seiten wirkten in ihm in der höheren Einheit, dem philosophischen Beobachter, harmonisch ineinander, sowie Kunst und Wissenschaft sich wieder vereinigt in der umfassenden Persönlichkeit Goethes, der uns nicht bloß in diesem oder jenem Zweig seines Schaffens, sondern in seiner Ganzheit als weltgeschichtliche Erscheinung interessiert. In Goethes Geist wirkten Wissenschaft und Kunst zusammen. Wir sehen das am besten, wenn er angesichts der griechischen Kunstwerke in Italien schreibt, er glaube, daß die Griechen bei ihren Schöpfungen nach denselben Gesetzen verfuhren wie die Natur selbst, und er dazu bemerkt, daß er glaube, diesen auf der Spur zu sein. Das schrieb er in einer Zeit, in der er dem Gedanken der Urpflanze nachging. Es kann also kein Zweifel darüber sein, daß Goethe sich das Schaffen des Künstlers von denselben Grundmaximen geleitet denkt, nach denen auch die Natur bei ihren Produktionen verfährt. Und weil er in der Natur dieselben Grundwesenheiten vermutete, die ihn als Künstler bei seiner eigenen Tätigkeit lenkten, deshalb trieb es ihn nach einer wissenschaftlichen Erkenntnis von ihnen. Goethe bekannte sich zu einer streng einheitlichen oder monistischen Weltansicht. Einheitliche Grundmächte sieht er walten von dem einfachsten Vorgang der leblosen Natur bis hinauf zur Phantasie des Menschen, der die Werke der Kunst entspringen.

Rudolf Virchow betont in der bemerkenswerten Rede, welche er am 3. August dieses Jahres zur Geburtstagsfeier des Stifters der Berliner Universität gehalten hat, daß die philosophische Zeit der deutschen Wissenschaft, in der Fichte, Schelling und Hegel tonangebend waren, seit Hegels Tode definitiv abgetan sei und daß wir seither im Zeitalter der Naturwissenschaften leben. Virchow rühmt von diesem Zeitalter, daß es immer mehr und mehr begriff, daß die Naturwissenschaft nur in der Beschäftigung mit der Natur selbst: in Museen, Sammlungen, Laboratorien und Instituten, erfaßt werden könne und daß aus den Studierzimmern der Philosophen kein Aufschluß über die Naturvorgänge zu gewinnen sei. Es wird hiermit ein weitverbreitetes Vorurteil unserer Zeit ausgesprochen. Gerade der Bekenner einer streng naturwissenschaftlichen Weltanschauung müßte sich sagen, daß, was zur äußeren Natur gehört und was wir allein in wissenschaftlichen Instituten unterbringen können, nur der eine Teil der Natur ist und daß der andere, gewiß nicht weniger wesentliche Teil zwar nicht im Studierzimmer, wohl aber in dem Geiste des Philosophen zu suchen ist. So dachte Goethe, und sein Denken ist deshalb naturwissenschaftlicher als das der neueren Naturwissenschaft. Diese läßt den menschlichen Erkenntnisdrang vollständig unbefriedigt, wenn es sich um Höheres handelt, als was der sinnfälligen Beobachtung zugänglich ist. Kein Wunder ist es daher, daß Virchow gleichzeitig zu klagen hat über die schlimmsten Einbrüche des Mystizismus in das Gebiet der Wissenschaft vom Leben. Was die Wissenschaft versagt, das sucht ein tieferes Bedürfnis eben in allerlei geheimnisvollen Naturkräften, nämlich die Erklärung der einmal vorhandenen Tatsachen. Und daß das Zeitalter der Naturwissenschaft bisher außerstande war, das Wesen des Lebens und das des menschlichen Geistes zu erklären, das gesteht auch Virchow zu.

Wer aber kann hoffen, den Gedanken mit den Augen zu sehen, das Leben mit dem Mikroskop wahrnehmen zu können? Hier ist allein mit jener zweiten Richtung etwas zu erreichen, durch die Goethe zu den Urorganismen zu kommen suchte. Die Fragen, welche die moderne Naturwissenschaft nicht beantworten kann, sind genau jene, deren Lösung Goethe in einer Weise unternimmt, von der man heute nichts wissen will. Hier eröffnet sich ein Feld, wo Goethes wissenschaftliche Arbeiten in den Dienst der Zeit gestellt werden können. Sie werden sich tüchtig gerade da erweisen, wo die gegenwärtige Methode sich ohnmächtig zeigt. Nicht allein darum handelt es sich, Goethe gerecht zu werden und seinen Forschungen in der Geschichte den richtigen Ort anzuweisen, sondern darum, seine Geistesart mit unseren vollkommeneren Mitteln weiter zu pflegen.

Ihm selbst kam es in erster Linie darauf an, daß die Welt erkenne, was seine Naturanschauung im allgemeinen zu bedeuten habe, und erst in zweiter darauf, was er mit Hilfe dieser Anschauung mit den Mitteln seiner Zeit im besondern zu leisten vermochte.

Das naturwissenschaftliche Zeitalter hat das Band zwischen Erfahrung und Philosophie zerrissen. Die Philosophie ist das Stiefkind dieses Zeitalters geworden. Schon aber erhebt sich vielfach das Bedürfnis nach einer philosophischen Vertiefung unseres Wissens. Auf mancherlei Irrwegen sucht vorläufig noch dieses Bedürfnis sich zu befriedigen. Die Überschätzung des Hypnotismus, des Spiritismus und Mystizismus gehören dazu. Auch der rohe Materialismus ist ein Versuch, den Weg zu einer philosophischen Gesamtauffassung der Dinge zu finden. Dem naturwissenschaftlichen Zeitalter ein wenig Philosophie einzuflößen ist für viele heute ein wünschenswertes Ziel. Möge man sich zur rechten Zeit daran erinnern, daß es einen Weg von der Naturwissenschaft zur Philosophie gibt und daß dieser in Goethes Schriften vorgezeichnet ist.

ÜBER WAHRHEIT UND WAHRSCHEINLICHKEIT DER KUNSTWERKE

Über dieses Thema gibt es einen interessanten Aufsatz Goethes in Gesprächform. In demselben wird die Frage: «Was für eine Art von Wahrheit soll man vom Kunstwerke verlangen?» in erschöpfender Weise behandelt. Was da gesagt wird, wiegt Bände auf, die in neuerer Zeit über diesen Gegenstand geschrieben worden sind. Da gegenwärtig ein ebenso lebhaftes Interesse wie eine große Verwirrung über die Frage herrschen, dürfte es wohl hier am Platze sein, an die Hauptgedanken des Goetheschen Gespräches zu erinnern.

Es nimmt seinen Ausgang von der Darstellung des «Theaters im Theater». «Auf einem deutschen Theater ward ein ovales, gewissermaßen amphitheatralisches Gebäude vorgestellt, in dessen Logen viele Zuschauer gemalt sind, als wenn sie an dem, was unten vorgeht, teilnähmen. Manche wirkliche Zuschauer im Parterre und in den Logen waren damit unzufrieden und wollten übelnehmen, daß man ihnen so etwas Unwahres und Unwahrscheinliches aufzubinden gedächte. Bei dieser Gelegenheit fiel ein Gespräch vor, dessen ungefährer Inhalt hier aufgezeichnet wird.»

Das Gespräch findet statt zwischen einem Anwalt des Künstlers, der mit den gemalten Zuschauern seine Aufgabe gelöst zu haben glaubt, und einem Zuschauer, dem solche gemalte Zuschauer nicht genügen, weil er Naturwahrheit verlangt. Dieser Zuschauer will, daß ihm «wenigstens alles wahr und wirklich scheinen solle». «Warum gäbe sich denn der Dekorateur die Mühe, alle Linien aufs genaueste nach den Regeln der Perspektive zu ziehen, alle Gegenstände nach der vollkommensten Haltung zu malen? Warum studierte man aufs Kostüm? Warum ließe man es sich so viel kosten, ihm treu zu bleiben, um dadurch mich in jene Zeiten zu versetzen? Warum rühmt man den Schauspieler am meisten, der die Empfindungen am wahrsten ausdrückt, der in Rede, Stellung und Gebärden der Wahrheit am nächsten kommt, der mich täuscht, daß ich nicht eine Nachahmung, sondern die Sache selbst zu sehen glaube?»

Der Anwalt des Künstlers macht nunmehr den Zuschauer darauf aufmerksam, inwiefern ihn das alles nicht berechtige zu sagen, er müsse im Theater die Menschen und Vorgänge nicht so vor sich haben, daß sie ihm wahr scheinen; er müsse vielmehr behaupten, daß er in keinem Augenblicke die Empfindung habe, Wahrheit zu sehen, sondern einen *Schein,* allerdings einen *Schein* des *Wahren.*

Zunächst glaubt nun der Zuschauer, daß der Anwalt ihm ein Wortspiel vorführe. Fein läßt hierauf Goethe den Anwalt antworten: «Und ich darf ihnen darauf versetzen, daß, wenn wir von Wirkungen unseres Geistes reden, keine Worte zart und subtil genug sind, und daß Wortspiele dieser Art selbst ein Bedürfnis des Geistes anzeigen, der, da wir das, was in uns vorgeht, nicht geradezu ausdrücken können, durch Gegensätze zu operieren, die Frage von zwei Seiten zu beantworten und so gleichsam die Sache in die Mitte zu fassen sucht.»

Menschen, die nur gewohnt sind, in den grobklotzigen Vorstellungen zu leben, die das Alltagsleben erzeugt, sehen oft unnötige Wortklauberei in den zarten, begrifflichen Unterscheidungen, die derjenige machen muß, der die feinen, unendlich komplizierten Verhältnisse der Wirklichkeit begreifen will. Zwar ist es richtig, daß sich mit Worten trefflich streiten, mit Worten ein System bereiten lasse, aber nicht immer ist derjenige schuld, der das System bereitet, daß kein Begriff bei dem Worte ist. Oft kann auch derjenige, der die Worte hört, den Begriff nur nicht mit dem gehörten Worte verbinden. Es wirkt oft komisch, wenn die Leute sich darüber beklagen, daß sie bei den Worten dieses oder jenes Philosophen sich nichts denken können. Sie glauben *immer,* es läge an dem Philosophen – *oft* liegt es aber an den Lesern, die nur nichts denken können, während der Philosoph sehr viel gedacht hat.

Es ist ein großer Unterschied zwischen «wahr scheinen» und «den Schein des Wahren» haben. Die theatralische Darstellung ist selbstverständlich Schein. Man kann nun der Ansicht sein, daß der Schein eine solche Gestalt haben müsse, daß er die Wirklichkeit vortäusche. Oder man kann der Überzeugung sein, daß der Schein aufrichtig zeigen solle: ich bin keine Wirklichkeit; ich bin Schein. Wenn der Schein diese Aufrichtigkeit hat, dann kann er seine

Gesetze nicht aus der Wirklichkeit nehmen, dann muß er eigene Gesetze für sich haben, die nicht die gleichen mit denen der Wirklichkeit sind. Wer einen künstlerischen Schein will, der die Wirklichkeit nachäfft, der wird sagen: in einer theatralischen Darstellung muß alles so verlaufen, wie es in der Wirklichkeit verlaufen wäre, wenn derselbe Vorgang sich zugetragen hätte. Wer einen künstlerischen Schein will, der sich aufrichtig als Schein gibt, der wird hingegen sagen: in einer theatralischen Darstellung muß manches anders verlaufen, als es in der Wirklichkeit zu verlaufen pflegt; die Gesetze, nach denen die dramatischen Vorgänge zusammenhängen, sind andere als diejenigen, nach denen die wirklichen zusammenhängen.

Wer einer solchen Überzeugung ist, muß also zugeben, daß es in der Kunst Gesetze für den Zusammenhang von Tatsachen gibt, für die ein entsprechendes Vorbild in der Natur nicht vorhanden ist. Solche Gesetze vermittelt die Phantasie. Sie schafft nicht der Natur nach, sie schafft neben der Naturwahrheit eine höhere Kunstwahrheit.

Diese Überzeugung läßt Goethe den «Anwalt des Künstlers» aussprechen. Dieser behauptet, «daß das Kunstwahre und das Naturwahre völlig verschieden sei, und daß der Künstler keineswegs streben sollte noch dürfte, daß sein Werk eigentlich als ein Naturwerk erscheine».

Naturwahrheit werden nur diejenigen Künstler in ihren Werken liefern wollen, denen die Phantasie fehlt, die deshalb kein Kunstwahres erschaffen können, sondern die bei der Natur eine Anleihe machen müssen, wenn sie überhaupt etwas zustande bringen wollen. Und nur diejenigen Zuschauer werden Naturwahrheit in den Kunstwerken verlangen, die nicht ästhetische Kultur genug haben, um sich zu der Forderung eines besonderen Kunstwahren neben dem Naturwahren zu erheben. Sie kennen nur *das* Wahre, das sie täglich erleben. Und wenn sie der Kunst gegenüberstehen, dann fragen sie: stimmt dieses Künstliche mit dem überein, was wir als Wirklichkeit kennen? Der Mensch mit ästhetischer Kultur kennt ein anderes Wahres als dasjenige der gemeinen Wirklichkeit. Er sucht dieses andere Wahre in der Kunst.

Goethe läßt seinen «Anwalt des Künstlers» den Unterschied zwischen einem Menschen mit ästhetischer Kultur und einem solchen ohne diese durch ein sehr derbes, aber vortreffliches Beispiel erläutern. «Ein großer Naturforscher besaß unter seinen Haustieren einen Affen, den er einst vermißte und nach langem Suchen in der Bibliothek fand. Dort saß das Tier an der Erde und hatte die Kupfer eines ungebundenen, naturgeschichtlichen Werkes um sich her zerstreut. Erstaunt über dieses eifrige Studium des Hausfreundes, nahte sich der Herr und sah zu seiner Verwunderung und zu seinem Verdruß, daß der genäschige Affe die sämtlichen Käfer, die er hie und da abgebildet gefunden, herausgespeist habe.»

Der Affe kennt nur naturwirkliche Käfer, und die Art, wie er sich im gemeinen Leben zu solchen naturwirklichen Käfern verhält, ist die, daß er sie verspeist. Auf den Abbildungen tritt ihm nicht Wirklichkeit, sondern nur Schein entgegen. Er nimmt den Schein nicht als Schein. Denn zu einem Scheine könnte er kein Verhältnis gewinnen. Er nimmt den Schein als Wirklichkeit und verhält sich zu ihm wie zu einer Wirklichkeit.

In dem Falle dieses Affen sind diejenigen Menschen, die einen künstlerischen Schein so wie eine Wirklichkeit nehmen. Wenn sie eine Raubszene oder eine Liebesszene auf der Bühne sehen, dann wollen sie von dieser Raub- oder Liebesszene genau dasselbe haben wie von entsprechenden Szenen in der Wirklichkeit.

Der «Zuschauer» in Goethes Gespräch wird durch das Beispiel vom Affen zu einer reineren Anschauung vom künstlerischen Genusse gebracht und sagt: «Sollte der ungebildete Liebhaber nicht eben deswegen verlangen, daß ein Kunstwerk natürlich sei, um es nur auch auf eine natürliche, oft rohe und gemeine Weise genießen zu können?» – Das Kunstwerk will auf eine höhere Art genossen sein als das Naturwerk. Und wer diese höhere Art des Genusses nicht durch ästhetische Kultur in sich gepflanzt hat, der gleicht dem Affen, der die gemalten Käfer frißt, statt sie zu betrachten und sich durch ihre Betrachtung naturwissenschaftliche Kenntnisse zu erwerben. Der «Anwalt» bringt das in die Worte: «Ein vollkommenes Kunstwerk ist ein Werk des menschlichen

Geistes, und in diesem Sinne auch ein Werk der Natur. Aber indem die zerstreuten Gegenstände in eins gefaßt und selbst die gemeinsten in ihrer Bedeutung und Würde aufgenommen werden, so ist es über die Natur. Es will durch einen Geist, der harmonisch entsprungen und gebildet ist, aufgefaßt sein, und dieser findet das Vortreffliche, das in sich Vollendete auch seiner Natur gemäß. Davon hat der gemeine Liebhaber keinen Begriff; er behandelt ein Kunstwerk wie einen Gegenstand, den er auf dem Markte antrifft: aber der wahre Liebhaber sieht nicht nur die Wahrheit des Nachgeahmten, sondern auch die Vorzüge des Ausgewählten, das Geistreiche der Zusammenstellung, das Überirdische der kleinen Kunstwelt; er fühlt, daß er sich zum Künstler erheben müsse, um das Werk zu genießen, er fühlt, daß er sich aus seinem zerstreuten Leben sammeln, mit dem Kunstwerke wohnen, es wiederholt anschauen und sich selbst dadurch eine höhere Existenz geben müsse.»

Die Kunst, welche bloße Naturwahrheit anstrebt, äffische Nachahmung der gemeinen alltäglichen Wirklichkeit, ist in dem Augenblicke widerlegt, in dem man in sich die Möglichkeit fühlt, sich die oben geforderte «höhere Existenz» zu geben. Diese Möglichkeit kann im Grunde nur jeder bei sich selbst fühlen. Deshalb wird es eine allgemeine, überzeugende Widerlegung des Naturalismus nicht geben können. Wer nur die gemeine, alltägliche Wirklichkeit kennt, wird immer Naturalist bleiben. Wer in sich die Fähigkeit entdeckt, über das Naturwesen hinaus ein besonderes Kunstwesen zu schauen, wird den Naturalismus als die ästhetische Weltanschauung künstlerisch bornierter Menschen empfinden.

Wenn man dieses eingesehen hat, wird man nicht mit logischen oder anderen Waffen gegen den Naturalismus kämpfen. Denn ein solcher Kampf käme dem gleich, wenn man dem Affen nachweisen wollte, daß gemalte Käfer nicht zum Fressen, sondern zum Betrachten gehören. Wenn man schon soweit kommen würde, dem Affen begreiflich zu machen, daß er gemalte Käfer nicht fressen soll: eines würde er doch nie einsehen, nämlich wozu gemalte Käfer sind, da man sie doch nicht fressen darf. Ebenso geht es mit dem ästhetisch Ungebildeten. Er wird vielleicht bis zu der

Einsicht zu bringen sein, daß ein Kunstwerk nicht so zu behandeln ist wie ein Gegenstand, den man auf dem Markte antrifft. Aber da er doch nur ein solches Verhältnis versteht, wie er zu den Gegenständen des Marktes gewinnen kann, so wird er nicht einsehen, wozu denn Kunstwerke dann eigentlich da sind.

Dies ist ungefähr der Inhalt des erwähnten Goetheschen Gespräches. Man sieht, daß in demselben in einer vornehmen Weise Fragen behandelt werden, die heute von vielen einer erneuten Prüfung unterzogen werden. Die Prüfung dieser sowie vieler anderer Dinge wäre nicht notwendig, wenn man sich die Mühe nehmen wollte, sich in die Gedanken derer zu vertiefen, die im Zusammenhange mit einer einzig hohen Kultur an diese Sachen herangetreten sind.

GOETHES GEHEIME OFFENBARUNG

Zu seinem hundertfünfzigsten Geburtstage: 28. August 1899

Als Johann Gottlieb Fichte das Werk an Goethe gelangen ließ, in dem kühne Denkerkraft und höchster ethischer Ernst einen unvergleichlichen Ausdruck fanden, die «Grundlage der gesamten Wissenschaftslehre», legte er einen Brief bei, der die Worte enthielt: «Ich betrachte *Sie,* und habe Sie immer betrachtet als den Repräsentanten der reinsten Geistigkeit des Gefühls auf der gegenwärtig errungenen Stufe der Humanität. An *Sie* wendet mit Recht sich die Philosophie: *Ihr* Gefühl ist derselben Probierstein.» Diese Sätze sind 1794 geschrieben. Wie der große Philosoph hätten damals die Träger der verschiedensten geistigen Strömungen an Goethe schreiben können. Der Dichter und Denker Goethe stand in dieser Zeit auf der Höhe seines Lebens. Was der Biograph sagt, der am liebevollsten in diese Persönlichkeit sich versenkt und uns darum das intimste Bild von ihr liefert, Albert Bielschowski, das empfanden in den neunziger Jahren schon Goethes Zeitgenossen: «Goethe hatte von allem Menschlichen eine Dosis empfangen und war darum der ‹menschlichste aller Menschen›. Seine Gestalt hatte ein großartig *typisches* Gepräge. Sie war ein potenziertes Abbild der Menschheit an sich. Demgemäß hatten auch alle, die ihm nähertraten, den Eindruck, als ob sie noch nie einen so *ganzen* Menschen gesehen hätten.»

So war Goethes Verhältnis zur geistigen Umwelt beschaffen, als er vor hundert Jahren in sein fünfzigstes Lebensjahr eintrat. Als ein Vollendeter stand er da. Das Studium der Antike hatte seinem künstlerischen Schaffen den Grad von Vollkommenheit gegeben, der durch das innerste Wesen seiner Persönlichkeit gefordert war und über den hinaus es für ihn keinen Fortschritt mehr gab; seine Einsicht in das Wirken der Natur war zum Abschlusse gekommen. Fortan blieb ihm nur die Ausführung der Natur-Ideen, die sich in seinem Geiste festgesetzt hatten. Der «menschlichste aller Menschen» wirkte damals als völlig Reifer auf die Mitlebenden.

In vielsagenden Worten sprach das Schiller in dem Briefe aus, den er am 23. August 1794 an Goethe richtete: «Lange schon habe ich, obgleich aus ziemlicher Ferne, dem Gang Ihres Geistes zugesehen und den Weg, den Sie sich vorgezeichnet haben, mit immer erneuter Bewunderung bemerkt. Sie suchen das Notwendige der Natur, aber Sie suchen es auf dem schwersten Wege, vor welchem jede schwächere Kraft sich wohl hüten wird. Sie nehmen die ganze Natur zusammen, um über das Einzelne Licht zu bekommen; in der Allheit ihrer Erscheinungsarten suchen Sie den Erklärungsgrund für das Individuum auf ... Wären Sie als ein Grieche, ja nur als ein Italiener geboren worden, und hätte schon von der Wiege an eine auserlesene Natur und eine idealisierende Kunst Sie umgeben, so wäre Ihr Weg unendlich verkürzt, vielleicht ganz überflüssig gemacht worden. Schon in die erste Anschauung der Dinge hätten Sie dann die Form des Notwendigen aufgenommen, und mit Ihren ersten Erfahrungen hätte sich der große Stil bei Ihnen entwickelt. Nun da Sie ein Deutscher geboren sind, da Ihr griechischer Geist in diese nordische Schöpfung geworfen wurde, so blieb Ihnen keine andere Wahl, als entweder selbst zum nordischen Künstler zu werden, oder Ihrer Imagination das, was ihr die Wirklichkeit vorenthielt, durch Nachhilfe der Denkkraft zu ersetzen, und so gleichsam von *innen* heraus und auf einem rationalen Wege ein Griechenland zu gebären.» Goethe antwortete am 27.: «Zu meinem Geburtstag, der mir diese Woche erscheint, hätte mir kein angenehmer Geschenk werden können als Ihr Brief, in welchem Sie, mit freundschaftlicher Hand, die Summe meiner Existenz ziehen und mich durch Ihre Teilnahme zu einem emsigern und lebhafteren Gebrauch meiner Kräfte aufmuntern.»

Man darf diesen Satz erweitern und sagen: Goethe hätte in der Zeit seiner Reife kein bedeutungsvolleres Geschenk werden können als Schillers hingebungsvolle Freundschaft. Der philosophische Sinn des letzteren führte Goethes reine Geistigkeit des Gefühls in neue geistige Regionen.

Die schöne Gemeinsamkeit der beiden Geister, die sich ausbildete, charakterisiert Schiller in einem Brief an Körner: «Ein jeder konnte dem andern etwas geben, was ihm fehlte, und etwas dafür empfangen. Goethe fühlt jetzt ein Bedürfnis, sich an mich anzuschließen, um den Weg, den er bisher allein und ohne Aufmunterung betrat, in Gemeinschaft mit mir fortzusetzen.»

Schiller war um die Zeit, in der seine Freundschaft mit Goethe begann, mit den Ideen beschäftigt, die in seinen «Briefen über die ästhetische Erziehung des Menschen» ihren Ausdruck gefunden haben. Er arbeitete diese ursprünglich für den Herzog von Augustenburg geschriebenen Briefe für die «Horen» 1794 um. Was Goethe und Schiller damals mündlich verhandelten und was sie sich schrieben, schloß sich immer wieder der Gedankenrichtung nach an den Ideenkreis dieser Briefe an. Schillers Nachsinnen betraf die Frage: Welcher Zustand der Seelenkräfte entspricht im höchsten Sinne des Wortes einem menschenwürdigen Dasein? «Jeder individuelle Mensch, kann man sagen, trägt der Anlage und Bestimmung nach einen reinen, idealischen Menschen in sich, mit dessen unveränderlicher Einheit in allen seinen Abwechslungen übereinzustimmen die große Aufgabe seines Daseins ist», heißt es im vierten Briefe. Eine Brücke soll geschlagen werden von dem Menschen der alltägigen Wirklichkeit zu dem idealischen Menschen. Zwei Triebe sind vorhanden, die den Menschen von der idealischen Vollkommenheit zurückhalten, wenn sie in *einseitiger* Weise zur Entwickelung kommen: der *sinnliche* und der *vernünftige* Trieb. Hat der sinnliche Trieb die Oberhand, so unterliegt der Mensch seinen Instinkten und Leidenschaften. Sein Tun ist die Folge einer niederen Nötigung. Überwiegt der vernünftige Trieb, so ist der Mensch bestrebt, Instinkte und Leidenschaften zu unterdrücken und einer rein geistigen Tugendhaftigkeit nachzustreben. In beiden Fällen ist der Mensch einem Zwange unterworfen. Im ersteren zwingt seine sinnliche Natur die geistige, im zweiten seine geistige die sinnliche Natur zur Unterwerfung. Weder das eine noch das andere kann ein wahrhaft menschenwürdiges Dasein begründen. Dieses setzt vielmehr eine vollkommene Harmonie beider Grundtriebe voraus. Die Sinnlichkeit soll nicht unterdrückt, sondern veredelt werden; die Instinkte und Leidenschaften sollen auf eine so hohe Stufe gehoben werden, daß sie in der Richtung wirken, die auch die Vernunft, die höchste Moralität vorschreibt. Und die moralische Vernunft soll nicht wie eine höhere Gesetzgebung in dem Menschen walten, der man sich widerwillig unterwirft, sondern man soll ihre Gebote empfinden wie ein zwangloses Bedürfnis. «Wenn wir jemand mit Leidenschaft umfassen, der unserer Verachtung würdig ist, so empfinden wir peinlich die *Nötigung der Natur.* Wenn wir gegen einen andern feindlich gesinnt sind, der uns Achtung abnötigt, so empfinden wir peinlich die *Nötigung der Vernunft.* Sobald er aber zugleich unsere Neigung interessiert und unsere Achtung sich erworben, so verschwindet sowohl der Zwang der Empfindung als der Zwang der Vernunft, und wir fangen an, ihn zu lieben» (14. Brief). Ein Mensch, der weder von Seite der Sinnlichkeit noch von Seite der Vernunft eine Nötigung erfährt, der aus Leidenschaft im Sinne der reinsten Moral handelt, ist eine *freie Persönlichkeit.* Und eine Gesellschaft von Menschen, in denen der natürliche Trieb des Einzelnen so veredelt ist, daß er nicht durch die Machtsprüche der Gesamtheit gezügelt zu werden braucht, um ein harmonisches Zusammenleben möglich zu machen, ist der Idealzustand, dem der Macht- und Zwangsstaat zustreben muß. Äußere Freiheit im Zusammenleben setzt innere Freiheit der einzelnen Persönlichkeiten voraus. In dieser Art suchte Schiller das Problem der Freiheit des menschlichen Zusammenlebens zu lösen, das damals alle Gemüter bewegte und das in der Französischen Revolution nach einer gewaltsamen Lösung strebte. «Freiheit zu geben durch Freiheit ist das Grundgesetz» eines menschenwürdigen Reiches (27. Brief).

Goethe fand sich durch diese Ideen tief befriedigt. Er schreibt über die «ästhetischen Briefe» am 26. Oktober 1794 an Schiller: «Das mir übersandte Manuskript habe ich sogleich mit großem Vergnügen gelesen; ich schlürfte es auf einen Zug hinunter. Wie uns ein köstlicher, unserer Natur analoger Trunk willig hinunterschleicht und auf der Zunge schon durch gute Stimmung des Nervensystems seine heilsame Wirkung zeigt, so waren mir diese Briefe angenehm und wohltätig; und wie sollte es anders sein, da ich das, was ich für Recht seit langer Zeit erkannte, was ich teils lebte, teils zu leben wünschte, auf eine so zusammenhängende und edle Weise vorgetragen fand.»

So ist der Vorstellungskreis beschaffen, der bei Goethe durch Schiller angeregt wurde. Aus ihm heraus ist nun eine Dichtung des ersteren erwachsen, welche wegen ihres geheimnisvollen Charakters die mannigfaltigsten Auslegungen erfahren hat, die aber vollständig klar und durchsichtig nur wird, wenn man sie aus dem geschilderten Vorstellungskreis heraus begreift: Das Rätselmärchen, mit dem Goethe seine in den «Horen» erschienene Erzählung «Unterhaltungen deutscher Ausgewanderten» schloß und das im Jahre 1795 in den «Horen» erschien. – Was Schiller in den «Ästhetischen Briefen» in philosophischer Form aussprach, das stellte Goethe in einer lebensvollen, mit reichem poetischem Gehalt erfüllten Märchendichtung dar. Der menschenwürdige Zustand, den der Mensch erreicht, wenn er in den vollen Besitz der Freiheit gelangt ist, erscheint in diesem Märchen symbolisiert durch die Vermählung eines Jünglings mit der schönen Lilie, der Repräsentantin des Freiheitsreiches, des idealischen Menschen, den der Mensch des Alltags als sein Ziel in sich trägt.

Die größte Zahl der bisher unternommenen Auslegungsversuche findet man verzeichnet in dem Buche «Goethes Märchendichtungen» von Friedrich Meyer von Waldeck (Heidelberg 1879, Carl Wintersche Universitätsbuchhandlung). Ich habe gefunden, daß diese Auslegungsversuche hübsche Anregungen geben und in vieler Beziehung das Richtige treffen, daß jedoch keiner völlig befriedigend ist. Ich habe nun die Wurzeln der Erklärung in dem Boden gesucht, aus dem auch Schillers «Ästhetische Briefe» erwachsen sind. Trotzdem in mehreren mündlichen Vorträgen – das erste Mal am 27. November 1891 im Wiener Goethe-Verein – meine Auslegung auf viele Zuhörer überzeugend gewirkt hat, zögerte ich bisher noch, sie dem Druck zu übergeben. Auch meinem 1897 erschienenen Buche «Goethes Weltanschauung» habe ich sie noch nicht eingefügt. Ich hatte das Bedürfnis, die Überzeugung von ihrer Richtigkeit in mir durch längere Zeit reifen zu lassen. Sie hat sich bis heute nur befestigt. Das Folgende kann sich nicht an den Gang der Märchenhandlung halten, sondern muß so eingerichtet werden, daß sich der Sinn der Dichtung am bequemsten enthüllt.*

*

Eine Person, die für die Entwickelung der Vorgänge im «Märchen» eine hervorragende Rolle spielt, ist der «Alte mit der Lampe». Als er mit seiner Lampe in die Felsklüfte kommt, wird er gefragt, welches das wichtigste der Geheimnisse sei, die er wisse. Er antwortet: «Das offenbare.» Und auf die Frage, ob er dieses Geheimnis nicht verraten wolle, sagt er: wenn er das vierte wisse. Dieses vierte aber kennt die Schlange, und sie sagt es dem Alten ins Ohr. Es kann keinem Zweifel unterliegen, daß dieses Geheimnis sich auf den Zustand bezieht, nach dem sich alle im Märchen vorkommenden Personen sehnen. Dieser Zustand wird uns am Schluß der Dichtung geschildert. Man muß annehmen, daß der Alte dieses Geheimnis kennt; denn er ist ja die einzige Person, die immer über den Verhältnissen steht, die alles lenkt und leitet. Was kann also die Schlange dem Alten sagen? Sie ist das wichtigste Wesen in dem ganzen Prozesse. Dadurch, daß sie sich aufopfert, wird erreicht, was alle zuletzt befriedigt. Daß sie sich aufopfern muß, um diese Befriedigung herbeizuführen, weiß der Alte offenbar. Was er nicht weiß, ist nur, *wann* sie dazu bereit sein wird. Denn das hängt von ihr ab. Sie muß aus sich heraus zu der Erkenntnis kommen, daß ihre Opferung zum allgemeinen Heile notwendig ist. Daß sie zu dieser Opferung bereit ist, das ist das wichtigste Geheimnis, und das sagt sie dem Alten ins Ohr. Und nun kann dieser das große Wort aussprechen: «*Es ist an der Zeit!*»

Das gewünschte Ziel wird herbeigeführt durch die Wiederbelebung des Jünglings, durch seine Vereinigung mit der schönen Lilie und durch den Umstand, daß beide Reiche, das diesseits und

* Bei meinen Vorträgen bin ich oft von Zuhörern darauf angesprochen worden, ob das «Märchen» in den Goethe-Ausgaben stehe. Ich bemerke deshalb ausdrücklich, daß es in jeder Goethe-Ausgabe enthalten ist und daß es den Schluß der Erzählungen «Unterhaltungen deutscher Ausgewanderten» bildet.

das jenseits des Flusses, durch die herrliche *Brücke* verbunden werden, die aus dem geopferten Leibe der Schlange sich bildet. Wenn auch die Schlange die Urheberin des glücklichen Zustandes ist, so könnte sie allein dem Jünglinge doch nicht die Gaben verleihen, durch die er das neubegründete Reich beherrscht. Sie empfängt er von den drei Königen. Von dem ehernen König erhält er das Schwert mit dem Auftrag: «Das Schwert an der Linken, die Rechte frei!» Der silberne gibt ihm das Szepter, indem er den Satz spricht: «Weide die Schafe!» Der goldene drückt ihm den Eichenkranz aufs Haupt mit den Worten: «Erkenne das Höchste!» Die drei Könige sind die Symbole für die drei Grundkräfte der menschlichen Seele, und in den Worten, die sie sprechen, liegt angedeutet, wie sich in dem vollkommenen Menschen diese drei Grundkräfte ausleben sollen. Das Schwert bezeichnet den *Willen,* die physische Stärke und Gewalt. Der Mensch soll es nicht in der Rechten halten, wo es die Bereitschaft zu Streit und Krieg bedeutete, sondern in der Linken zum Schutz und zur Abwehr des Schlechten. Die Rechte soll frei sein für die Taten edler Menschlichkeit. Die Übergabe des Szepters wird begleitet von den Worten: «Weide die Schafe!» Sie erinnern an Christi Worte: «Weide meine Lämmer, weide meine Schafe!» Dieser König ist also das Sinnbild der *Frömmigkeit,* des edlen Herzens. Der goldene König teilt dem Jüngling mit dem Eichenkranze die Gabe der *Erkenntnis* mit. Der Wille, der sich in der Macht, in der Gewalt auslebt, die Frömmigkeit und die Weisheit in ihrer vollkommensten Gestalt werden dem Jüngling, dem Repräsentanten des menschenwürdigen Daseins, verliehen. Diese drei Seelenkräfte werden durch die drei Könige versinnbildlicht. Als daher der Alte die Worte spricht: «Drei sind, die da herrschen auf Erden, die *Weisheit,* der *Schein* und die *Gewalt*», da erheben sich die drei Könige, ein jeder bei Nennung der Seelenkraft, deren Symbol er ist. Eine Unklarheit scheint darin zu liegen, daß der silberne König als der Herrscher im Reiche des Scheins hingestellt wird, während er nach seinen Worten die Frömmigkeit zu bedeuten hat. Dieser Widerspruch löst sich sofort, wenn man die nahe Beziehung bedenkt, in die Goethe die ästhetischen Empfindungen – die der schöne Schein künstlerischer Werke erzeugt – und die religiösen bringt. Denken wir nur an Sätze von ihm wie diesen: «Es gibt nur zwei wahre Religionen: die eine, die das Heilige, das in und um uns wohnt, ganz formlos, die andere, die es in der schönsten Form anerkennt und anbetet.» Goethe sieht in der Kunst nur eine andere Form der Religion. Als ihm die Schönheit der griechischen Kunstwerke aufgegangen war, da sprach er den Satz aus: «Da ist die Notwendigkeit, da ist Gott.»

Von der Bedeutung der Könige aus können wir auf anderes im Märchen schließen. Der König der Weisheit ist aus Gold. Wo uns sonst im Märchen das Gold begegnet, werden wir also in ihm das Symbol der Weisheit, der Erkenntnis zu erblicken haben. Es ist bei den Irrlichtern und bei der Schlange der Fall. Die ersteren wissen sich dieses Metall überall auf leichte Weise anzueignen, um es dann verschwenderisch, hochmütig von sich zu werfen. Die Schlange kommt schwer zu demselben, nimmt es aber organisch in sich auf, verarbeitet es in ihrem Leibe und durchdringt sich ganz damit. Wir haben zweifellos in den Irrlichtern eine bildliche Darstellung von Persönlichkeiten vor uns, die sich ihre Weisheit von allen Seiten zusammenlesen und sie dann stolz und auch leichtfertig von sich geben, ohne sich hinreichend mit ihr durchdrungen zu haben. Unproduktive Geister stellen die Irrlichter dar, die unverdautes Wissen verbreiten. Fallen ihre Worte auf fruchtbaren Boden, so können sie das Allerbeste bewirken. Ein Mensch kann Lehren, denen er selbst durchaus kein tiefes Verständnis entgegenbringt, einem anderen mitteilen, und dieser andere kann einen tiefen Sinn darin erkennen. Die Schlange stellt das solide menschliche Streben dar, das ehrliche Hinschreiten auf der Bahn der Erkenntnis. Für sie wird das von den Irrlichtern verschleuderte Gold kostbares Gut, das sie in sich bewahrt. Für Goethe hatte der Gedanke, daß jemand die in sich aufgenommene Weisheit als Lehrer von sich gibt, etwas Unbehagliches. Das Lehren führt nach seiner Meinung leicht dazu, die Wissenschaft sich anzueignen, um sie wieder ausgeben zu können. Er preist sich deshalb glücklich, daß er sich der Forschung widmen kann, ohne zugleich einen Lehrstuhl einnehmen zu müssen. Nur wer in der letzteren Lage ist, wird – von Ausnahmen natürlich abgesehen – sich wahrhaft selbstlos in die Dinge vertiefen und der wahren Humanität dienen. Wer die Weisheit um des Lehrens willen erwirbt, der wird leicht zum falschen Propheten oder Sophisten. An diese erinnern die Irrlichter. Aber nur die selbstlose Erkenntnis, die in den Dingen ganz aufgeht und die in der Schlange verbildlicht wird, kann zu der Einsicht kommen, daß das Höchste nur durch die selbstlose Hingabe erreicht werden kann. Der Mensch, der seine Alltagspersönlichkeit absterben läßt, um den idealischen Menschen in sich zu erwecken, erreicht dieses Höchste. Was ein Mystiker wie Jakob Böhme mit den Worten ausgesprochen hat: der Tod ist die Wurzel alles Lebens, das hat Goethe mit der sich opfernden Schlange zum Ausdruck gebracht. Wer nicht loskommen kann von seinem kleinen Ich, wer nicht imstande ist, das höhere Ich in sich auszubilden, der kann nach Goethes Ansicht nicht zur Vollkommenheit gelangen. Der Mensch muß als einzelner absterben, um als höhere Persönlichkeit wieder aufzuleben. Das neue Leben ist dann erst das menschenwürdigste, dasselbe, das, nach Schillers Weise zu sprechen, weder von der Vernunft noch von der Sinnlichkeit eine Nötigung empfindet. Im «Diwan» lesen wir Goethes schönes Wort: «Und so lang du das nicht hast, dieses: Stirb und werde! Bist du nur ein trüber Gast auf der dunklen Erde.» Und einer der «Sprüche in Prosa» heißt: «Man muß seine Existenz aufgeben, um zu existieren.» Die Schlange gibt ihre Existenz auf, um die Brücke zu bilden zur Verbindung der beiden Reiche, dem der Sinnlichkeit und dem der Geistigkeit. Der Tempel mit seinem bunten Gewimmel ist das höhere Leben der Schlange, das sie durch den Tod ihrer niederen Natur erkauft hat. Ihre Worte, sie wolle sich freiwillig aufopfern, um nicht aufgeopfert zu werden, sind nur ein anderer Ausdruck für Jakob Böhmes Satz: «Wer nicht stirbt, bevor er stirbt, der verdirbt, wenn er stirbt»; das heißt, wer dahinlebt, ohne die niedere Natur in sich abzutöten, der stirbt zuletzt, ohne eine Ahnung zu haben von dem idealischen Menschen in sich.

Der Jüngling wird durch ein unbezwingliches Verlangen nach dem Reich der schönen Lilie gedrängt. Man vergegenwärtige sich die Kennzeichen dieses Reiches. Die Menschen können, trotzdem sie die tiefste Sehnsucht nach dem Gebiet der Lilie haben, doch nur zu bestimmten Zeiten in dasselbe gelangen. Zur Mittagszeit, wenn die Schlange eine Brücke über den Fluß bildet; dann abends und morgens, wenn der Schatten des Riesen sich über den Fluß breitet. Jemand, der sich der Beherrscherin dieses Reiches, der schönen Lilie, nähert, ohne dazu die innere Eignung zu besitzen, kann sein Leben in der schwersten Weise schädigen. Ferner hat die Lilie selbst Verlangen nach dem anderen Reiche. Endlich kann der Fährmann jeden herüber-, niemand aber hinüberbringen. Was bedeutet demnach das Reich der schönen Lilie? Goethe sagt – «Sprüche in Prosa» –: «Alles, was unsern Geist befreit, ohne uns die Herrschaft über uns selbst zu geben, ist verderblich.» Die Herrschaft über sich selbst hat nur der Mensch, der sich rückhaltlos seinen Neigungen überlassen darf, weil diese aus sich selbst nur im moralischen Sinne wirken. «*Pflicht,* wo man liebt, was man sich selbst befiehlt», ist ein Spruch Goethes. Wer sich der Freiheit bemächtigt, ohne die Herrschaft über sich selbst zu haben, dem geht es wie dem Jüngling, der durch die Berührung mit der Lilie gelähmt worden ist. Das Reich des einseitig wirkenden Vernunfttriebes, der rein geistigen Moralität, ist das der Lilie. Dasjenige der einseitig wirkenden Sinnlichkeit ist an der anderen Seite des Flusses. Bei dem noch unvollkommenen Menschen ist der Einklang zwischen sinnlichem Trieb und Vernunfttrieb im allgemeinen nicht hergestellt. Nur in gewissen Augenblicken handelt er aus Leidenschaft so, daß dies Handeln von selbst auch moralisch ist. Das wird dadurch symbolisiert, daß die Schlange nur in gewissen Augenblicken, in der Mittagszeit, eine Brücke über den Fluß bilden kann. Daß die Lilie Sehnsucht nach dem andern Reiche hat, drückt aus, daß der Vernunfttrieb sein Wesen nur erfüllt, wenn er nicht wie ein strenger Gesetzgeber jenseits der Begierden und Instinkte wirkt und diese zügelt, sondern wenn er diese durchdringt, sich mit ihnen verbindet. Der Fährmann kann jeden herüber-, niemand aber hinüberbringen. Die Menschen stammen, ohne daß sie selbst etwas dazu getan haben, aus dem Reiche der Vernunft, sie kommen aber nicht ohne ihr Zutun aus dem Reiche der Leidenschaften wieder in ihr eigentliches Heimatland zurück. Außer in den Augenblicken, in denen der Mensch durch den Ausgleich von Vernunft und Sinnlichkeit den Idealzustand des Lebens erreicht, sucht er in denselben auch noch durch Gewalt zu gelangen, durch Willkür, die in den politischen Revolutionen zum Ausdruck kommen. Für diese Art der Verbindung beider Reiche bringt Goethe den Riesen und seinen Schatten. In Revolutionen lebt sich der Drang nach dem Idealzustand dumpf aus, wie in der Dämmerung der Schatten des Riesen sich über den Fluß legt. Daß diese Deutung des Riesen richtig ist, dafür gibt es auch ein historisches Zeugnis. Am 16. Oktober 1795 schreibt Schiller an Goethe, der sich auf einer Reise befindet, die bis nach Frankfurt a. M. sich ausdehnen sollte: «Es ist mir in der Tat lieb, Sie noch fern von den Händeln am Main zu wissen. Der Schatten des Riesen könnte Sie leicht etwas unsanft anfassen.» Was die Willkür, der gesetzlose Verlauf geschichtlicher Ereignisse im Gefolge hat, ist also mit dem Schatten des Riesen gemeint.

Zwischen die Vernunft und die Sinnlichkeit stellen sich, so daß der noch unvollkommene Mensch abgehalten wird, durch seine Leidenschaften die Moralität zu zerstören: Sitte, alles, was gesellschaftliche Ordnung der Gegenwart ist. Diese Ordnung findet ihr Sinnbild in dem Flusse. Im dritten der «Briefe über die ästhetische Erziehung des Menschen» sagt Schiller vom Staate: «Der Zwang der Bedürfnisse warf den Menschen hinein, ehe er in seiner Freiheit diesen Stand wählen konnte; die Not richtete denselben nach bloßen Naturgesetzen ein, ehe er es nach Vernunftgesetzen konnte.» Der Fluß trennt die beiden Reiche, bis die Schlange sich opfert. Der Fährmann will von jedem Wanderer mit Früchten der Erde belohnt sein; Staat und Gesellschaft legen dem Menschen reale Pflichten auf; sie können das phrasenhafte Geschwätz falscher Propheten und bloß mit Worten bezahlender Volksbeglücker sowenig brauchen wie der Fährmann die Goldstücke der Irrlichter. Die Alte bekennt sich dem Flusse als Schuldnerin und haftet ihm mit ihrem Leibe; ihre Gestalt schwindet, da sie Schuldnerin ist. So bekennt sich das Individuum dem Staate als Schuldner; es geht im Staate auf, gibt diesem einen Teil seines

Selbstes hin. Solange der Mensch nicht auf solcher Höhe steht, daß er frei aus sich heraus moralisch handelt, muß er verzichten, einen Teil seines Selbst von sich aus zu bestimmen; er muß sich dem Staate verschreiben.

Die Lampe des Alten hat die Eigenschaft, nur da zu leuchten, wo schon ein anderes Licht vorhanden ist. Wir müssen an den von Goethe wiederholten Spruch eines alten Mystikers denken: «Wär' nicht das Auge sonnenhaft, wie könnten wir das Licht erblicken? Lebt' nicht in uns des Gottes eigne Kraft, wie könnt' uns Göttliches entzücken?» So wie die Lampe im Dunkeln nicht leuchtet, so leuchtet das Licht der Wahrheit, der Erkenntnis auch denen nicht, die ihm nicht die geeigneten Organe, das innere Licht, entgegenbringen. Dieses Licht der Weisheit ist es aber, das den Menschen an sein Ziel führt. Es bringt ihn dahin, den Einklang seiner Triebe herzustellen. Dieses Licht läßt ihn die Gesetze der Dinge erkennen. Was für ihn tote Masse ist, verwandelt sich durch die Erkenntnis in ein lebendiges Ding, das für unsern Geist durchsichtig ist. Anders steht die Welt vor dem, der sie erkannt hat, als vor dem, der ohne Erkenntnis dahinlebt. Die Verwandlung, die alle Dinge für unseren Geist erfahren, wenn sie von dem Lichte der Erkenntnis beleuchtet werden, wird symbolisiert durch die Verwandlung, welche die Dinge durch das Licht der Lampe erfahren. Steine verwandelt dieses Licht in Gold, Holz in Silber und tote Tiere in Edelsteine.

Durch die Opferung der Schlange hört das Reich des vierten Königs auf, der Gold, Silber und Erz chaotisch in sich trug. Das harmonische Zusammenwirken der drei Metalle, aus denen die drei anderen Könige bestehen, beginnt. Durch die Erweckung des idealischen Menschen hören die Seelenkräfte auf, chaotisch, einseitig durcheinanderzuwirken, sie erreichen eine vollkommene Harmonie. Die Irrlichter lecken das Gold des vierten Königs auf. Ist der menschenwürdige Zustand erreicht, so haben die unproduktiven Geister das Geschäft, die Vergangenheit, in der noch das Unvollkommene herrschte, wissenschaftlich, als Geschichte, zu verarbeiten. Auf das Wesen der Irrlichter wirft auch die Gestalt des Mopses Licht. Sie werfen ihm ihr Gold hin, und er stirbt vom

Genuß desselben. So geht der zugrunde, dem falsche Propheten und Sophisten ihre für ihn unverdaulichen Lehren beibringen.

Auf dem Flusse wird der Tempel errichtet, in dem sich die Vermählung des Jünglings mit der schönen Lilie vollzieht. Aus dem Zwangsstaate wird die freie Gesellschaft herauswachsen, in der jeder sich seinen Neigungen überlassen kann, weil sie nur in dem Sinne wirken, daß edles Zusammenleben der Menschen möglich ist. Dann wird der Mensch nicht mehr nur in Augenblicken den befriedigenden Zustand erleben, er wird ihn nicht mehr durch revolutionäre Gewalt zu erringen suchen, er wird für ihn in jedem Augenblicke gegenwärtig sein. Am Schluß des Märchens findet man das poetische Bild für diese Wahrheit: «Die Brücke ist gebaut; alles Volk geht fortwährend herüber und hinüber, bis auf den heutigen Tag wimmelt die Brücke von Wanderern, und der Tempel ist der besuchteste auf der ganzen Erde.»

Gibt man diesen Grundstock der Auslegung zu, dann erklärt sich wie von selbst jeder Vorgang, jede Person des Märchens. Man nehme zum Beispiel den Habicht. Er fängt den Strahl der Sonne auf, um ihn auf die Erde zu reflektieren, bevor es der Sonne selbst noch möglich ist, direkt ihr Licht auf dieselbe zu senden. So kann auch der menschliche Spürsinn die Ereignisse einer nicht zu fernen Zukunft vorausberechnen. In den Dienerinnen der schönen Lilie kann man Repräsentanten jener glücklich veranlagten menschlichen Wesen sehen, denen durch ihre Natur der Einklang von Sinnlichkeit und Vernunft geschenkt ist. Sie werden in das neue Reich hinüberleben, ohne von dem Übergang etwas zu merken, wie die Dienerinnen während des Momentes der Umwandlung schlummern. – Daß das Symbol der rohen Gewalt, der Riese, zuletzt als Stundenzeiger eine Rolle spielt, möchte ich dahin deuten, daß auch die Unvernunft im Weltgetriebe ihren Platz ausfüllen kann, wenn sie nicht zu Verrichtungen verwendet wird, die dem freien Menschengeiste ziemen, sondern innerhalb strenger Naturregelmäßigkeit zur Entfaltung ihrer Kraft gebracht ist.

Durch Schiller wurde also Goethe angeregt, in seiner Weise, poetisch, sein ethisches Glaubensbekenntnis auszusprechen, wie es Schiller selbst in den «ästhetischen Briefen» auf andere Art getan hat. Auf die Gespräche, die in der in Betracht kommenden Zeit über diese Ideen stattgefunden haben, deutet Schiller in dem Briefe, mit dem er den Empfang des Manuskriptes anzeigt: «Das ‹Märchen› ist bunt und lustig genug, und ich finde die Idee, deren Sie einmal erwähnten: ‹das gegenseitige Hilfeleisten der Kräfte und das Zurückweisen aufeinander›, recht artig ausgeführt.»

Grund-Ideen

Zum vollen Verständnis des Goetheschen Innenlebens, seiner Welt- und Lebensbetrachtung gelangt man nicht durch bloßes äußerliches Kommentieren seiner Werke. Man muß vielmehr auf den philosophischen Kern seines ganzen Wesens zurückgehen. Goethe war kein Philosoph im wissenschaftlichen Fachsinne, aber er war eine *philosophische* Natur.

Ich möchte diese Natur hier mit einigen Gedanken festhalten, um dann einmal Goethes Stellung zum Christentum zu kennzeichnen. In unserer reaktionären Gegenwart scheint es mir nicht unberechtigt zu sein, über das Verhältnis dieses führenden Geistes zu religiösen Fragen nachzudenken.

Der Mensch ist nicht zufrieden mit dem, was die Natur freiwillig seinem beobachtenden Geiste darbietet. Er fühlt, daß sie, um die Mannigfaltigkeit ihrer Schöpfungen hervorzubringen, Triebkräfte braucht, die er selbst durch Beobachtung und Denken gewinnen muß. In dem menschlichen Geiste selbst liegt das Mittel, die Triebkräfte der Natur zu enthüllen. Aus dem Menschengeiste steigen die Ideen auf, die Aufklärung darüber bringen, wie die Natur ihre Schöpfungen zustande bringt. Wie die Erscheinungen der Außenwelt zusammenhängen, im Innern des Menschen wird es offenbar. Was der menschliche Geist an Naturgesetzen erdenkt: es ist nicht zur Natur hinzuerfunden, es ist die eigene Wesenheit der Natur; und der Geist ist nur der Schauplatz, auf dem die Natur die Geheimnisse ihres Wirkens sichtbar werden läßt. Was wir an den Dingen beobachten, das ist nur ein Teil der Dinge. Was in unserem Geiste emporquillt, wenn er sich den Dingen gegenüberstellt, das ist der andere Teil. Dieselben Dinge sind es, die von außen zu uns sprechen und die in uns sprechen. Erst wenn wir die Sprache der Außenwelt mit der unseres Innern zusammenhalten, haben wir die volle Wirklichkeit.

Der Geist sieht das, was die Erfahrung enthält, in zusammenhängender Gestalt. Er sucht Gesetze, wo die Natur ihm Tatsachen bietet.

Philosoph und Künstler haben das gleiche Ziel. Sie suchen das Vollkommene zu gestalten, das ihr Geist erschaut, wenn sie die Natur auf sich wirken lassen. Aber es stehen ihnen verschiedene Mittel zu Gebote, um dies Ziel zu erreichen. In dem Philosophen leuchtet ein Gedanke, eine Idee auf, wenn er einem Naturprozeß gegenübersteht. Diese spricht er aus. In dem Künstler entsteht ein Bild dieses Prozesses, das diesen vollkommener zeigt, als er sich in der Außenwelt beobachten läßt. Philosoph und Künstler bilden die Beobachtung auf verschiedenen Wegen weiter. Der Künstler braucht die Triebkräfte der Natur in der Form nicht zu kennen, in der sie sich dem Philosophen enthüllen. Wenn er ein Ding oder einen Vorgang wahrnimmt, so entsteht unmittelbar ein Bild in seinem Geiste, in dem die Gesetze der Natur in vollkommenerer Form ausgeprägt sind als in dem entsprechenden Dinge oder Vorgange der Außenwelt. Diese Gesetze in Form des Gedankens brauchen nicht in seinen Geist einzutreten. Erkenntnis und Kunst sind aber doch innerlich verwandt. Sie zeigen die Gesetze der Natur, die in dieser als Tatsachen herrschen.

Wenn nun in dem Geiste eines echten Künstlers außer vollkommenen Bildern der Dinge auch noch die Triebkräfte der Natur in Form von Gedanken sich aussprechen, so tritt der gemeinsame Quell von Philosophie und Kunst uns besonders deutlich vor Augen. Goethe ist ein solcher Künstler. Er offenbart uns die gleichen Geheimnisse in der Form seiner Kunstwerke und in der Form des Gedankens. Was er in seinen Dichtungen gestaltet, das spricht er in seinen natur- und kunstwissenschaftlichen Aufsätzen und in seinen «Sprüchen in Prosa» in Form des Gedankens aus. Die tiefe Befriedigung, die von diesen Aufsätzen und Sprüchen ausgeht, hat darin ihren Grund, daß man den Einklang von Kunst und Erkenntnis in einer Persönlichkeit verwirklicht sieht. Das Gefühl hat etwas Erhebendes, das bei jedem Goetheschen Gedanken auftritt: hier spricht jemand, der zugleich das Vollkommene, das er in Ideen ausdrückt, im Bilde schauen kann. Die Kraft eines solchen Gedankens wird verstärkt durch dieses Gefühl. Was aus den höchsten Bedürfnissen einer Persönlichkeit stammt, muß innerlich zusammengehören. Goethes Weisheitslehren antworten auf die Frage: was für eine Philosophie ist der echten Kunst gemäß?

*

Was aus dem menschlichen Geiste entspringt, wenn dieser sich beobachtend und denkend der Außenwelt gegenüberstellt, ist die Wahrheit. Der Mensch kann keine andere Erkenntnis verlangen als eine solche, die er selbst hervorbringt. Wer hinter den Dingen noch etwas sucht, das deren eigentliches Wesen bedeuten soll, der hat sich nicht zum Bewußtsein gebracht, daß alle Fragen nach dem Wesen der Dinge nur aus einem menschlichen Bedürfnisse entspringen: das, was man wahrnimmt, auch mit dem Gedanken zu durchdringen. Die Dinge sprechen zu uns, und unser Inneres spricht, wenn wir die Dinge beobachten. Diese zwei Sprachen stammen aus demselben Urwesen, und der Mensch ist berufen, deren gegenseitiges Verständnis zu bewirken. Darin besteht das, was man Erkenntnis nennt. Und dies und nichts anderes sucht der, der die Bedürfnisse der menschlichen Natur versteht. Wer zu diesem Verständnisse nicht gelangt, dem bleiben die Dinge der Außenwelt fremdartig. Er hört aus seinem Innern das Wesen der Dinge nicht zu sich sprechen. Deshalb vermutet er, daß dieses Wesen hinter den Dingen verborgen sei. Er glaubt an eine Außenwelt noch hinter der Wahrnehmungswelt. Aber die Dinge sind uns nur so lange fremd, solange wir sie bloß beobachten. Für den Menschen besteht nur so lange der Gegensatz von objektiver äußerer Wahrnehmung und subjektiver innerer Gedankenwelt, als er die Zusammengehörigkeit dieser Welten nicht erkennt. Die menschliche Innenwelt gehört als ein Glied zum Weltprozeß wie jeder andere Vorgang.

Diese Gedanken werden nicht widerlegt durch die Tatsache, daß verschiedene Menschen sich verschiedene Vorstellungen von den Dingen machen. Auch nicht dadurch, daß die Organisationen der Menschen verschieden sind, so daß man nicht weiß, ob eine und dieselbe Farbe von verschiedenen Menschen in der ganz gleichen Weise gesehen wird. Denn nicht darauf kommt es an, ob sich die Menschen über eine und dieselbe Sache genau das gleiche Urteil bilden, sondern darauf, ob die Sprache, die das Innere des Menschen spricht, eben die Sprache ist, die das Wesen der Dinge ausdrückt. Die einzelnen Urteile sind nach der Organisation des Menschen und nach dem Standpunkte, von dem aus er die Dinge betrachtet, verschieden; aber alle Urteile entspringen dem gleichen Elemente und führen in das Wesen der Dinge. Dieses kann in verschiedenen Gedankennuancen zum Ausdruck kommen; aber es bleibt deshalb doch das Wesen der Dinge.

Der Mensch ist das Organ, durch das die Natur ihre Geheimnisse enthüllt. In der subjektiven Persönlichkeit erscheint der tiefste Gehalt der Welt. «Wenn die gesunde Natur des Menschen als ein Ganzes wirkt, wenn er sich in der Welt als in einem großen, schönen, würdigen und werten Ganzen fühlt, wenn das harmonische Behagen ihm ein reines, freies Entzücken gewährt: dann würde das Weltall, wenn es sich selbst empfinden könnte, als an sein Ziel gelangt, aufjauchzen und den Gipfel des eigenen Werdens und Wesens bewundern» (Goethe, Winckelmann: Antikes). Die moderne Naturwissenschaft spricht denselben Gedanken durch ihre Mittel und mit ihren Methoden aus. «Dafür steht ja aber der Mensch so hoch, daß sich das sonst Undarstellbare in ihm darstellt. Was ist denn eine Saite und alle mechanische Teilung derselben gegen das Ohr des Musikers? Ja man kann sagen, was sind die elementarischen Erscheinungen der Natur selbst gegen den Menschen, der sie alle erst bändigen und modifizieren muß, um sie sich einigermaßen assimilieren zu können?» (Goethe, Sprüche in Prosa.)

*

Wenn ein Ding durch das Organ des menschlichen Geistes seine Wesenheit ausspricht, so kommt die volle Wirklichkeit nur durch den Zusammenfluß von Beobachtung und Denken zustande. Weder durch einseitiges Beobachten noch durch einseitiges Denken erkennt der Mensch die Wirklichkeit. Diese ist nicht als etwas Fertiges in der objektiven Welt vorhanden, sondern wird erst durch den menschlichen Geist in Verbindung mit den Dingen hervorgebracht. Wer ausschließlich die Erfahrung anpreist, dem muß man mit Goethe erwidern, «daß die Erfahrung nur die Hälfte der Erfahrung ist». «Alles Faktische ist schon Theorie» (Sprüche in Prosa), das heißt, es offenbart sich im menschlichen Geiste ein Gesetzliches, wenn er ein Faktisches betrachtet. Diese Weltauffassung, die in den Ideen die Wesenheit der Dinge erkennt und die Erkenntnis auffaßt als ein Einleben in das Wesen der Dinge, ist nicht Mystik. Sie hat aber mit der Mystik das gemein, daß sie die objektive Wahrheit nicht als etwas in der Außenwelt Vorhandenes betrachtet, sondern als etwas, das sich im Innern des Menschen wirklich ergreifen läßt. Die entgegengesetzte Weltanschauung versetzt die Gründe der Dinge hinter die Erscheinungen, in ein der menschlichen Erfahrung jenseitiges Gebiet. Sie kann nun entweder sich einem blinden Glauben an diese Gründe hingeben, der von einer positiven Offenbarungsreligion seinen Inhalt enthält, oder Verstandes-Hypothesen und Theorien darüber aufstellen, wie dieses jenseitige Gebiet der Wirklichkeit beschaffen ist. Der Mystiker wie auch der Bekenner der Goetheschen Weltanschauung lehnen sowohl den Glauben an ein Jenseitiges wie auch die Hypothesen über ein solches ab und halten sich an das wirkliche Geistige, das sich in dem Menschen selbst ausspricht. Goethe schreibt an Jacobi: «Gott hat dich mit der Metaphysik gestraft und dir einen Pfahl ins Fleisch gesetzt, mich dagegen mit der Physik gesegnet... Ich halte mich fest und fester an die Gottesverehrung des Atheisten (Spinoza) und überlasse euch alles, was ihr Religion heißt und heißen müßt. Du hältst aufs Glauben an Gott, ich aufs Schauen.» Was Goethe schauen will, ist die in seiner Ideenwelt sich ausdrückende Wesenheit der Dinge. Auch der Mystiker will durch Versenkung in das eigene Innere die Wesenheit der Dinge erkennen; aber er lehnt gerade die in sich klare und durchsichtige Ideenwelt ab als untauglich zur Erlangung einer höheren Erkenntnis. Er glaubt, nicht sein Ideenvermögen, sondern andere Kräfte seines Inneren entwickeln zu müssen, um die Urgründe der Dinge zu schauen.

Gewöhnlich sind es unklare Empfindungen und Gefühle, in denen der Mystiker das Wesen der Dinge zu ergreifen glaubt. Aber Gefühle und Empfindungen gehören nur zum subjektiven Wesen des Menschen. In ihnen spricht sich nichts über die Dinge aus. Allein in den Ideen der Naturgesetzmäßigkeit sprechen die Dinge selbst. Die Mystik ist eine oberflächliche Weltanschauung, trotzdem die Mystiker den Vernunftmenschen gegenüber sich viel auf ihre «Tiefe» zugute tun. Sie wissen nichts über die Natur der Gefühle, sonst würden sie sie nicht für Aussprüche des Wesens der Welt halten; und sie wissen nichts von der Natur der Ideen, sonst würden sie diese nicht für flach und rationalistisch halten. Sie ahnen nicht, was Menschen, die wirklich Ideen haben, in diesen erleben. Aber für viele sind Ideen eben bloße Worte. Sie können die unendliche Fülle ihres Inhaltes sich nicht aneignen. Kein Wunder, daß sie ihre eigenen ideenlosen Worthülsen als leer empfinden.

*

Wer den wesentlichen Inhalt der objektiven Welt in dem eigenen Innern sucht, der kann auch das Wesentliche der sittlichen Weltordnung nur in die menschliche Natur selbst verlegen. Wer eine jenseitige Wirklichkeit hinter der menschlichen vorhanden glaubt, der muß in ihr auch den Quell des Sittlichen suchen. Denn das Sittliche im höheren Sinne kann nur aus dem Wesen der Dinge kommen. Der Jenseitsgläubige nimmt deshalb sittliche Gebote an, denen sich der Mensch zu unterwerfen hat. Diese Gebote gelangen zu ihm entweder auf dem Wege einer Offenbarung, oder sie treten als solche in sein Bewußtsein ein, wie es beim kategorischen Imperativ Kants der Fall ist. Wie dieser aus dem jenseitigen «An sich» der Dinge in unser Bewußtsein kommt, darüber wird nichts gesagt. Er ist einfach da, und man hat sich ihm zu unterwerfen.

Goethe läßt das Sittliche aus der Naturwelt des Menschen entstehen. Nicht objektive Normen und auch nicht die bloße Triebwelt lenken das sittliche Handeln, sondern die zu sittlichen Ideen gewordenen natürlichen Triebe des tierischen Lebens, durch die sich der Mensch selbst die Richtung gibt. Ihnen folgt er, weil er sie liebt, wie man ein Kind liebt. Er will ihre Verwirklichung und setzt sich für sie ein, weil sie ein Teil seines eigenen Wesens sind. Die Idee ist die Richtschnur; und die Liebe ist die treibende Kraft in der Goetheschen Ethik. Ihm ist «Pflicht, wo man liebt, was man sich selbst befiehlt» (Sprüche in Prosa).

Ein Handeln im Sinne der Goetheschen Ethik ist zwar naturgemäß bedingt, aber ethisch frei. Denn der Mensch ist von nichts abhängig als von seinen eigenen Ideen. Und er ist niemandem verantwortlich als sich selbst. Ich habe bereits in meiner «Philosophie der Freiheit» den billigen Einwand entkräftet, daß die Folge einer sittlichen Weltordnung, in der jeder nur sich selbst gehorcht, die allgemeine Unordnung und Disharmonie des menschlichen Handelns sein müßte. Wer diesen Einwand macht, der übersieht, daß die Menschen gleichartige Wesen sind und daß sie deshalb niemals sittliche Ideen produzieren werden, die durch ihre wesentliche Verschiedenheit einen unharmonischen Zusammenklang bewirken werden.

Moral und Christentum

Die Stellung unserer erkennenden Persönlichkeit zum objektiven Weltwesen gibt uns auch unsere ethische Physiognomie. Was bedeutet für uns der Besitz von Erkenntnis und Wissenschaft?

In unserem Wissen lebt sich der innerste Kern der Welt aus. Die gesetzmäßige Harmonie, von der das Weltall beherrscht wird, kommt in der menschlichen Erkenntnis zur Erscheinung.

Es gehört somit zum Berufe des Menschen, die Grundgesetze der Welt, die sonst zwar alles Dasein beherrschen, aber nie selbst zum Dasein kommen würden, in das Gebiet der *erscheinenden* Wirklichkeit zu versetzen. Das ist das Wesen des Wissens, daß es aus der objektiven Realität die ihr zugrunde liegende wesenhafte Gesetzmäßigkeit herauslöst. Unser Erkennen ist – bildlich gesprochen – ein stetiges Hineinleben in den Weltengrund.

Eine solche Überzeugung muß auch Licht auf unsere praktische Lebensauffassung werfen.

Unsere Lebensführung ist ihrem ganzen Charakter nach bestimmt durch unsere *sittlichen Ideale.* Diese sind die Ideen, die wir von unseren Aufgaben im Leben haben, oder mit anderen Worten, die wir uns von dem machen, was wir durch unser Handeln vollbringen sollen.

Unser Handeln ist ein Teil des allgemeinen Weltgeschehens. Es steht somit auch unter der allgemeinen Gesetzmäßigkeit dieses Geschehens.

Wenn nun irgendwo im Universum ein Geschehen auftritt, so ist an demselben ein zweifaches zu unterscheiden: der *äußere* Verlauf desselben in Raum und Zeit und die *innere* Gesetzmäßigkeit davon.

Die Erkenntnis dieser Gesetzmäßigkeit für das menschliche Handeln ist nur ein besonderer Fall des Erkennens. Die von uns über die Natur der Erkenntnis abgeleiteten Anschauungen müssen also auch hier anwendbar sein. Sich als handelnde Persönlichkeit erkennen, heißt somit: für sein Handeln die entsprechenden Gesetze, das heißt die sittlichen Begriffe und Ideale als *Wissen* zu besitzen. Wenn wir diese Gesetzmäßigkeit erkannt haben, dann ist unser Handeln auch *unser* Werk. Die Gesetzmäßigkeit ist dann nicht als etwas gegeben, was außerhalb des Objektes liegt, an dem das Geschehen erscheint, sondern als der Inhalt des in lebendigem Tun begriffenen Objektes selbst. Das Objekt ist in diesem Falle unser eigenes Ich. Hat dies letztere sein Handeln dem Wesen nach wirklich erkennend durchdrungen, dann fühlt es sich zugleich als den Beherrscher desselben. Solange ein solches nicht stattfindet, stehen die Gesetze des Handelns uns als etwas Fremdes gegenüber; sie beherrschen uns; was wir vollbringen, steht unter dem Zwange, den sie auf uns ausüben. Sind sie aus solcher fremden Wesenheit in das ureigene Tun unseres Ich verwandelt, dann hört dieser Zwang auf. Was die Zweckmäßigkeits-Ideen der Teleologie für die Wissenschaft der Lebewesen, ist der kategorische Imperativ für das menschliche Handeln. Die Zweckmäßigkeits-Ideen hindern das Forschen nach rein natürlichen Gesetzen der organischen Wesen; der kategorische Imperativ hindert das Ausleben der rein natürlichen moralischen Antriebe. Das Zwingende ist unser eigenes Wesen geworden. Die Gesetzmäßigkeit herrscht nicht mehr über uns, sondern in uns über das von unserem Ich ausgehende Geschehen. Die Verwirklichung eines Geschehens vermöge einer außer dem Verwirklicher stehenden Gesetzmäßigkeit ist ein Akt der Unfreiheit, jene durch den Verwirklicher selbst ein solcher der Freiheit. Die Gesetze seines Handelns erkennen, heißt, sich seiner Freiheit bewußt sein. Der Erkenntnisprozeß ist, nach unseren Ausführungen, der Entwickelungsprozeß zur Freiheit.

Wie wenig Verständnis für die ethischen Anschauungen Goethes sowohl wie für eine Ethik der Freiheit und des Individualismus im allgemeinen in der Gegenwart vorhanden ist, zeigt folgender Umstand. Ich habe im Jahre 1892 in einem Aufsatz der «Zukunft» (Nr. 5) mich für eine antiteleologische monistische Auffassung der Moral ausgesprochen. Auf diesen Aufsatz hat Herr Ferdinand Tönnies in Kiel in einer Broschüre «Ethische Kultur und ihr Geleite. Nietzsche-Narren in Zukunft und Gegenwart» (Berlin 1893) geantwortet. Er hat nichts vorgebracht als die Hauptsätze der in philosophische Formeln gebrachten Philistermoral. Von mir aber sagt er, daß ich «auf dem Wege zum Hades keinen schlimmeren Hermes» hätte finden können als Friedrich Nietzsche. Wahrhaft komisch wirkt es auf mich, daß Herr Tönnies, um mich zu verurteilen, einige von Goethes «Sprüchen in Prosa» vorbringt. Er ahnt nicht, daß, wenn es für mich einen Hermes gegeben hat, es nicht Nietzsche, sondern Goethe war. Ich habe die Beziehungen der Ethik der Freiheit zur Ethik Goethes bereits in der Einleitung zum 34. Bande meiner Ausgabe von Goethes naturwissenschaftlichen Werken dargelegt. Ich hätte die wertlose Broschüre Tönnies' nicht erwähnt, wenn sie nicht symptomatisch wäre für das in manchen Kreisen herrschende Mißverständnis der Weltanschauung Goethes.

Nicht alles menschliche Handeln trägt diesen freien Charakter. In vielen Fällen besitzen wir die Gesetze für unser Handeln nicht als Wissen. Dieser Teil unseres Handelns ist der unfreie Teil unseres Wirkens. Ihm gegenüber steht derjenige, wo wir uns in diese Gesetze vollkommen einleben. Das ist das freie Gebiet. Sofern unser Leben ihm angehört, ist es allein als sittliches zu bezeichnen. Die Verwandlung des ersten Gebietes in ein solches mit dem Charakter des zweiten ist die Aufgabe jeder individuellen Entwickelung, wie auch jener der ganzen Menschheit.

Das wichtigste Problem alles menschlichen Denkens ist das: den Menschen als auf sich selbst gegründete, freie Persönlichkeit zu begreifen.

*

Goethes Anschauungen entspricht die grundsätzliche Trennung von Natur und Geist nicht; er will in der Welt nur ein großes Ganzes erblicken, eine einheitliche Entwickelungskette von Wesen, innerhalb welcher der Mensch ein Glied, wenn auch das höchste, bildet. «Natur! Wir sind von ihr umgeben und umschlungen – unvermögend, aus ihr herauszutreten, und unvermögend, tiefer in sie hineinzukommen. Ungebeten und ungewarnt nimmt sie uns in den Kreislauf ihres Tanzes auf und treibt sich mit uns fort, bis wir ermüdet sind und ihrem Arme entfallen.» Damit vergleiche man den schon erwähnten Ausspruch: «Wenn die gesunde Natur des Menschen als ein Ganzes wirkt, wenn er sich in der Welt als in einem großen, schönen, würdigen und werten Ganzen fühlt, wenn das harmonische Behagen ihm ein reines, freies Entzücken gewährt: dann würde das Weltall, wenn es sich selbst empfinden könnte, als an sein Ziel gelangt, aufjauchzen und den Gipfel des eigenen Werdens und Wesens bewundern.» Hierin liegt das echt Goethesche weite Hinausgehen über die unmittelbare Natur, ohne sich auch nur im geringsten von dem zu entfernen, was das Wesen der Natur ausmacht. Fremd ist ihm, was er selbst bei vielen besonders begabten Menschen findet: «Die Eigenheit, eine Art von Scheu vor dem wirklichen Leben zu empfinden, sich in sich selbst zurückzuziehen, in sich selbst eine eigene Welt zu erschaffen und auf diese Weise das Vortrefflichste nach innen bezüglich zu leisten.» (Winckelmann: Eintritt.) Goethe flieht die Wirklichkeit nicht, um sich eine abstrakte Gedankenwelt zu schaffen, die nichts mit jener gemein hat; nein, er vertieft sich in dieselbe, um in ihrem ewigen Wandel, in ihrem Werden und Bewegen, ihre unwandelbaren Gesetze zu finden, er stellt sich dem Individuum gegenüber, um in ihm das Urbild zu erschauen. So erstand in seinem Geiste die Urpflanze, so das Urtier, die ja nichts anderes sind als die Ideen des Tieres und der Pflanze. Das sind keine leeren Allgemeinheitsbegriffe, die einer grauen Theorie angehören, das sind die wesentlichen Grundlagen der Organismen mit einem reichen, konkreten Inhalt, lebensvoll und anschaulich. Anschaulich für jenes höhere Anschauungsvermögen, das Goethe in dem Aufsatze über «Anschauende Urteilskraft» bespricht. Die Ideen im Goetheschen Sinne sind ebenso objektiv wie die Farben und Gestalten der Dinge, aber sie sind nur für den wahrnehmbar, dessen Fassungsvermögen dazu eingerichtet ist, so wie Farben und Formen nur für den Sehenden und nicht für den Blinden da sind. Wenn wir dem Objektiven eben nicht mit einem empfänglichen Geiste entgegenkommen, enthüllt es sich nicht vor uns. Ohne das instinktive Vermögen, Ideen wahrzunehmen, bleiben uns diese immer ein verschlossenes Feld. Tiefer als jeder andere hat hier Schiller in das Gefüge des Goetheschen Genius geschaut.

Am 23. August 1794 klärt er Goethe über das Wesen, das seinem Geiste zugrunde liegt, mit folgenden Worten auf: «Sie nehmen die ganze Natur zusammen, um über das Einzelne Licht zu bekommen; in der Allheit ihrer Erscheinungsarten suchen Sie den Erklärungsgrund für das Individuum auf. Von der einfachen Organisation steigen Sie, Schritt vor Schritt, zu der mehr verwickelten hinauf, um endlich die verwickeltste von allen, den Menschen, genetisch aus den Materialien des ganzen Naturgebäudes zu erbauen. Dadurch, daß Sie ihn der Natur gleichsam nacherschaffen, suchen Sie in seine verborgene Technik einzudringen.» In diesem Nacherschaffen liegt ein Schlüssel zum Verständnis der Weltanschauung Goethes. Wollen wir wirklich zu dem Gesetzmäßigen im ewigen Wechsel aufsteigen, dann dürfen wir nicht das fertig Gewordene betrachten, wir müssen die Natur im Schaffen belauschen. Das ist der Sinn der Goetheschen Worte in dem Aufsatz «Anschauende Urteilskraft»: «Wenn wir ja im Sittlichen durch Glauben an Gott, Tugend und Unsterblichkeit uns in eine obere Region erheben und an das erste Wesen annähern sollen, so dürfte es wohl im Intellektuellen derselbe Fall sein, daß wir uns durch das Anschauen einer immer schaffenden Natur zur geistigen Teilnahme an ihren Produktionen würdig machten. Hatte ich doch ... auf jenes Urbildliche, Typische rastlos gedrungen.» Die Goetheschen Urbilder sind also nicht leere Schemen, sondern sie sind die treibenden Kräfte der Erscheinungen.

Das ist die «höhere Natur» in der Natur, der sich Goethe bemächtigen will. Wir sehen daraus, daß in keinem Falle die Wirklichkeit, wie sie vor unseren Sinnen ausgebreitet daliegt, etwas ist, bei dem der auf höherer Kulturstufe angelangte Mensch stehenbleiben kann. Nur indem der Menschengeist diese Wirklichkeit denkend durchdringt, wird ihm offenbar, was diese Welt im Innersten zusammenhält. Nimmermehr können wir am einzelnen Naturgeschehen, nur am Naturgesetze, nimmermehr am *einzelnen Individuum,* nur an der Allgemeinheit Befriedigung finden. Bei Goethe kommt diese Tatsache in der denkbar vollkommensten Form vor. Was auch bei ihm stehenbleibt, ist die Tatsache, daß für den modernen Geist die Wirklichkeit, die bloße Erfahrung durch das Denken zur Versöhnung mit den Bedürfnissen des erkennenden Menschengeistes kommt.

*

Mit Goethes Stellung zur Natur hängt seine Religion auf das Innigste zusammen. Man möchte sagen, seine Naturbegriffe waren so hohe, daß sie ihn durch sich selbst in religiöse Stimmung versetzten. Er kennt das Bedürfnis nicht: die Dinge unter Abstreifung eines jeglichen Heiligen zu sich herabzuziehen, das so viele haben. Er hat aber dem Wirklichen, Diesseitigen gegenüber das Bedürfnis, in ihm ein Verehrungswürdiges zu suchen, demgegenüber er in religiöse Stimmung gerät. Den Dingen selbst sucht er eine Seite abzugewinnen, wodurch sie ihm heilig werden. Karl Julius Schröer hat in Goethes Verhalten in der Liebe diese ans Religiöse grenzende Stimmung gezeigt (vgl. dessen geistvolle

Schrift «Goethe und die Liebe», Heilbronn 1884). Alles Frivole, Leichtfertige wird abgestreift, und die Liebe wird für Goethe ein Frommsein. Dieser Grundzug seines Wesens ist am schönsten in seinen Worten ausgesprochen:

«In unsers Busens Reine wogt ein Streben,
Sich einem Höhern, Reinern, Unbekannten
Aus Dankbarkeit freiwillig hinzugeben.
— — — — — — — — — — — — — —
Wir heißen's: fromm sein!»

Diese Seite seiner Natur ist nun unzertrennlich mit einer andern in Verbindung. Er sucht an dieses Höhere nie unmittelbar heranzutreten; er sucht sich ihm immer durch die Natur zu nähern. «Das Wahre ist gottähnlich; es erscheint nicht unmittelbar, wir müssen es aus seinen Manifestationen erraten» (Sprüche in Prosa). Neben dem Glauben an die Idee hat Goethe auch den andern, daß wir die Idee durch Betrachtung der Wirklichkeit gewinnen; es fällt ihm nicht ein, die Gottheit anderswo zu suchen als in den Werken der Natur, aber diesen sucht er überall ihre göttliche Seite abzugewinnen. Wenn er in seiner Knabenzeit dem großen Gotte, der «mit der Natur in unmittelbarer Verbindung steht» (Dichtung und Wahrheit, I. Teil, 1. Buch), einen Altar errichtet, so entspringt dieser Kultus schon entschieden aus dem Glauben, daß wir das Höchste, zu dem wir gelangen können, durch treues Pflegen des Verkehrs mit der Natur gewinnen. So ist denn Goethe die Betrachtungsweise angeboren, die wir erkenntnistheoretisch gerechtfertigt haben. Er tritt an die Wirklichkeit heran in der Überzeugung, daß alles nur eine Manifestation der Idee ist, die wir erst gewinnen, wenn wir die Sinneserfahrung in geistiges Anschauen der ewigen, ursachlichen Notwendigkeit hinaufheben. Diese Überzeugung lag in ihm; und er betrachtete von Jugend auf die Welt auf Grund dieser Voraussetzung. Kein Philosoph konnte ihm diese Überzeugung geben. Nicht das ist es also, was Goethe bei den Philosophen suchte. Es war etwas anderes. Wenn seine Weise, die Dinge zu betrachten, auch tief in seinem Wesen lag, so brauchte er doch eine Sprache, sie auszudrücken. Sein Wesen wirkte philosophisch, das heißt so, daß es sich nur in philosophischen Formeln aussprechen, nur von philosophischen Voraussetzungen aus rechtfertigen läßt. Um nun das, was er war, auch sich deutlich zum Bewußtsein zu bringen, um das, was bei ihm lebendiges Tun war, auch zu wissen, sah er sich bei den Philosophen um. Er suchte bei ihnen eine Erklärung und Rechtfertigung seines Wesens. Das ist sein Verhältnis zu den Philosophen. Zu diesem Zwecke studierte er in der Jugend Spinoza und ließ sich später mit den philosophischen Zeitgenossen in wissenschaftliche Verhandlungen ein. Schon in seinen Jünglingsjahren schienen dem Dichter am meisten Spinoza und Giordano Bruno sein eigenes Wesen auszusprechen. Es ist merkwürdig, daß er beide Denker zuerst aus gegnerischen Schriften kennenlernte und trotz dieses Umstandes erkannte, wie ihre Lehren zu seiner Natur stehen. Besonders an seinem Verhältnis zu Giordano Brunos Lehren sehen wir das Gesagte erhärtet. Er lernt ihn aus Bayles Wörterbuch, wo Bruno heftig angegriffen wird, kennen. Und er erhält von ihm einen so tiefen Eindruck, daß wir in jenen Teilen des «Faust», die der Konzeption nach aus der Zeit um 1770 stammen, wo er Bayle las, sprachliche Anklänge an Sätze von Bruno finden (s. Goethe-Jahrbuch, VII. Band, 1886). In den «Tag- und Jahresheften» erzählt der Dichter, daß er sich wieder 1812 mit Giordano Bruno beschäftigt habe. Auch diesmal ist der Eindruck ein gewaltiger, und in vielen der nach diesem Jahre entstandenen Gedichte erkennen wir Anklänge an den Philosophen von Nola. Das alles ist aber nicht so zu nehmen, als ob Goethe von Bruno irgend etwas entlehnt oder gelernt hätte, er fand bei ihm nur die Formel, das, was längst in seiner Natur lag, auszusprechen. Er fand, daß er sein eigenes Innere am klarsten darlege, wenn er es mit den Worten dieses Denkers tat. Bruno betrachtet die universelle Weltseele als die Erzeugerin und Lenkerin des Weltalls. Er nennt sie den innern Künstler, der die Materie formt und von innen heraus gestaltet. Sie ist die Ursache von allem Bestehenden; und es gibt kein Wesen, an dessen Sein sie nicht liebevoll Anteil nähme. «Das Ding sei noch so klein und winzig, es hat in sich einen Teil von geistiger Substanz» (s. Giordano Bruno, «Von der Ursache etc.», herausgegeben von Adolf Lasson, Heidelberg 1882). Das war ja auch Goethes Ansicht, daß wir ein Ding erst zu beurteilen wissen, wenn wir sehen, wie es von der ewigen Harmonie der Naturgesetze – und nichts anderes als diese ist ihm die Weltseele – an seinen Ort gestellt worden, wie es gerade zu dem geworden ist, als was es uns gegenübertritt. Wenn wir mit den Sinnen wahrnehmen, so genügt das nicht; denn die Sinne sagen uns nicht, wie ein Ding mit der allgemeinen Weltidee zusammenhängt, was es für das große Ganze zu bedeuten hat. Da müssen wir so schauen, daß uns unsere Vernunft einen ideellen Untergrund schafft, auf dem uns dann das erscheint, was uns die Sinne überliefern; wir müssen, wie es Goethe ausdrückt, mit den Augen des Geistes schauen. Auch um diese Überzeugung auszusprechen, fand er bei Bruno eine Formel: «Denn wie wir nicht mit einem und demselben Sinn Farben und Töne erkennen, so sehen wir auch nicht mit einem und demselben Auge das Substrat der Künste und das Substrat der Natur», weil wir «mit den sinnlichen Augen jenes und mit dem Auge der Vernunft dieses sehen» (s. Lasson, S. 77). Und mit Spinoza ist es nicht anders. Spinozas Lehre beruht ja darauf, daß die Gottheit in der Welt aufgegangen ist. Das menschliche Wissen kann also nur bezwecken, sich in die Welt zu vertiefen, um Gott zu erkennen. Jeder andere Weg, zu Gott zu gelangen, muß für einen konsequent im Sinne des Spinozismus denkenden Menschen unmöglich erscheinen.

Der Gedanke eines Gottes, der außerhalb der Welt ein abgesondertes Dasein führt und seine Schöpfung nach äußerlich aufgedrängten Gesetzen lenkte, war ihm fremd. Sein ganzes Leben hindurch beherrschte ihn der Gedanke:

> «Was wär' ein Gott, der nur von außen stieße,
> Im Kreis das All am Finger laufen ließe?
> Ihm ziemt's, die Welt im Innern zu bewegen,
> Natur in sich, sich in Natur zu hegen,
> So daß, was in ihm lebt und webt und ist,
> Nie seine Kraft, nie seinen Geist vermißt.»

Was mußte Goethe, dieser Gesinnung gemäß, in der Wissenschaft der organischen Natur suchen? Erstens ein Gesetz, welches erklärt, was die Pflanze zur Pflanze, das Tier zum Tiere macht, zweitens ein anderes, das begreiflich macht, warum das Gemeinsame, allen Pflanzen und Tieren zugrunde Liegende, in einer solchen Mannigfaltigkeit von Formen erscheint. Das Grundwesen, das sich in jeder Pflanze ausspricht, die Tierheit, die in allen Tieren zu finden ist, die suchte er zunächst. Die künstlichen Scheidewände zwischen den einzelnen Gattungen und Arten mußten niedergerissen, es mußte gezeigt werden, daß alle Pflanzen nur Modifikationen einer Urpflanze, alle Tiere eines Urtieres sind.

Ernst Haeckel, der den Darwinschen Ideen über die Entstehung der Organismen eine der deutschen Gründlichkeit angemessene Vervollkommnung hat angedeihen lassen, legt den größten Wert darauf, daß der Einklang seiner Grundüberzeugungen mit den Goetheschen erkannt werde. Auch bei Haeckel wird die Naturanschauung zur Grundlage der Religion. Die Naturerkenntnis teilt sich dem Gefühl mit und lebt sich als religiöse Stimmung aus. Für Haeckel ist die Frage Darwins nach dem Ursprunge der organischen Formen sogleich zu der höchsten Aufgabe geworden, die sich die Wissenschaft vom organischen Leben überhaupt stellen kann, zu der vom Ursprunge des Menschen. Und er ist genötigt gewesen, an Stelle der toten Materie der Physiker solche Naturprinzipien anzunehmen, mit denen man vor dem Menschen nicht haltzumachen braucht. Haeckel hat in seiner Schrift: «Der Monismus als Band zwischen Religion und Wissenschaft», und in seinen «Welträtseln», die vor kurzem erschienen sind und welche nach meiner Überzeugung die bedeutsamste Kundgebung der neuesten Naturphilosophie sind, ausdrücklich betont, daß er sich einen «immateriellen lebendigen Geist» ebensowenig denken könne wie eine «tote geistlose Materie». Und ganz übereinstimmend damit sind Goethes Worte, daß «die Materie nie ohne Geist, der Geist nie ohne Materie existiert und wirksam sein kann».

*

Es gehört zu den interessantesten Tatsachen der deutschen Geistesgeschichte, wie Schiller unter dem Einflusse Goethes aus dessen Weltanschauung eine Ethik formt. Diese Ethik entspringt aus einer künstlerisch-freiheitlichen Auffassung der Natur. Aber diese Briefe werden vielfach von den systematisierenden Philosophen nicht für genug wissenschaftlich genommen, und doch gehören sie zu dem Bedeutendsten, was die Ästhetik und Ethik überhaupt hervorgebracht haben. Schiller geht von Kant aus. Dieser Philosoph hat die Natur des Schönen in mehrfacher Hinsicht bestimmt. Zuerst untersucht er den Grund des Vergnügens, das wir an den schönen Werken der Kunst empfinden. Diese Lustempfindung findet er ganz verschieden von jeder anderen. Vergleichen wir sie mit der Lust, die wir empfinden, wenn wir es mit einem Gegenstande zu tun haben, dem wir etwas uns Nutzenbringendes verdanken. Diese Lust ist eine ganz andere. Sie hängt innig mit dem Begehren nach dem Dasein dieses Gegenstandes zusammen. Die Lust am Nützlichen verschwindet, wenn das Nützliche selbst nicht mehr ist. Das ist bei der Lust, die wir dem Schönen gegenüber empfinden, anders. Diese Lust hat mit dem Besitze, mit der Existenz des Gegenstandes nichts zu tun. Sie haftet demnach gar nicht am Objekte, sondern nur an der Vorstellung von demselben. Während beim Zweckmäßigen, Nützlichen sogleich das Bedürfnis entsteht, die Vorstellung in Realität umzusetzen, sind wir beim Schönen mit dem bloßen Bilde zufrieden. Deshalb nennt Kant das Wohlgefallen am Schönen ein von jedem realen Interesse unbeeinflußtes, ein «interesseloses Wohlgefallen». Es wäre aber die Ansicht ganz falsch, daß damit von dem Schönen die Zweckmäßigkeit ausgeschlossen sei. Das geschieht nur mit dem äußeren Zwecke. Und daraus fließt die zweite Erklärung des Schönen: «Es ist ein in sich zweckmäßig Geformtes, aber ohne einem äußeren Zwecke zu dienen.» Nehmen wir ein anderes Ding der Natur oder ein Produkt der menschlichen Technik wahr, dann kommt unser Verstand und fragt nach Nutzen und Zweck. Und er ist nicht eher befriedigt, bis seine Frage nach dem Wozu beantwortet ist. Beim Schönen liegt das Wozu in dem Dinge selbst; und der Verstand braucht nicht über dasselbe hinauszugehen. Hier setzt nun Schiller an. Und er tut dies, indem er die Idee der Freiheit in die Gedankenreihe hineinverwebt, in einer Weise, die der Menschennatur die höchste Ehre macht. Zunächst stellt Schiller zwei unablässig sich geltend machende Triebe des Menschen einander gegenüber. Der erste ist der sogenannte Stofftrieb oder das Bedürfnis, unsere Sinne der einströmenden Außenwelt offenzuhalten. Da dringt ein reicher Inhalt auf uns ein, aber ohne daß wir selbst auf seine Natur einen bestimmenden Einfluß nehmen könnten. Mit unbedingter Notwendigkeit geschieht hier alles. Was wir wahrnehmen, wird von außen bestimmt; wir sind hier unfrei, unterworfen, wir müssen einfach dem Gebote der Naturnotwendigkeit gehorchen. Der zweite ist der Formtrieb. Das ist nichts anderes als die Vernunft, die in das wirre Chaos des Wahrnehmungsinhaltes Ordnung und Gesetz bringt. Durch ihre Arbeit kommt System in die Erfahrung. Aber auch hier sind wir nicht frei, findet Schiller. Denn bei dieser ihrer Arbeit ist die Vernunft den unabänderlichen Gesetzen der Logik unterworfen. Wie dort unter der Macht der Naturnotwendigkeit, so stehen wir hier unter derjenigen der Vernunftnotwendigkeit. Gegenüber beiden sucht die Freiheit eine Zufluchtstätte. Schiller weist ihr das Gebiet der Kunst an, indem er die Analogie der Kunst mit dem Spiel des Kindes hervorhebt. Worin liegt das Wesen des Spieles? Es werden Dinge der Wirklichkeit genommen und in ihren Verhältnissen in beliebiger Weise verändert. Dabei ist bei dieser Umformung der Realität nicht ein Gesetz der logischen Notwendigkeit maßgebend, wie wenn wir zum Beispiel eine Maschine bauen, wo wir uns strenge den Gesetzen der Vernunft unterwerfen müssen, sondern es wird einzig und allein einem subjektiven Bedürfnis gedient. Der Spielende bringt die Dinge in einen Zusammenhang, der ihm Freude macht, er legt sich keinerlei Zwang auf. Die Naturnotwendigkeit achtet er nicht, denn er überwindet ihren Zwang, indem er die ihm überlieferten Dinge ganz nach Willkür verwendet; aber auch von der Vernunftnotwendigkeit fühlt er sich nicht abhängig, denn die Ordnung, die er in die Dinge bringt, ist seine Erfindung. So prägt der Spielende der Wirklichkeit seine Subjektivität ein; und dieser letzteren hinwiederum verleiht er objektive Geltung. Das gesonderte Wirken der beiden Triebe hat aufgehört; sie sind in Eins zusammengeflossen und damit frei geworden: das Natürliche ist ein Geistiges, das Geistige ein Natürliches. Schiller nun, der Dichter der Freiheit, sieht so in der Kunst nur ein freies Spiel des Menschen auf höherer Stufe und ruft begeistert aus: «Der Mensch ist nur da ganz Mensch, wo er spielt, ... und er spielt nur, wo er in voller Bedeutung des Wortes Mensch ist.» Den der Kunst zugrunde liegenden Trieb nennt Schiller den Spieltrieb. Dieser erzeugt im Künstler Werke, die schon in ihrem sinnlichen Dasein unsere Vernunft befriedigen und deren Vernunftinhalt zugleich als sinnliches Dasein gegenwärtig ist. Und das Wesen des Menschen wirkt auf dieser Stufe so, daß seine Natur zugleich geistig und sein Geist zugleich natürlich wirkt. Die Natur wird zum Geist erhoben, der Geist versenkt sich in die Natur. Jene wird dadurch geadelt, dieser aus seiner unanschaulichen Höhe in die sichtbare Welt gerückt.

*

In Schillers «Briefen über die ästhetische Erziehung des Menschen» – in diesem Evangelium der von den Schranken sowohl des Naturzwanges wie der logischen Vernunftnotwendigkeit *befreiten* Menschlichkeit – lesen wir die ethische und religiöse Physiognomie Goethes. Man darf diese Briefe als die aus allseitiger persönlicher Beobachtung geschöpfte Goethe-Psychologie bezeichnen. «Lange schon habe ich, obgleich aus ziemlicher Ferne, dem Gang Ihres Geistes zugesehen und den Weg, den Sie sich vorgezeichnet haben, mit immer erneuter Bewunderung bemerkt.» So schreibt Schiller an Goethe am 23. August 1794. Wodurch Goethe zur Harmonie seiner Geisteskräfte gelangt ist, das konnte Schiller am besten beobachten. Unter dem Eindruck dieser Beobachtungen entstehen die genannten Briefe. Wir dürfen sagen, daß Goethe zu dem «ganzen Menschen, der spielend die Vollkommenheit erreicht», Modell gesessen hat. Nun schreibt Schiller in dem Briefe, der die angeführten Worte enthält: «Wären Sie als ein Grieche, ja nur als ein Italiener geboren worden, und hätte schon von der

Wiege an eine auserlesene Natur und eine idealisierende Kunst Sie umgeben, so wäre Ihr Weg unendlich verkürzt, vielleicht ganz überflüssig gemacht worden. Schon in die erste Anschauung der Dinge hätten Sie dann die Form des Notwendigen aufgenommen, und mit Ihren ersten Erfahrungen hätte sich der große Stil in Ihnen entwickelt. Nun, da Sie ein Deutscher geboren sind, da Ihr griechischer Geist in diese nordische Schöpfung geworfen wurde, so blieb Ihnen keine andere Wahl, als entweder selbst zum nordischen Künstler zu werden oder Ihrer Imagination das, was ihr die Wirklichkeit vorenthielt, durch Nachhilfe der Denkkraft zu ersetzen, um so gleichsam von *innen* heraus und auf einem rationalen Wege ein Griechenland zu gebären.» Da von Goethe solches gilt, begreift man es, daß er die innigste Befriedigung seines Wesens empfand, als er vor den griechischen Kunstwerken, auf seiner italienischen Reise, sich sagen konnte, er fühle, daß die Griechen bei Produktion ihrer Kunstwerke nach denselben Gesetzen verfuhren, nach denen die Natur selbst verfährt und denen er auf der Spur ist. Und daß er in diesen Kunstwerken das findet, was er die «höhere Natur» in der Natur nannte. Er sagt sich diesen Geschöpfen menschlichen Geistes gegenüber: «Da ist die Notwendigkeit, da ist Gott.»

Naturdienst ist Goethes Gottesdienst. Er kann Gottes Spuren nirgends anders finden als da, wo Natur im Schaffen waltet. Er vermag daher auch über sein Verhältnis zum Christentum nicht anders zu sprechen, als indem er seine in der Naturanschauung aufgehende Denkweise scharf mitbetont. «Fragt man mich, ob es in meiner Natur sei, Christo anbetende Ehrfurcht zu erweisen, so sage ich: Durchaus! Ich beuge mich vor ihm, als der göttlichen Offenbarung des höchsten Prinzips der Sittlichkeit. Fragt man mich, ob es in meiner Natur sei, die Sonne zu verehren, so sage ich abermals: Durchaus! Denn sie ist gleichfalls eine Offenbarung des Höchsten, und zwar die mächtigste, die uns Erdenkindern wahrzunehmen vergönnt ist. Ich anbete in ihr das Licht und die zeugende Kraft Gottes, wodurch allein wir leben, weben und sind, und alle Pflanzen und Tiere mit uns. Fragt man mich aber, ob ich geneigt sei, mich vor einem Daumenknochen des Apostels Petri oder Pauli zu bücken, so sage ich: Verschont mich und bleibt mir mit euren Absurditäten vom Leibe.»

Über Goethes Stellung zum Christentum ist schon alles mögliche gesagt worden. Von der Behauptung des Kirchenhistorikers Nippold, der von ihm meint, er habe entschieden die «christliche Gottesidee» gewahrt, bis zu derjenigen des Jesuitenpaters Alexander Baumgartner, der von Goethes «frech antichristlichem Geist» spricht, ist ein weiter Weg. Es wird kaum eine Station auf diesem Wege geben, auf der sich nicht irgendein Betrachter von Goethes religiösen Anschauungen niedergelassen hat. Und Aussprüche Goethes, durch die sich die eine oder die andere Behauptung stützen läßt, werden den Herren immer zur Verfügung stehen. Aber man sollte, wenn man solche Aussprüche Goethes anzieht, immer das eine bedenken, was Goethe von sich gesagt hat. «Ich für mich kann, bei den mannigfaltigen Richtungen meines Wesens, nicht an einer Denkweise genug haben; als Dichter und Künstler bin ich Polytheist, Pantheist hingegen als Naturforscher, und eins so entschieden als das andre. Bedarf ich eines Gottes für meine Persönlichkeit, als sittlicher Mensch, so ist dafür auch schon gesorgt.» Kann man sich, da Goethe solches selbst gesagt hat, noch wundern, wenn uns von der einen Seite gesagt wird: Goethe sei Bekenner eines persönlichen Gottes? Ein Goethe-Interpret braucht nur den folgenden Ausspruch Goethes zu zitieren, und er hat Goethe den Gläubigen der Persönlichkeit Gottes konstruiert: «Nun gewann Blumenbach das Höchste und Letzte des Ausdrucks, er anthropomorphosierte das Wort des Rätsels und nannte das, wovon die Rede war, einen nisus formativus, einen Trieb, eine heftige Tätigkeit, wodurch die Bildung – der Lebewesen – bewirkt werden sollte ... Dieses Ungeheure personifiziert tritt uns als ein Gott entgegen, als Schöpfer und Erhalter, welchen anzubeten, zu verehren und zu preisen wir auf alle Weise aufgefordert sind.»

Gefielen mir Taschenspielerkunststücke des Geistes, so würde ich nacheinander die Beweise erbringen können, daß Goethe Polytheist, Theist, Atheist, Christ und – was weiß ich – noch alles gewesen ist. Doch mir scheint: es kommt nicht darauf an, Goethe nach einem einzelnen Ausspruche zu interpretieren, sondern nach dem ganzen *Geist seiner Weltanschauung.* Mit diesem Geiste hat er sein ganzes Gefühlsleben durchdrungen; in diesem Geiste ist er verfahren, als er die Gesetze der Natur zu erforschen trachtete und auf diesem Gebiete zu wichtigen Entdeckungen gekommen ist; aus diesem Geiste heraus hat er sein ganzes Verhalten gegenüber der Kunst eingerichtet. In der Kunst hat er eine «Manifestation geheimer Naturgesetze» gesehen; und die Natur war ihm die Offenbarung des einzigen Gottes, den er suchte. In diesem Sinne ist ein Wort aufzufassen, wie dieses: «‹Ich glaube einen Gott!› Dies ist ein schönes, löbliches Wort; aber Gott anerkennen, wo und wie er sich offenbare, das ist eigentlich die Seligkeit auf Erden» (Sprüche in Prosa). Und bedeutsam ist auch dies: «Das Wahre, mit dem Göttlichen identisch, läßt sich niemals von uns direkt erkennen, wir schauen es nur im Abglanz, im Beispiel, Symbol, in einzelnen und verwandten Erscheinungen; wir werden es gewahr als unbegreifliches Leben und können dem Wunsch nicht entsagen, es dennoch zu begreifen.» Aber Goethe gehörte nicht zu denen, die in dem Wahren, dem Göttlichen das Große, jenseitige Unbekannte sehen. Er nennt das Wesen der Dinge nicht deshalb unbegreiflich, weil die menschliche Erkenntnis nicht bis zu diesem Wesen hinanreicht, sondern weil es im Grunde absurd ist, von einem Wesen an sich zu sprechen. «Eigentlich unternehmen wir umsonst, das Wesen eines Dinges auszudrücken. Wirkungen werden wir gewahr, und eine vollständige Geschichte dieser Wirkungen umfaßte wohl allenfalls das Wesen jenes Dinges. Vergebens bemühen wir uns, den Charakter eines Menschen zu schildern; man stelle dagegen seine Handlungen, seine Taten zusammen, und ein Bild des Charakters wird uns entgegentreten.» Man spricht wohl ganz in Goethes Sinn, wenn man hinzufügt: Vergebens bemühen wir uns, das Wesen Gottes zu schildern; man stelle dagegen die Erscheinungen der Natur und ihre Gesetze zusammen, und ein Bild Gottes wird uns entgegentreten.

Von diesen Gesichtspunkten aus habe ich in meinem Buche «Goethes Weltanschauung» dessen Vorstellungsart geschildert. Ich habe die Ausgangspunkte, die eine solche Betrachtung zu nehmen hat, mit den Worten bezeichnet: «Will man Goethes Weltanschauung verstehen, so darf man sich nicht damit begnügen, hinzuhorchen, was er selbst in einzelnen Aussprüchen über sie sagt. In kristallklaren Sätzen den Kern seines Wesens auszusprechen, lag nicht in seiner Natur... Er ist immer ängstlich, wenn es sich darum handelt, zwischen zwei Ansichten zu entscheiden. Er will sich die Unbefangenheit nicht dadurch rauben, daß er seinen Gedanken eine scharfe Richtung gibt... Wenn man dennoch die Einheit seiner Anschauungen überschauen will, so muß man weniger auf seine Worte hören als auf seine Lebensführung sehen. Man muß sein Verhältnis zu den Dingen belauschen, wenn er ihrem Wesen nachforscht, und dabei das ergänzen, was er selbst nicht sagt. Man muß auf das Innerste seiner Persönlichkeit eingehen, das sich zum größten Teile hinter seinen Äußerungen verbirgt. Was er sagt, mag sich oft widersprechen; was er lebt, gehört immer einem widerspruchslosen Ganzen an.»

Wenn man sich in Goethes Persönlichkeit vertieft, dann kann man erst seine Aussprüche in dem rechten Sinne bewerten. Am notwendigsten wird solches, wenn von seinem Verhältnis zum Christentum die Rede ist. Da, wo ihm das Christentum mit allen seinen Schattenseiten entgegentritt, wie zum Beispiel in der Person Lavaters, da spricht er sich unverhohlen aus. Er schreibt an diesen (9. August 1782): «Du hältst das Evangelium, wie es steht, für die göttlichste Wahrheit; *mich* würde eine vernehmliche Stimme vom Himmel nicht überzeugen, daß das Wasser brennt und das Feuer löscht, daß ein Weib ohne Mann gebiert und daß ein Toter aufersteht; vielmehr halte ich dieses für Lästerungen gegen den großen Gott und seine Offenbarung in der Natur... In meinem Glauben ist es mir so heftig Ernst, wie dir in dem deinen.» Und wenn er sich für das Christentum ausspricht, dann deutet er dieses in seinem Sinne um. Nichts ist für diese seine Art umzudeuten bezeichnender als der Satz, in dem er den als Atheisten verschrienen Spinoza zum Christen macht. «Spinoza beweist nicht das Dasein Gottes, das Dasein ist Gott. Und wenn ihn andere deshalb *Atheum* schelten, so möchte ich ihn *theissimum,* ja *christianissimum* nennen und preisen.» Man darf dabei nur nicht vergessen, daß er sich selbst «wohl keinen Widerchristen oder Unchristen, aber einen *entschiedenen Nichtchristen*» nennt.

Und wenn er sich vor sich selbst in entschiedener Weise die volle Wahrheit vergegenwärtigen will, dann tut er es mit solchen Distichen, wie sie sich in dem Tagebuch von der schlesischen Reise (1790) finden, die es sind, welche dem Jesuitenpater Baumgartner solches Entsetzen vor dem «frechen antichristlichen Geist» einjagten:

«Zum Erdulden ist's gut, ein Christ zu sein, nicht zu wanken:
Und so machte sich auch diese Lehre zuerst.»

«Was vom Christentum gilt, gilt von den Stoikern, freien
Menschen geziemet es nicht, Christ oder Stoiker sein.»

Eine scharfe Illustration erhalten diese Verse, wenn man sie zusammenstellt mit den religiösen Empfindungen, die Goethe in sich selbst fand:

«Was kann der Mensch im Leben mehr gewinnen,
Als daß sich Gott-Natur ihm offenbare,»

oder:

«Im Innern ist ein Universum auch,
Daher der Völker löblicher Gebrauch,
Daß jeglicher das Beste, was er kennt,
Er Gott, ja seinen Gott benennt,
Ihm Himmel und Erden übergibt,
Ihn fürchtet und womöglich liebt.»

Daß der große Dichter, dem nun auch die Hauptstadt Österreichs ein Denkmal gesetzt hat, zu den Naturwissenschaften ein Verhältnis hatte, welches für den Naturforscher von tiefgehendem Interesse ist, beweist die reiche Literatur, die über dieses Verhältnis existiert. Eine Reihe der bedeutendsten Naturforscher hat sich bemüht, Goethes Bedeutung für ihre Wissenschaft zu schildern. Man braucht nur an die einschlägigen Schriften Virchows («Goethe als Naturforscher und in besonderer Beziehung auf Schiller», 1861), Helmholtz' («Über Goethes naturwissenschaftliche Arbeiten» und «Goethes Vorahnungen kommender naturwissenschaftlicher Ideen», 1892), Haeckels («Goethe, Lamarck und Darwin», 1882), Cohns («Goethe als Botaniker», 1881) zu erinnern, um die Vorstellung davon lebendig zu machen, welch hoher Wert den naturwissenschaftlichen Arbeiten des Dichters von seiten berufener Fachmänner beigemessen wird. Der Verfasser dieses Aufsatzes hat selbst durch eine Reihe von Arbeiten («Einleitungen zu Goethes naturwissenschaftlichen Schriften» in der Kürschnerschen Goethe-Ausgabe, 1883 bis 1897, und «Goethes Weltanschauung», 1897) die Bedeutung der naturwissenschaftlichen Ideen Goethes und ihre Stellung innerhalb der wissenschaftlichen Entwickelung des neunzehnten Jahrhunderts darzulegen versucht. Wie man auch im übrigen über diese Bedeutung denken mag: eines scheint nach den genannten Arbeiten außer Zweifel zu sein, daß Goethe mit Recht in einem Rückblicke auf seine naturwissenschaftlichen Bemühungen sagen durfte: «Nicht also durch eine außerordentliche Gabe des Geistes, nicht durch eine *momentane Inspiration,* noch unvermutet und auf einmal, sondern durch ein *folgerechtes Bemühen* bin ich endlich zu einem so erfreulichen Resultate gelangt.» Nicht bloß Lichtblitze einer genialen Persönlichkeit, sondern die Ergebnisse streng methodischer Arbeit haben wir in Goethes naturwissenschaftlichen Ideen vor uns. Und wenn wir Goethes Bemühungen geschichtlich verfolgen, so springt vor allem in die Augen, wie nahe er in bezug auf die Art seines Arbeitens dem Geiste der modernen naturwissenschaftlichen

Methoden steht. Besonders deutlich haben dies die aus Goethes hinterlassenen Papieren herausgegebenen Aufzeichnungen gezeigt (Zweite Abteilung der großen Weimarer Goethe-Ausgabe, Band 6, 7, 9, 10, 11 und 12, herausgegeben von Steiner, Band 8, herausgegeben von Professor v. Bardeleben). Um nur auf eines hinzuweisen, seien die in diesen Papieren enthaltenen Aufzeichnungen Goethes über die Verwandtschaft der Schädelknochen mit den Wirbelknochen erwähnt. Man weiß, daß der Naturphilosoph Lorenz Oken zuerst öffentlich auf diese Verwandtschaft aufmerksam gemacht hat; und wer Goethes naturwissenschaftliche Schriften gelesen hat, dem ist auch bekannt, daß dieser vor Oken mit der entwickelungsgeschichtlich so bedeutsamen Tatsache vertraut war. Ein sicheres Fundament hat dieselbe jedoch erst durch die im Jahre 1872 veröffentlichten Untersuchungen Carl Gegenbaurs «Über das Kopfskelett der Selachier» erhalten. Die genannten Aufzeichnungen beweisen nun, daß Goethe nicht plötzlich, durch einen genialen Einfall, wie der Naturforscher Oken, sondern durch eine fortgesetzte methodische Arbeit zu seiner Theorie gelangt ist, und zwar durch eine solche, welche sich schon ganz in der Richtung bewegte, die später Gegenbaur zu seinen wichtigen Resultaten führte (vgl. darüber den Aufsatz Professor Karl v. Bardelebens «Goethe als Anatom» im XIII. Bande des Goethe-Jahrbuches, 1892). Der Dichter Goethe verfuhr viel methodischer als der Naturforscher Oken.

Es ist nun bei Goethe in vielen Fällen zu beobachten, daß eine scheinbar nebensächliche Bemerkung in seinen Schriften im eminentesten Sinne aufklärend wirkt für die ganze Art seines Arbeitens. Eine solche Bemerkung findet sich in dem «Anhang», den er 1817 dem Wiederabdruck seiner Schrift über die «Metamorphose der Pflanzen» hinzugefügt hat. Er betrachtet da gewisse pathologische Erscheinungen im Pflanzenreiche und spricht sich über dieselben in folgender Weise aus: «Die Natur bildet normal, wenn sie unzähligen Einzelheiten die Regel gibt, sie bestimmt und bedingt; abnorm aber sind die Erscheinungen, wenn die Einzelheiten obsiegen und auf eine willkürliche, ja zufällig scheinende Weise sich hervortun. Weil aber beides nah zusammen verwandt und sowohl das Geregelte als Regellose von *einem* Geiste belebt ist, so entsteht ein Schwanken zwischen Normalem und Abnormem, weil immer Bildung und Umbildung wechselt, so daß das Abnorme normal und das Normale abnorm zu werden scheint. Die Gestalt eines Pflanzenteiles kann aufgehoben oder ausgelöscht sein, ohne daß wir es Mißbildung nennen möchten ... Im Pflanzenreiche nennt man zwar das Normale in seiner Vollständigkeit mit Recht ein Gesundes, ein physiologisch Reines; aber das Abnorme ist nicht gleich als krank oder pathologisch zu betrachten.» Eine solche Bemerkung zeigt, wie Goethe über das Pathologische dachte. Er wußte, welchen Wert die Betrachtung des Krankhaften für den hat, der sich eine Ansicht über die Gesetze des Gesunden bilden will.

Man geht gewiß nicht fehl, wenn man einen solchen Gedanken Goethes in Verbindung bringt mit den Beziehungen, in denen der Dichter zur Medizin stand. Denn durch diese Beziehungen wurden seine naturwissenschaftlichen Vorstellungen in weitgehendem Maße beeinflußt. Man braucht nur seine eigenen Mitteilungen in «Dichtung und Wahrheit» zu verfolgen, um einen Einblick zu gewinnen in die bedeutsamen Anregungen, die Goethe der Medizin verdankt. Mehr als zu den Vertretern anderer Fächer fühlte er sich an den beiden Hochschulen, die er besuchte, zu denen der medizinischen Wissenschaften hingezogen. (Eine interessante Klarlegung des Verhältnisses Goethes zur Medizin hat vor kurzem Dr. P. H. Gerber, Privatdozent an der Universität in Königsberg, gegeben in seiner Schrift «Goethes Beziehungen zur Medizin», Berlin 1900.) Über seinen Aufenthalt an der Universität in Leipzig erzählt der Dichter: «In der vielfachen Zerstreuung, ja Zerstückelung meines Wesens und meiner Studien traf sich's, daß ich bei Hofrat Ludwig den Mittagstisch hatte. Er war Medicus, Botaniker, und die Gesellschaft bestand außer Morus in lauter angehenden oder der Vollendung näheren Ärzten. Ich hörte nun in diesen Stunden gar kein ander Gespräch als von Medizin oder Naturhistorie, und meine Einbildungskraft wurde in ein ganz ander Feld hinübergezogen ... Die Gegenstände waren unterhaltend und bedeutend und spannten meine Aufmerksamkeit.» Und später auf der Universität Straßburg verlebte Goethe eine anregende Zeit im Kreise von Medizinern. Er berichtet darüber: «Die meisten meiner Tischgenossen waren Mediziner. Diese sind, wie bekannt, die einzigen Studierenden, die sich von ihrer Wissenschaft, ihrem Metier auch außer den Lehrstunden mit Lebhaftigkeit unterhalten. Es liegt dieses in der Natur der Sache. Die Gegenstände ihrer Bemühungen sind die sinnlichsten und zugleich die höchsten, die einfachsten und die kompliziertesten. Die Medizin beschäftigt den ganzen Menschen, weil sie sich mit dem ganzen Menschen beschäftigt. Alles, was der Jüngling lernt, deutet sogleich auf eine wichtige, zwar gefährliche, aber doch in manchem Sinne belohnende Praxis. Er wirft sich daher mit Leidenschaft auf das, was zu erkennen und zu tun ist, teils weil es ihn an sich interessiert, teils weil es ihm die frohe Aussicht von Selbständigkeit und Wohlhaben eröffnet.» Aber Goethe beschränkte sich in Straßburg nicht auf derlei äußere Anregungen, sondern er trieb selbst fleißig medizinische und naturwissenschaftliche Studien. Er hörte die Vorlesungen über Chemie bei Spielmann und über Anatomie bei einem der bedeutendsten Anatomen der damaligen Zeit, bei Lobstein. Besondere Umstände veranlaßten ihn, noch weiteren Anteil an gewissen Zweigen der ärztlichen Kunst zu nehmen. Herder war nach Straßburg gekommen, um sich einer Augenoperation zu unterziehen. Goethe, der einen innigen Freundschaftsbund mit diesem hervorragenden Geist schloß, war bei der Operation anwesend und erzeigte sich dem Freunde auf «mancherlei Weise dienstlich und behilflich». Wie intensiv Goethes Interesse an diesen Dingen damals war, das erfahren wir ebenfalls aus «Dichtung und Wahrheit». Er schildert eine Augenoperation, die dem ihm befreundeten Jung-Stilling mißglückt ist, und läßt dabei die Worte einfließen: «Gewöhnlich, und ich hatte selbst in Straßburg mehrmals zugesehen, schien nichts leichter in der Welt zu sein, wie es denn auch Stilling hundertmal gelungen war. Nach vollbrachtem schmerzlosem Schnitt durch die unempfindliche Hornhaut sprang bei dem gelindesten Druck die trübe Linse von selbst heraus, der Patient erblickte sogleich die Gegenstände und mußte sich nur mit verbundenen Augen gedulden, bis eine vollbrachte Kur ihm erlaubte, sich des köstlichen Organs nach Willen und Bequemlichkeit zu bedienen.» Das Interesse, das Goethe in Straßburg an den medizinischen Studien nahm, entsprach einem tiefgehenden Bedürfnisse seines Wesens. Es hätte gar keiner äußeren Umstände bedurft, um in ihm ein solches Interesse zu erwecken. Denn er kam in gewissem Sinne wohlvorbereitet nach dieser Richtung hin an die Universität. Auch die Zeit zwischen seinen Leipziger und Straßburger Studien ist ausgefüllt mit der Lektüre medizinischer Schriften. Er hatte sich mit dem Compendium des Boerhave und mit dessen Aphorismen beschäftigt, welche die Grundlage des medizinischen Unterrichts in der damaligen Zeit bildeten.

Als Goethe dann 1775 von dem Herzog Karl August nach Weimar gerufen ward, trat er alsbald zur benachbarten Universität Jena in Beziehungen. Und wieder waren es die Mediziner, bei denen er sich seine bedeutsamsten Anregungen holte. Er beschäftigte sich unter Anleitung des Hofrates Loder eingehend mit Anatomie. Ein hinterlassenes Manuskript (jetzt veröffentlicht im VIII. Bande der Weimarischen Goethe-Ausgabe) zeigt, wie er diese Wissenschaft ganz im Sinne einer rationellen *vergleichenden* Methode getrieben hat. Eine Frucht dieser seiner Studien ist seine wichtige Entdeckung, daß der Mensch ebenso wie die anderen Wirbeltiere einen Zwischenkieferknochen in der oberen Kinnlade habe. Er bereicherte durch diese Jenenser Studien seine anatomischen Kenntnisse so weit, daß er selbst in der Lage war, den Schülern der Weimarer Zeichenakademie anatomischen Unterricht zu geben. Für die Gründlichkeit dieser Studien Goethes liefert auch die Tatsache einen Beweis, daß er im Winter 1781 bei Hofrat Loder die damals von der «medizinischen Jugend gerade vernachlässigte» Bänderlehre besonders eifrig betrieb.

Es war Goethes Bedürfnis nach einer der ganzen Anlage seines Geistes entsprechenden umfassenden Naturanschauung, das ihn zu einer energischen Beschäftigung mit der empirischen Naturwissenschaft, die er ja am besten in den Kreisen der medizinischen Fachmänner vorfand, trieb. Aber diese Beschäftigung hat auch bewirkt, daß der Dichter ein tiefes Verständnis für die medizinische Wissenschaft in sich ausbildete. Welcher Art dieses Verständnis war, zeigt wohl klar genug eine Schilderung, die er in «Dichtung und Wahrheit» von der medizinischen Bewegung der siebziger Jahre des vorigen Jahrhunderts gibt. «Es war nämlich vorzüglichen, denkenden und fühlenden Geistern ein Licht aufgegangen, daß die unmittelbare originelle Ansicht der Natur und ein darauf gegründetes Handeln das beste sei, was der Mensch sich wünschen könne, und nicht einmal schwer zu erlangen. Erfahrung war also abermals das allgemeine Losungswort, und jedermann tat die Augen auf, so gut er konnte; eigentlich aber waren es die Ärzte, die am meisten Ursache hatten, darauf zu dringen, und Gelegenheit, sich danach umzutun... Weil nun wirklich einige außerordentliche Menschen, wie Boerhave und Haller, das Unglaubliche geleistet, so schien man sich berechtigt, von ihren Schülern und Nachkommen noch mehr zu fordern. Man behauptete, die Bahn sei gebrochen, da doch in allen irdischen Dingen selten von Bahn die Rede sein kann; denn wie das Wasser, das durch ein Schiff verdrängt wird, gleich hinter ihm wieder zusammenstürzt, so schließt sich auch der Irrtum, wenn vorzügliche Geister ihn beiseite gedrängt und sich Platz gemacht haben, hinter ihnen sehr geschwind wieder naturgemäß zusammen.»

In einer wichtigen, den medizinischen Unterricht betreffenden Angelegenheit kam Goethe sogar zu einem fruchtbaren praktischen Vorschlag. Er trug denselben zuerst als «Halbfiktion» im 3. Kapitel von «Wilhelm Meisters Wanderjahre» vor. Die Schwierigkeit, die notwendigen Gegenstände für den anatomischen Unterricht zu beschaffen, führte ihn auf den Gedanken, statt wirklicher organischer Körper plastische Nachbildungen zu pädagogischen Zwecken zu verwenden. Später wandte er sich mit einem entsprechenden Vorschlage an Geheimrat Beuth in Berlin. Aus dem Schreiben an diesen ist ein Teil in Goethes Werken unter dem Titel «Plastische Anatomie» abgedruckt. Er spricht hier davon, daß in Florenz seit langen Jahren diese «plastische Anatomie» ausgeübt wird, und fügt die Bemerkung hinzu: «Sollte man aber bei Forderung eines solchen Lokales nicht unmittelbar an Berlin denken, wo alles – Wissenschaft, Kunst, Geschmack und

Technik – beisammen ist und daher ein höchst wichtiges, freilich kompliziertes Unternehmen sogleich durch Wort und Willen ausgeführt werden könnte?» Goethe hat nach dieser Richtung hin ganz konkrete Vorschläge: «Man sende einen Anatomen, einen Plastiker, einen Gipsgießer nach Florenz, um sich dort in gedachter besondern Kunst zu unterrichten. Der Anatom lernt die Präparate zu diesem eigenen Zwecke auszuarbeiten. Der Bildhauer steigt von der Oberfläche des menschlichen Körpers immer tiefer ins Innere und verleiht den höheren Stil seiner Kunst Gegenständen, um sie bedeutend zu machen, die ohne eine solche Idealnachhilfe abstoßend und unerfreulich wären. Der Gießer, schon gewohnt, seine Fertigkeit verwickelteren Fällen anzupassen, wird wenig Schwierigkeit finden, sich seines Auftrages zu entledigen; es ist ihm nicht fremd, mit Wachs von mancherlei Farben und allerlei Maßen umzugehen, und er wird alsbald das Wünschenswerte leisten.» Daß eine solche Anregung zu einem pädagogischen Hilfsmittel, das später so vielfache Anwendung fand, von Goethe ausging, beweist, wie gründlich er sich mit den Anforderungen des medizinischen Unterrichtes auseinandergesetzt hat.

Wenn man die innigen Beziehungen Goethes zur Medizin überschaut, so kommt man nicht mit Unrecht zu der Behauptung: es kann nicht nebensächlich sein, daß auch in seiner Lebensdichtung, im «Faust», dieses Geistesgebiet eine wichtige Rolle spielt. Fausts Persönlichkeit erinnert an Paracelsus und andere medizinische Gelehrte des fünfzehnten und sechzehnten Jahrhunderts. Goethe hat von seinem eigenen Wesen viel in diese Gestalt hineingelegt. Und wenn wir die Reflexionen Fausts über seine Kunst als Arzt lesen, so dürfen wir daran denken, daß ähnliche Gedanken in Goethes Seele selbst oft aufgestiegen seien. Die Fragen über die Bedeutung der Medizin für das Leben haben Goethe gewiß oft beschäftigt, da er durch häufiges Kranksein auch von einer nicht bloß theoretischen Seite her Bekanntschaft mit der Heilkunst gemacht hat. Liegt es doch ganz im Geiste seiner Weltanschauung, das Körperliche in voller Einheit mit dem Geistigen zu denken. Er, dem alles Menschliche so innig vertraut war, mußte ja immer wieder zu der Wissenschaft zurückgeführt werden, von der er in Straßburg die Überzeugung gewonnen hatte, daß sie den ganzen Menschen beschäftigt, weil sie es mit dem ganzen Menschen zu tun hat. Es gibt aber auch einen Zweig der medizinischen Wissenschaft, dem Goethe durch sein künstlerisches Schaffen ganz besonders nahestand: die Psychiatrie. Wenn wir auch nicht behaupten können, daß Goethe sich mit diesem Gebiete theoretisch in gleicher Weise auseinandergesetzt hat wie mit den rein physischen Erscheinungen am lebendigen Organismus, so ist doch im höchsten Maße interessant, einen welch sicheren Blick er für psychische Abnormitäten hat. Sein Werther, Orest, der Harfenspieler im «Wilhelm Meister», seine Lila, Mignon und endlich Gretchen sind Musterleistungen in bezug auf Schilderung pathologischer Psychen. In feinsinniger Weise hat Gerber («Goethes Beziehungen zur Medizin») darauf aufmerksam gemacht, daß Goethe den Charakter Mignons so zeichnet, wie er infolge der Abstammung dieses Mädchens von Geschwistern sein muß.

Zahlreiche Wege führten Goethe zur Heilkunde hin. Er, der den Ausspruch getan hat, daß die wahre Kunst ein Ausdruck der höchsten Naturgesetze sein muß, daß die Dichtung auf den Grundlagen der *Erkenntnis* ruht, hat durch seine Beziehungen zur Medizin bewiesen, daß er diesem Geistesgebiete den rechten Platz in der Gesamtheit des menschlichen Geistes anzuweisen wußte.

ÜBER DAS VERHÄLTNIS THOMAS SEEBECKS ZU GOETHES FARBENLEHRE

Aus dem soeben erschienenen Buche: «Erinnerungen an Moritz Seebeck» von Kuno Fischer (Heidelberg 1886) möchten wir einige Punkte anführen, die ein klares Licht auf das Verhalten werfen, das der ausgezeichnete Physiker Thomas Seebeck (der Vater Moritz') der Farbenlehre Goethes gegenüber beobachtete. Nur ein paar Worte mögen vorausgehen. Seebeck, dem wir die epochemachende Entdeckung der entoptischen Farben verdanken, wurde von Goethe als ein begeisterter Anhänger seiner Farbenlehre angesehen. Die beiden verkehrten besonders 1802 bis 1810 viel in Jena, wo sie gemeinschaftlich Versuche auf dem Gebiete dieser Wissenschaft anstellten. Im Jahre 1818 wurde Seebeck zum Mitgliede der Berliner Akademie berufen. Dem scheinen nicht geringe Hindernisse im Wege gestanden zu sein. So berichtet Zelter nach Seebecks Tode an Goethe: «wie der Minister Arbeit gehabt, den bedeutenden Mann in die Akademie zu schaffen, der doch der berufenen Farbenlehre ergeben gewesen, sich aber nachher im Amte selber, wo nicht als Abgefallener, doch gemäßigt erwiesen habe, weil er sich in der Mathematik nicht stark gefunden» (siehe Fischer, S. 11). Als Abgefallenen betrachtete ihn denn auch Goethe nach der Berufung. Er hatte ihm Unrecht getan. Seebeck war bis zu seinem Tode treu geblieben, wie eben Fischer in seinem Buche nachweist. Seite 19 sagt derselbe: «Was Seebecks Verhalten zur Farbenlehre betrifft, so hat Goethe dasselbe nicht richtig beurteilt. Auch als Akademiker hat Seebeck seine Ansicht weder geändert noch verheimlicht. Wir hören darüber das vollwichtige Zeugnis der akademischen Gedächtnisrede: «Gemeinsames Interesse an den Farbenerscheinungen veranlaßte, daß er und Goethe öfters Versuche zusammen anstellten, wobei zwar im einzelnen manche Abweichungen zur Sprache kamen, in den Hauptbeziehungen jedoch Übereinstimmung der Ansichten von dem Wesen der Farbe stattfand... In der Farbenlehre stand er auf Goethes Seite und behauptete, wie dieser, die Einfachheit des weißen Lichts.» Seite 13 ff. zitiert Fischer den Brief, den Moritz Seebeck bei dem Tode seines

Vaters (20. Dezember 1831) an Goethe richtete. Darin heißt es: «Ew. Exzellenz Schriften jedes Inhalts kamen nicht von seinem (Seebecks) Tische, sie waren seine liebste Lektüre; oft sprach er es aus: ‹Unter allen lebenden Naturforschern ist Goethe der größte, der einzige, der weiß, worauf es ankommt›.» Wir möchten gerade in dem Verhältnis Seebecks zu Goethes Farbenlehre den Beweis erblicken, daß von einem Verlassen der tiefen Auffassung Goethes bei dem gar nicht mehr die Rede sein kann, der wirklich so in sie eingedrungen ist, daß er den Punkt gefunden hat, auf den alles ankommt.

HUNDERT JAHRE ZURÜCK

Zur Farbenlehre

Außer dem zweiten Teile des «Faust» ist über kein Werk Goethes so geringschätzend geurteilt worden wie über seine Farbenlehre. Seine poetischen Schöpfungen werden immer mehr zur Grundlage unserer ganzen Bildung und seine gewaltige Naturauffassung mit ihren wunderbaren Konsequenzen im Reiche des Organischen erfreut sich immer mehr der Anerkennung derer, die Tiefblick genug besitzen, einzusehen, daß gerade sie das geistige Band bildet für die Unzahl der heute auf naturwissenschaftlichem Boden bekannten Tatsachen. Nur die Farbenlehre gilt als der mißlungene Versuch eines Mannes, dessen ganzer Geistesrichtung die Denkweise fremd war, die in der Physik maßgebend ist. Dieser schroffen Ablehnung steht die vollwichtige Tatsache gegenüber, daß gerade die Farbenlehre die reifste Frucht von Goethes Forschen ist, daß also gerade in ihr seine Naturauffassung sich bewähren mußte. Das genügt allein schon, die Akten hierüber noch einmal zu prüfen. Vielleicht ist die Fragestellung bisher nicht die rechte gewesen. Wir wollen uns bemühen, dieselbe wenigstens in einem Punkte zu berichtigen: was Goethes Verhältnis zur Mathematik betrifft. Gerade der Umstand, daß er kein Mathematiker gewesen, steht ja einer unbefangenen Beurteilung seiner Farbenlehre störend im Wege. Wer aber das von Goethe über Mathematik Gesagte eingehend erwägt, wird sehen, wie der Dichter bemüht war, die Grenze zu finden, wo in der Naturwissenschaft Mathematik am Platze ist, wo nicht. Damit wollte er zugleich das Reich seines Forschens begrenzen. Mit Rücksicht darauf ergeben sich in bezug auf diesen Punkt folgende Hauptfragen: 1. Hat Goethe diese Grenze richtig bestimmt? 2. Hat er sie gebührend berücksichtigt? und 3. Hätte er bei genauer Bekanntschaft mit der Mathematik seiner Farbenlehre eine andere Gestalt geben können, ohne zugleich seiner ganzen Naturauffassung untreu zu werden? Diese Fragen müssen künftig die Grundlage bilden, wenn es sich um die Beurteilung von Goethes Farbenlehre handelt. Mindestens, so scheint es uns, sollte man über Goethes Farbenlehre nicht weiter den Stab brechen, ohne früher diese Fragen zu erledigen.

ERNST MELZER · GOETHES PHILOSOPHISCHE ENTWICKLUNG

Ein Beitrag zur Geschichte der Philosophie unserer Dichterheroen
Neiße 1884

Daß am Ende des vorigen und am Anfange dieses Jahrhunderts in Deutschland Philosophie und Dichtung gleichzeitig einen gewaltigen Aufschwung erlebten, ist kein zufälliges Zusammentreffen. Es fand eine Vertiefung des ganzen Wesens der Nation statt, und es war eine und dieselbe Botschaft, die von Philosophen sowohl als von Dichtern verkündet wurde. Die deutsche Philosophie und die deutsche Dichtung der klassischen Periode fließen aus einer Geistesrichtung. Daraus erklärt es sich, warum unsere größten Dichter: Lessing, Herder, Schiller, Goethe, auch den Drang fühlten, sich mit den tiefsten Fragen der Wissenschaft auseinanderzusetzen. Sie sind nicht bloß vollendete Künstler, sie sind vollendete Menschen im höchsten Sinne des Wortes. Daß neben den der Betrachtung der Kunstschöpfungen unserer Klassiker gewidmeten Schriften auch die ihren philosophischen Gedankenkreisen zugewendeten stets zunehmen, ist hieraus erklärlich. Das obengenannte Buch behandelt die philosophische Entwickelung Goethes.

Der Geist, in dessen Schaffen die verschiedenen Ausgestaltungen des deutschen Volksgeistes sich zu der schönsten Harmonie vereinigt haben, ist Goethe. Künstlerische Gestaltungskraft und wissenschaftlicher Einblick in die Triebkräfte der Natur und des Menschengeistes sind die Elemente, die in das Wesen dieses Geistes eingeflossen, jedoch so, daß sie ihr Sonderdasein aufgegeben haben und zu einem einheitlichen Ganzen, zu einer unsere Weltanschauung zugleich erweiternden und vertiefenden Individualität wurden. Nur so betrachtet wird die Rolle klar, die die Philosophie in dem Organismus des Goetheschen Geistes spielt. Eine Schrift über Goethes philosophische Entwickelung müßte zeigen, inwiefern die Philosophie erstens eine bei seinem künstlerischen Schaffen mittätige Kraft und zweitens eine seine wissenschaftlichen Versuche stützende Grundlage ist. Aus den aphoristischen Äußerungen über seine Weltanschauung allein können wir kein Bild derselben gewinnen, wenn sie auch vielfach klärend und ergänzend für dasselbe sind. Wenden wir das Gesagte auf Melzers Buch an, so müssen wir gestehen, daß der Verfasser die springenden Punkte der Sache nicht erkannt hat. Wir möchten dabei manches Gute seines Buches nicht übersehen. Es gehört dazu vor allem die Grundtendenz desselben, Goethe nicht aus einzelnen Äußerungen, sondern aus dem Gange seiner Entwickelung zu erkennen (S. 3). Wenn aber der Verfasser trotz dieser Tendenz (S. 36) zum Beispiel findet, daß Goethes philosophisch-religiöse Ansicht am Ende seiner Jugendperiode eine Art Mittelding zwischen Rationalismus und Orthodoxie sei, so zeigt das, wie wenig er sieht, worauf es eigentlich ankommt. Schlagworte, wie Naturalismus, Rationalismus, Pantheismus, führen uns in Goethes Geist einmal nicht hinein; sie verlegen uns nur den Zugang in die Tiefe seines Wesens. Deshalb geht für Melzer auch das Vollbestimmte, Individuelle der Goetheschen Weltanschauung verloren. So sieht er die Quintessenz des Aufsatzes «Die Natur» (S. 24) in dem Satze: «sie (die Natur) ist alles» und definiert demzufolge Goethes Ansicht als Naturalismus. Während aber der Naturalismus die Natur nur in ihren fertigen Produkten sieht, als tote, abgeschlossene, und in dieser Gestalt den Geist mit ihr identifiziert, geht Goethe auf sie als Produzentin, als schöpferische, zurück und dringt so über die Zufälligkeit zur Notwendigkeit vor. Er erreicht damit jene Quelle, aus der Geist und Natur zugleich fließen und kann von dieser wirklich sagen: «sie ist alles.» Goethe hatte der Welt etwas zu verkünden, was sich mit keinem überlieferten Gedankengebäude umspannen, noch weniger mit den hergebrachten philosophischen Kunstausdrücken aussprechen läßt. Es lag in ihm eine Welt von ursprünglichen Ideen, und wenn von dem Einfluß älterer oder neuerer Philosophen auf ihn gesprochen wird, so kann das nicht in dem Sinne geschehen – wie es Melzer tut –, als ob er auf Grund von deren Lehren seine Ansichten gebildet habe. Er suchte Formeln, eine wissenschaftliche Sprache, um den in ihm liegenden geistigen Reichtum auszusprechen. Diese fand er bei den Philosophen, vornehmlich bei Spinoza. Den Fehler, Goethes Ideenwelt als das Resultat verschiedener von ihm aufgenommener Lehren darstellen zu wollen, teilt Melzer mit vielen, die sich mit der dem Goetheschen Schaffen zugrunde liegenden Philosophie beschäftigt haben. Es wird dabei übersehen, daß, wer Goethes philosophische Entwickelung darstellen will, vor allem aus dessen Wirken den Glauben an die Ursprünglichkeit seiner Sendung *und* die Genialität seines Wesens gewonnen haben muß.

WEIMARER GOETHE-AUSGABE

BERICHT DER REDAKTOREN UND HERAUSGEBER

Zweite Abteilung, Band 6 und 7

Der sechste und siebente Band der zweiten Abteilung (naturwissenschaftliche Schriften) enthält Goethes morphologische Arbeiten, insofern sie sich auf Botanik beziehen. Was aus den Heften «Zur Morphologie» (1817–1824) in die «Nachgelassenen Werke» übergegangen ist, wurde hier vereinigt mit den noch ungedruckten Abhandlungen und Skizzen zu diesem Gegenstande, an denen das Archiv besonders reich ist. Dadurch ist Goethes «Theorie der Pflanze» in ihrer vollen Ausdehnung und in sich geschlossenen Gestalt in diesen beiden Bänden enthalten. Die in den «Nachgelassenen Werken» veröffentlichten Aufsätze ließen manche Frage offen über die Prinzipien, auf denen diese Theorie beruht, und über die Konsequenzen, die Goethe daraus gezogen hat. Der kundige Leser mußte durch eingefügte Hypothesen die Sache erst abrunden. Manche der hiermit angedeuteten Lücken erscheinen durch die Veröffentlichung des handschriftlichen Nachlasses nunmehr ausgefüllt.

Als Grundstock des sechsten Bandes wurde angesehen, was in dem 1831 erschienenen «Versuch über die Metamorphose der Pflanzen. Übersetzt von Friedrich Soret, nebst geschichtlichen Nachträgen» enthalten ist. Das Archiv enthält für den größten Teil dieser Partie die handschriftlichen Unterlagen. Daran schließt sich das Zugehörige aus dem ungedruckten Nachlaß in solcher Anordnung, daß Goethes Ideen in jener systematischen Folge erscheinen, die durch ihren Inhalt gefordert ist, und zwar: 1. Zur Morphologie der Pflanzen im allgemeinen, die Prinzipien enthaltend (S. 279–322); 2. Spezielle Fragen und Beispiele aus der Metamorphosenlehre (S. 323–344); 3. Naturphilosophische Grundlagen und Konsequenzen der ganzen Lehre (S. 345–361); 4. Auf Grenzgebiete zwischen Morphologie und Ästhetik Bezügliches (S. 362–363). Diese Aufsätze enthalten die Grundprinzipien der

Goetheschen Anschauungen über Organik, seine Gedanken über das Wesen und die Verwandtschaft der Lebewesen und über die notwendigen Anforderungen an eine wissenschaftliche Systematik derselben. Paralipomena I (S. 401–446) umfassen Vorarbeiten über die Metamorphose der Insekten; Paralipomena II (S. 446–451) eine Definition der Morphologie in jenem großen Stile, wie sich Goethe diese Wissenschaft dachte, und Anmerkungen zu den einzelnen Sätzen der Metamorphosenlehre, endlich Skizzen über die Metamorphose der Würmer und Insekten. Alles unter «Paralipomena» Untergebrachte ist bisher ungedruckt.

Der siebente Band bringt alle botanischen Arbeiten Goethes aus der Zeit vor der Entdeckung der Metamorphose, in denen sich erst das Ringen mit dieser Idee kundgibt, dann die Aufsätze, welche die Auseinandersetzung mit gleichzeitigen oder geschichtlichen Erscheinungen vom Standpunkte der Metamorphosenlehre enthalten. In die erste Reihe gehören die «Vorarbeiten zur Morphologie» (bisher ungedruckt), in die zweite die Aufsätze über die Spiraltendenz der Vegetation, über die Systematik der Pflanzen, Rezensionen botanischer Werke, die Arbeit über Joachim Jungius, die Aphorismen «Über den Weinbau» (ungedruckt), die Übersetzung des Kapitels «De la symétrie végétale» aus de Candolles «Organographie végétale» (ungedruckt), die Besprechung des in der französischen Akademie zwischen Geoffroy de Saint-Hilaire und Cuvier ausgebrochenen Streites und endlich der «Versuch einer allgemeinen Vergleichungslehre» (ungedruckt), welcher die letzte Konsequenz der Goetheschen Organik zieht und mit der teleologischen Naturanschauung Abrechnung hält. Für den gedruckten Teil waren wieder die im Archiv befindlichen Handschriften maßgebend. Die «Paralipomena» enthalten durchwegs Ungedrucktes, und zwar: Goethes Notizen über Botanik, wie er sie sich auf der italienischen Reise gemacht hat, seine Studien über die Infusorien und über die Wirkung des Lichtes und der Farben auf die Pflanzen, zuletzt Skizzen und Vorarbeiten und so weiter. Bei der Frage, was von dem handschriftlichen Nachlasse in den Text aufgenommen werden sollte, trat die Rücksicht auf die formelle Vollendung in den Hintergrund gegenüber der Notwendigkeit, daß im Wissenschaftlichen alles beigebracht werden muß, was dem Gedankengebäude Goethes angehört. Auch Fragmentarisches und Skizzenhaftes wurde aufgenommen, wenn es zur Anschauung Goethes Neues hinzubrachte oder anderwärts ausgesprochene Ideen in einem neuen Zusammenhange zeigte. Grundsatz war: alle vorhandenen Materialien so zusammenzustellen, daß der Leser ein vollständiges, lückenloses Bild von Goethes «System der Botanik» erhält.

Zweite Abteilung, Band 9

Der neunte Band der naturwissenschaftlichen Schriften enthält alle Arbeiten Goethes, die durch eine entsprechende Anordnung einen Umriß seiner geologischen Ideen geben. Untersuchungen über Einzelfragen und weitere Ausführungen zu seinen grundlegenden Vorstellungen wurden hier ausgeschieden und in den zehnten Band verwiesen. Band 9 und 10 sollen sich hinsichtlich der Geologie ebenso ergänzend zueinander verhalten wie Band 6 und 7 in bezug auf die Morphologie. Die Verteilung des Stoffes wurde in diesem Bande gemäß der Art vorgenommen, wie sich Goethes Gedanken naturgemäß zu einem systematischen Ganzen zusammenschließen. Die Betrachtungen über die empirischen Grundlagen bilden den Anfang, daran schließen sich theoretische Erwägungen über die Entstehung einzelner geologischer Gebilde, den Schluß bilden die umfassenden Ansichten über Erd- und Weltbildung. In die erste Abteilung gehören die Aufsätze: «Zur Kenntnis der böhmischen Gebirge und der in andern Gegenden»; in die zweite die Arbeiten über Entstehung und Bedeutung des Granits und anderer Gesteine; in die dritte Goethes Beiträge zu den großen Fragen des Vulkanismus und Neptunismus, seine Ausführungen über Atomismus und Dynamismus in der Geologie und seine schematischen und skizzenhaften Aufzeichnungen zur höheren Geologie und Kosmologie. In bezug auf die zweite Reihe ist im besonderen zu erwähnen, daß sich an die zuerst in der Hempelschen Ausgabe veröffentlichte Abhandlung über den Granit, die

Goethe 1784 verfaßte, eine bisher ungedruckte anschließt, welche die Gedanken jener ersten in wissenschaftlich strengerer Form ausspricht. Im dritten Kapitel wird die ebenfalls zuerst in Hempels Ausgabe gedruckte Disposition zu einer Abhandlung über den Bildungsprozeß der Erde und die dabei wirksamen Agentien ergänzt durch handschriftlich im Archiv vorhandene Arbeiten (Entwurf einer allgemeinen Geschichte der Natur, Schema zum geologischen Aufsatz, Gesteinslagerung), die als Vorarbeiten zu einer «allgemeinen Geschichte der Natur» aufzufassen sind. Auch für Goethes Verhältnis zu den Vulkanisten und Neptunisten ergab das Handschriftenmaterial des Archivs die wichtigen Skizzen: «Ursache der Vulkane wird angenommen» und «Vergleichs-Vorschläge, die Vulkanier und Neptunier über die Entstehung des Basalts zu vereinigen».

In den Paralipomenis sind enthalten: 1. Eine mit kritischen Bemerkungen Goethes versehene Inhaltsangabe des Noseschen Werkes: «Kritik der geologischen Theorie, besonders der von Breislak und jeder ähnlichen», die für die Auffassung von Goethes eigenen Ansichten von Bedeutung ist. 2. Ergänzende Skizzen zu den Aufsätzen über die Gebirge Böhmens und anderer Gegenden.

Die Notwendigkeit einer neuen Anordnung der Aufsätze dieses Bandes ergab sich aus dem Umstande, daß sie in Goethes Heften «Zur Naturwissenschaft» in der zufälligen Folge ihres Entstehens gedruckt sind. Diese Folge, die dann auch in den Nachgelassenen Schriften beibehalten wurde, entspricht aber keineswegs dem Inhalte.

Zweite Abteilung, Band 10

In ähnlicher Weise wie im sechsten und siebenten Bande mit den botanischen Arbeiten Goethes wurde im neunten und zehnten mit den geologischen verfahren. Alles zu einem systematischen Ganzen sich Zusammenschließende, Goethes geologische Anschauungen im allgemeinen Charakterisierende, wurde dem neunten Bande einverleibt; alles aus der systematischen Ideenentwickelung Herausfallende wurde in den zehnten Band aufgenommen. Dieser enthält daher die den Inhalt des neunten Bandes ergänzenden und erweiternden Aufsätze und Skizzen. Sie sind von dreierlei Art: 1. Entwickelungen von Goethes Gedanken über mineralogische und geologische Grundbegriffe, im Anschluß an entsprechende Naturobjekte (S. 1–71); 2. Ansichten über die Grundgesetze des Wirkens der unorganischen Naturkräfte, die anfangen mit den Bildungsgesetzen der Kristalle und endigen mit den Ursachen der Gebirgsgestaltung (S. 73–97); 3. Darstellungen über geologische Objekte und Phänomene in ihrer Abhängigkeit von bestimmten örtlichen Verhältnissen (S. 99–207). Der wichtigste Aufsatz des ersten Abschnittes ist der bisher ungedruckte über den Ausdruck «Porphyrartig» (S. 7–17). Goethe hat ihn am 12. März 1812, angeregt durch die Schrift von Raumers «Geognostische Fragmente», zu diktieren begonnen (vgl. Tagebuchnotiz). Er enthält die terminologische Auseinandersetzung über den für Goethes geologische Betrachtungsweise wichtigsten Begriff von einer ursprünglichen unterschiedlosen Einheit der einzelnen ein bestimmtes Gestein bildenden Mineralmassen, aus der im Laufe der Zeit die Bestandteile durch Differenzierung entstanden sind. Weitere Ausführungen dieses der materialistisch-atomistischen Anschauung von der Aggregation der ursprünglich als getrennt angenommenen Bestandteile eines Gesteins entgegengesetzten Gedankens enthalten die S. 18–45. Hier werden die Bedingungen dargelegt, unter denen sich die Scheidung der Bestandteile einer Gesteinsgrundmasse vollzieht, und die Störungen, die dieser Prozeß erleiden kann, geschildert. Als eine Art Darlegung des Verhältnisses der einzelnen Gesteine zueinander schließt sich der Aufsatz «King Coal» an (S. 46–50). Den Schluß des Abschnittes bilden die Bemerkungen Goethes über Begleiterscheinungen der Gletscher, Schichtung von Gebirgsmassen, Gangbildung, Zerreißen unorganischer Massen. Alles hier Beigebrachte, mit Ausnahme von S. 46–50, ist bisher ungedruckt.

Der zweite Abschnitt enthält Auseinandersetzungen über die Bildung unorganischer Formen der festen (S. 75–82) und der festflüssigen Materie (Gerinnen, S. 83–84). Dann folgt der Aufsatz über die «Bildung der Edelsteine» (S. 85–87), den Goethe auf eine Anfrage des Geologen Leonhard im März 1816 geschrieben hat. Die Gedanken, die er hier über die Entstehung einer besonderen Art von Naturkörpern ausspricht, leiten hinüber zu den Ausführungen über die bei der Gesteins- und Gebirgsbildung in Betracht kommenden Kräfte chemischer Art, denen das Kapitel «Chemische Kräfte bei der Gebirgsbildung» (S. 88–89) gewidmet ist. Die Aufsätze über «Eiszeit» (S. 90–97) enthalten die Daten, die Goethe zusammenzustellen in der Lage war, als induktive Basis für die in der Abhandlung «Geologische Probleme und Versuche ihrer Auflösung» rein deduktiv aus seiner Weltanschauung im allgemeinen entwickelten Ideen. Auch die Aufsätze dieses Abschnittes sind bisher ungedruckt.

Der letzte Hauptteil des Bandes beginnt mit Ausführungen über die geologischen Verhältnisse des Leitmeritzer Kreises, besonders über die Zinnformation (S. 101–126). Dieses Kapitel erscheint hier als geschlossene Einheit, weil es von Goethe selbst als solche aufgefaßt wurde. Er hat es zu einem Aktenfaszikel zusammenheften lassen und am 3. Januar 1814 mit einem einführenden Briefe (der Paralipomena S. 251 mitgeteilt ist) an Knebel zur Durchsicht gesandt. S. 129–182 enthält das dem Gebiet der rein topographischen Geologie Angehörige. Bloße Verzeichnisse von Mineralien- und Gesteinssammlungen wurden hier nicht aufgenommen, sondern nur dasjenige zusammengestellt, dem ein in Goethes geologischen Ansichten wurzelnder Gedanke als Prinzip der Aufzählung einzelner Objekte zugrunde liegt oder an das sich ein solcher als Folgerung knüpft. Die Aufzeichnungen über «Mineralogie von Thüringen und angrenzender Länder» (S. 135 ff.) sind einem Faszikel entnommen, das aus dem Anfange der achtziger Jahre stammt. Die Angaben über böhmische Mineralien (S. 142–150) sind im Jahre 1822 in Eger niedergeschrieben (Tag- und Jahreshefte 1822).

Anhangsweise wurde an den Schluß des Bandes gestellt, was sich in keinem der drei Abschnitte unterbringen ließ, wie die Gedanken über einen Brief und ein Buch des Geologen von Eschwege (S. 183–185), ein paläontologischer Aufsatz (S. 186–188) und die

Abhandlung über das am Tempel des Jupiter Serapis bei Puzzuoli zu betrachtende Naturphänomen, endlich eine Auseinandersetzung über geologische Methoden. Die letztere gehört an diese Stelle, weil sie darauf hindeutet, wie Goethe die deduktive und induktive Methode als Einseitigkeiten erkannt und gefordert hat, daß sie in einer höheren Naturansicht aufgehen. Der Aufsatz schließt auf diese Weise die Bände 9 und 10 zu einem Ganzen zusammen. Ungedruckt sind von diesem letzten Abschnitt die S. 99–150, 174–176, 185–188, 205–207. Die Paralipomena des Bandes enthalten geologische Vorarbeiten Goethes und Aufzeichnungen einzelner Gedanken, die sich in das Gefüge des Textes nicht einreihen ließen.

Zweite Abteilung, Band 11

Der elfte Band der naturwissenschaftlichen Schriften soll ein Bild liefern von Goethes naturphilosophischen Ideen und von seinen Vorstellungen über naturwissenschaftliche Methoden. Bei der Anordnung der Aufsätze und Skizzen waren zwei Gesichtspunkte maßgebend: erstens den inhaltlichen Zusammenhang der Ideen selbst, zweitens die methodische Behandlung anschaulich zu machen, die die Naturwissenschaft unter ihrem Einflusse erfährt. Herangebildet an der Erforschung des organischen Lebens, haben Goethes Vorstellungen über wissenschaftliche Methodik erst eine feste Gestalt gewonnen, als er sich mit den weniger verwickelten Erscheinungen der unorganischen Natur beschäftigte. Deshalb hat er seine hierauf bezüglichen Aufsätze mit Anlehnung an seine physikalischen Arbeiten geschrieben.

Das Prinzip der Anordnung für S. 1–77 ist: Vorangestellt sind die Abhandlungen über die allgemeinen Intentionen in der Naturphilosophie (S. 1–12); dann folgen die Auseinandersetzungen über naturwissenschaftliche Methoden (S. 13–44: Glückliches Ereignis, Der Versuch als Vermittler von Objekt und Subjekt und die ungedruckten Aufsätze: Erfahrung und Wissenschaft, Beobachtung und Denken); den Abschluß dieses Teiles bilden die Aufsätze, in denen Goethe in der zeitgenössischen Philosophie die Rechtfertigung suchte für seine zuerst naiv beobachtete Methode in der Organik (S. 45–55: Einwirkung der neueren Philosophie, Anschauende Urteilskraft); S. 56–77 (Bedenken und Ergebung, Bedeutende Fördernis durch ein einziges geistreiches Wort, Vorschlag zur Güte, Analyse und Synthese, Ernst Stiedenroths Psychologie zur Erklärung der Seelenerscheinungen) enthalten das, was Goethe anzuführen hatte zur Rechtfertigung seines Hinausgehens über die durch die damalige Philosophie gegebenen Grundlagen, namentlich über die in der Organik herrschende teleologische Betrachtungsweise.

War letztere der Goetheschen Anschauungsweise bei Betrachtung des organischen Lebens im Wege, so war es im Gebiete der Physik die Alleinherrschaft der Mathematik. Die Aufsätze S. 78–102 enthalten Goethes Ansichten über die Anwendbarkeit der Mathematik in der Naturwissenschaft und über die Grenzen dieser Anwendung. S. 103–163 enthält die Quintessenz der Goetheschen Naturansicht in einzelnen Aphorismen. Die Mehrzahl derselben ist in den «Nachgelassenen Werken» gedruckt. Die von Eckermann getroffene Anordnung ist beibehalten worden, nur an zwei Stellen (S. 132, 6–10, und S. 132, 16 bis S. 133, 2) sind bisher ungedruckte Aussprüche, die notwendig hier ihre Stelle finden müssen, eingeschoben worden. Alles übrige Ungedruckte ist an die bereits gedruckte Masse als ein besonderes Kapitel angereiht worden. Die Anordnung dieser Aphorismen in den «Nachgelassenen Werken» ist deshalb beibehalten worden, weil aus den Daten, die sich auf den vorhandenen Handschriften finden, hervorgeht, daß Goethe zum größten Teile selbst noch mit Eckermann die Redaktion besorgt hat. Zu sondern, was Goethes Anteil und was nachträgliche Arbeit Eckermanns ist, erscheint nicht möglich. S. 164–166 behandelt die Polarität als allgemeines Urphänomen; S. 167–169 die Bedeutung des sprachlichen Ausdrucks für die Urphänomene; S. 170–174 die Reihe der physikalischen Wirkungen, geordnet nach den S. 11 gewonnenen Prinzipien der Polarität und der Steigerung; S. 175 eine allgemeine physikalische Beobachtung; S. 176–239 Goethes System der physikalischen Erscheinungen. Den

Anlaß, dieses System niederzuschreiben, gaben für Goethe die Vorträge, die er im Winter 1805/06 einem Kreise von Weimarer Damen gehalten hat. Da Goethe nicht etwa durch die Absicht, eine leichtfaßliche Darstellung zu bieten, die wissenschaftlichen Forderungen beeinträchtigen ließ, die er stellte, und für den angegebenen Zweck die Physik in der individuellen Gestalt durcharbeitete, die sie seinen Prinzipien gemäß annehmen mußte, so steht das Schema dieser Vorträge hier als Beispiel, wie er seine methodischen Gesichtspunkte im besonderen durchgeführt wissen wollte. Die schematische Darstellung der Farbenlehre erscheint an dieser Stelle, weil sie hierher als ein integrierender Teil des physikalischen Schemas gehört. Die Aufsätze: Polarität (S. 164–166), Symbolik (S. 167–169), Physikalische Wirkungen (S. 170–174), Allgemeines (S. 175), die Tabelle der physikalischen Wirkungen zwischen S. 172 und 173 und das physikalische Schema waren bisher ungedruckt. An die physikalischen Schematisierungen schließt sich dann der Aufsatz über ein «physisch-chemisch-mechanisches Problem» (S. 240–243). Den Aufsätzen über den inneren (sachlichen) Zusammenhang der naturwissenschaftlichen Ideen folgen die über die Entstehung derselben innerhalb der Entwickelung des menschlichen Geistes (Einfluß des Ursprungs wissenschaftlicher Entdeckungen S. 244–245, Meteore des literarischen Himmels S. 246–254, Erfinden und Entdecken S. 255–262). Von den Aphorismen des letzten Kapitels sind bisher ungedruckt: S. 259, 1 bis S. 261, 5. – «Naturphilosophie» (S. 263–264) und «Eins und Alles» (S. 265–266) gehören in die naturwissenschaftlichen Schriften, das erste wegen des Inhalts, das zweite, weil Goethe es selbst in die morphologischen Hefte (II, 1) aufgenommen hat. Sie bilden den Schluß der zur «Allgemeinen Naturlehre» gezählten Aufsätze, weil sie Gedanken enthalten, welche über die Grenze der *Naturanschauung* im engeren Sinne hinausgehen und von dieser in die Goethesche allgemeine *Weltanschauung* hinüberleiten. Einem gleichen Zwecke dient die S. 313–319 gedruckte Studie nach Spinoza, die wegen ihres rein erkenntnistheoretischen Inhalts keinen Bestandteil der naturwissenschaftlichen Aufsätze bilden kann, wohl aber als eine Art Anhang zu denselben zu betrachten ist. Der Aufsatz ist im XII. Band des Goethe-Jahrbuchs durch Bernhard Suphan zuerst veröffentlicht. Angegliedert an die naturphilosophischen Aufsätze sind die psychophysischen: «Das Sehen in subjektiver Hinsicht» (S. 269–284) und die bisher ungedruckte «Tonlehre» (S. 287–294). Den Schluß des Bandes bilden die sämtlich hier zuerst gedruckten Aufsätze: Naturwissenschaftlicher Entwicklungsgang (S. 295–302), die biographische Einzelheit (S. 303), und die der allgemeinen Wissenschaftslehre angehörigen Skizzen: Dogmatismus und Skeptizismus (S. 307–308), Induktion (S. 309–310), In Sachen der Physik contra Physik (S. 311–312). Letztere Tabelle verteilt den für die Physik in Betracht kommenden Erfahrungsstoff auf das mathematische, beziehungsweise chemische Gebiet. Das sind rein didaktische Gesichtspunkte; daher können sie nicht der fortlaufenden Ideenentwickelung eingegliedert werden.

Zweite Abteilung, Band 12

Als wichtigster Bestandteil sind in diesem Bande Goethes Arbeiten über Meteorologie enthalten. Sein Inhalt setzt sich aus folgenden Stücken zusammen. Das erste bildet der Aufsatz «Wolkengestalt» (S. 5–13), der mit Anlehnung an Luke Howards «On the Modifications of Clouds. London 1803» geschrieben ist. Goethe kannte, als er seine Aufzeichnungen niederschrieb, nur ein Referat über Howards Arbeit, das in Gilberts Annalen 1815 enthalten ist und auf das er durch den Großherzog hingewiesen wurde (vgl. S. 6 des Textes). Entstanden ist der Aufsatz im Herbst 1817; zuerst abgedruckt wurde er im dritten Heft des ersten Bandes «Zur Naturwissenschaft». An diese Arbeit schließt sich in demselben Hefte der Text unseres Bandes S. 15–41. Das folgende von S. 42–45, 3, steht im vierten Heft des ersten; S. 45–58, 10, im ersten Heft des zweiten Bandes «Zur Naturwissenschaft». Handschriftlich ist von diesem Teile des Textes nur S. 5–13, Z. 15, im Archiv vorhanden. Den zweiten Teil des Textes nimmt die Abhandlung «Über die Ursache der Barometerschwankungen» (S. 59–73) ein. Sie steht im zweiten Hefte des zweiten Bandes «Zur Naturwissenschaft» und enthält eine vorläufige Mitteilung über die für Goethes ganze naturwissenschaftliche Anschauungsweise besonders wichtige Hypothese, daß die Ursachen der Barometerschwankungen nicht kosmische, sondern tellurische seien und daß in einer gesetzmäßig sich ändernden Stärke der Anziehungskraft der Erde diese Ursache zu suchen sei. Die ausführliche Darlegung dieser Ansicht findet sich erst in den «Nachgelassenen Werken» unter dem Titel: «Versuch einer Witterungslehre». Dieser Aufsatz enthält in systematischer Folge Goethes Gedanken über meteorologische Phänomene, deren gegenseitige Beziehungen und Ursachen. Wir haben ihn zum dritten Teil des Textes gemacht (S. 74–109). Er ist handschriftlich vorhanden, und zwar in einer Niederschrift, die zum Teil von Eckermann, zum Teil von Goethes Schreiber John besorgt ist. Goethe selbst hat den größten Teil noch sorgfältig durchkorrigiert. Diese Niederschrift und der Druck in den «Nachgelassenen Werken» bilden die Grundlage für unsern Text. An diese bereits gedruckten Teile des Bandes schließen sich die ungedruckten Aufsätze «Karlsbad» (S. 110–114), Zur Winderzeugung (S. 115), Wolkenzüge (S. 116–117), Konzentrische Wolkensphären (S. 118–119), Witterungskunde (S. 120), Bisherige Beobachtung und Wünsche für die Zukunft (S. 121–122), Meteorologische Beobachtungsorte (S. 123–124). Der letzte Aufsatz verhält sich zu den meteorologischen Arbeiten Goethes wie die methodologischen Skizzen am Schluß des siebenten und zehnten Bandes zu den morphologischen und geologischen Arbeiten. Er ist eine methodologische Rechtfertigung der Goetheschen Anschauungsweise. An die meteorologischen Teile schließen sich die «Naturwissenschaftlichen Einzelheiten»: Betrachtungen über eine Sammlung krankhaften Elfenbeins, Über die Anforderungen an naturhistorische Abbildungen im allgemeinen und an osteologische insbesondere, Johann Kunckel, Jenaische Museen und Sternwarte. Diese Aufsätze lassen sich nicht in eines der gebräuchlichen naturwissenschaftlichen Fächer einreihen. Sie sind deshalb auch in den «Nachgelassenen Werken» schon in dem besonderen Kapitel «Naturwissenschaftliche Einzelheiten» untergebracht. Den Schluß des

Textes bilden einige an den Inhalt früherer Bände sich anreihende, aber erst nach dem Druck derselben aufgefundene Skizzen. Den Anfang der «Paralipomena» bildet die von Goethe bei meteorologischen Beobachtungen zugrunde gelegte «Instruktion». Er hat dieselbe mit Beihilfe der Jenenser Meteorologen im Jahre 1817 ausgearbeitet und 1820 verbessert. Er wünschte, daß nach dieser Instruktion die Beobachtungen an einzelnen Orten gemacht würden (vgl. S. 123). Den übrigen Teil der Paralipomena bilden Einzelheiten, die dem Gebiet der Meteorologie angehören und die sich dem systematischen Ganzen des Textes nicht eingliedern ließen.

Mit dem zwölften Bande schließt die zweite, größere Hälfte der naturwissenschaftlichen Abteilung, die Sammlung der Schriften zur Morphologie, Geologie und Meteorologie. Es wird diesem Bande deshalb, auf Anordnung der Redaktion, ein die Bände 6–12 umfassendes Namen- und Sachregister beigegeben.

GOETHES BEZIEHUNGEN ZUR VERSAMMLUNG DEUTSCHER NATURFORSCHER UND ÄRZTE IN BERLIN 1828

Nach einem Aktenstück seines Archivs

Seit 1822 halten die deutschen Naturforscher und Ärzte alljährlich eine Versammlung ab, an der die Fachgenossen des In- und Auslandes teilnehmen. Die Anregung zu dieser Institution ging von Oken aus. Der Zweck der Versammlungen ist: Austausch von Meinungen, persönliches Bekanntwerden der Naturforscher miteinander und Kenntnisnahme der Versammelten von den Sammlungen und wissenschaftlichen Anstalten des Versammlungsortes, zu dem jedes Jahr eine andere größere deutsche oder österreichische Stadt auserwählt wird. Goethe mußte diese Einrichtung mit Freuden begrüßen. Seine Teilnahme war eine besonders rege an den Versammlungen in München 1827 und in Berlin 1828. Im ersten Jahre hat Goethes Interesse noch besondere Erhöhung erfahren durch den Aufenthalt Zelters in München, der mit dem der Naturforscher zusammenfiel. (Vgl. Goethes Briefwechsel mit Zelter, IV, S. 381 ff.) Die Bedeutung der Zusammenkünfte der Forscher trat Goethe besonders lebhaft vor Augen, als er am 30. Oktober 1827 von seinem Freunde Kaspar Sternberg eine Beschreibung der Münchener Veranstaltungen erhielt. «Den Beschluß des heurigen Reisezyklus» – schreibt Sternberg – «machte die Versammlung deutscher Naturforscher und Ärzte in München; ein bewährter Freund, welchen der König nach seinem Porträt, das er in Weimar gesehen, sogleich erkannte, wird bei seiner Rückreise über diesen Verein Nachricht erteilt haben.» Mit dem «bewährten Freund» ist eben Zelter gemeint. Die Ausführungen des Briefes machten auf Goethe einen solchen Eindruck, daß er eine Stelle daraus entnahm, überarbeitete, mit einigen Sätzen einleitete und auf diese Weise folgenden kleinen Aufsatz über die Bedeutung der Versammlungen deutscher Naturforscher und Ärzte verfertigte:

«Wenn wir eine europäische, ja eine allgemeine Weltliteratur zu verkündigen gewagt haben, so heißt dieses nicht, daß die verschiedenen Nationen voneinander und ihren Erzeugnissen Kenntnis nehmen, denn in diesem Sinne existiert sie schon lange, setzt sich fort und erneuert sich mehr oder weniger. Nein! hier ist vielmehr davon die Rede, daß die lebendigen und strebenden Literatoren einander kennenlernen und durch Neigung und Gemeinsinn sich veranlaßt finden, gesellschaftlich zu wirken. Dieses wird aber mehr durch Reisende als durch Korrespondenz bewirkt, indem ja persönlicher Gegenwart ganz allein gelingt, das wahre Verhältnis unter Menschen zu bestimmen und zu befestigen.

Schaue man also nicht zu weit umher, sondern erfreue sich zuerst, wenn im Vaterland sich Gesellschaften, und zwar wandernde, von Ort zu Ort sich bewegende Gesellschaften hervortun; weshalb denn uns die Nachricht eines würdigen Freundes von dem letzten in München versammelten Verein der Naturforscher höchst erwünscht gewesen, welche folgendermaßen lautet:

‹Am erfreulichsten erscheint bei dieser Anstalt: sie ersetzt uns Deutschen den Mangel einer Hauptstadt, in welcher von Zeit zu Zeit die Naturforscher zusammentreffen könnten, um sich über alles, was dem Fortschreiten der Wissenschaften frommt oder als Hindernis im Wege steht, zu besprechen. Ja, es gewähren diese gesellschaftlichen Wanderungen aus einem deutschen Hauptort in den andern noch den größeren Vorteil, daß man in den Sammlungen eines jeden Neues vorfindet und durch Vergleichung des schon Gesehenen von der Richtigkeit der gefaßten wissenschaftlichen Bestimmung überzeugt wird. Größer ist vielleicht noch der Vorteil, daß Menschen, die sonst unerkannt oder wohl gar verkannt durch ihr ganzes Leben nebeneinander einhergegangen wären, sich nun als Wissenschaftsverwandte aufsuchen und ein Verhältnis zueinander gewinnen, statt einander zu bekritteln und schmählustig zu rezensieren. Das Wichtigste endlich ist wohl dies, daß die Staatsmänner, welche durch andre oder persönlich an diesen Versammlungen teilnehmen, zu der Überzeugung gelangen, daß es mit dem redlichen Forschen auch wirklich ehrlich gemeint sei. Die im künftigen Jahre zu Berlin abzuhaltende Versammlung wird wahrscheinlich die Brücke bilden, um aus nördlichen und östlichen Staaten verwandte Naturforscher heranzuziehen. So hätte dann das Wandern abermals einen schönen, heilsamen Zweck erreicht. Der Himmel gönne dem wissenschaftlichen Streben in unserm deutschen Vaterland noch lange Friede und Ruhe, so wird sich eine Tätigkeit entfalten, wie sie die Welt nur in einem Jahrhundert nach Erfindung des Druckes bei weit geringeren Hilfsmitteln erlebt hat.›»

Die Stelle: «Am erfreulichsten erscheint – Hilfsmitteln erlebt hat» ist mit Ausnahme einiger Goethescher Abänderungen gleichlautend mit einem Teile des Sternbergschen Briefes (Vgl. Briefwechsel zwischen Goethe und Sternberg, S. 178 f.). In seinem Antwortbriefe vom 27. November 1827 an Sternberg schreibt Goethe: «Wenn ich schon von manchen Seiten her verschiedentliche Kenntnisse erlangte von dem, was in München vorgefallen, so betraf doch solches mehr das Äußere, welches denn ganz stattlich und ehrenvoll anzusehen war, als das Innere, die Mitteilungen nämlich selbst... Um so erwünschter eben ist es mir, aus zuversichtlicher Quelle zu vernehmen: daß wenigstens der Hauptzweck des näheren Bekanntwerdens und zu hoffenden wahrhaften Vereinigens unserer Naturforscher nicht verrückt worden. Schon daß man sich über den Ort vereinigt, wo man das nächste Jahr zusammenzukommen gedenkt, gibt die besten Hoffnungen, und gewiß ist die Versammlung in Berlin unter den Auspizien des allgemein anerkannten Alexander von Humboldt geeignet, uns die besten Hoffnungen einzuflößen» (Briefwechsel mit Sternberg, S. 180 f.). Diese Versammlung in Berlin brachte zwei für Goethe wichtige Tatsachen. Von zwei bedeutenden Naturforschern wurden in öffentlichen Reden Goethes Verdienste um die Naturwissenschaft in warmen Worten anerkannt. Alexander von Humboldt hielt die Eröffnungsrede. Er gedachte auch der abwesenden Naturforscher und darunter Goethes mit den Worten: «Wenn ich aber, im Angesichte dieser Versammlung, den Ausdruck meiner persönlichen Gefühle zurückhalten muß, so sei es mir wenigstens gestattet, die Patriarchen vaterländischen Ruhmes zu nennen, welche die Sorge für ihr der Nation teures Leben von uns entfernt hält: Goethe, den die großen Schöpfungen dichterischer

Phantasie nicht abgehalten haben, den Forscherblick in alle Tiefen des Naturlebens zu tauchen, und der jetzt in ländlicher Abgeschiedenheit um seinen fürstlichen Freund wie Deutschland um eine seiner herrlichsten Zierden trauert» (Isis, Bd. XXII, S. 254). Und Martius, der Münchener Botaniker, sagte an einer Stelle seines Vortrages «Über die Architektonik der Blumen» im Hinblick auf Goethes «Metamorphose der Pflanzen»: «Vor allem bemerke ich, daß die Grundansicht, welche ich hier vorzulegen mir die Ehre gebe, nicht etwa bloß das Resultat meiner Forschungen ist, sondern daß sie teilweise wenigstens von vielen bereits angenommen worden und überhaupt das Resultat jener morphologischen Ansicht von der Blume ist, die wir unserem großen Dichter Goethe danken. Alles ruht nämlich auf der Annahme, daß in der Blume nur Blätter seien (daß Kelch, Staubfäden, Krone, Pistill nur Modifikationen der pflanzlichen Einheit darstellen) oder daß das Blatt diejenige Einheit sei, mit der wir rechnen können» (Isis, Bd. XXII, S. 334). Goethe schenkte denn auch den Vorgängen in Berlin eine ganz besondere Aufmerksamkeit. Ein im Goethe-Archiv noch vorhandenes Heft ist ein Beweis davon. Wir finden in demselben einen Teil der auf die Versammlung bezüglichen gedruckten Aktenstücke zusammengeheftet. Es sind folgende: «Übersichtskarte der Länder und Städte», welche Abgeordnete zu der Versammlung gesendet haben; eine «Benachrichtigung an die Mitglieder» über die einzelnen Veranstaltungen bei der Versammlung*; das «gedruckte Verzeichnis der Teilnehmer mit deren Wohnungsnachweis»; das Programm der Eröffnungsfeier im Konzertsaale, die Zelter leitete und bei der Kompositionen von Mendelssohn, Zelter, Flemming, Rungenhagen und Wollank zum Vortrag kamen; die Eröffnungsrede von Humboldts mit dessen eigenhändiger Widmung an Goethe: «Herrn Geh. Rat von Goethe

* Einer praktischen Maßregel der Veranstalter sei hier gedacht. Es steht in der «Benachrichtigung an die Mitglieder»: «Damit von den kostbaren Stunden des Beisammenseins keine der Erfüllung polizeilicher Vorschriften geopfert zu werden brauche, hat die wohlwollende Behörde angeordnet, daß für diesen Fall ausnahmsweise die Meldung durch die Geschäftsführer genüge. Jedes der Mitglieder ist daher von der Gestellung auf dem Fremden-Bureau und der Lösung einer Aufenthaltskarte befreit.»

unter innigster dankbarster Verehrung A. v. Humboldt»; der Vortrag «Über den Charakter der Vegetation auf den Inseln des Indischen Archipels» von C. G. C. Reinwardt, dem Leydener Botaniker, ebenfalls mit dessen eigenhändiger Widmung: «Sr. Excellenz dem Minister v. Goethe aus innigster Verehrung vom Verfasser»; ein «Verzeichnis eines Systems von Versuchen über die Bestäubung der Pflanzen, angestellt in den Jahren 1821–1828 von Dr. A. W. Henschel», das der Versammlung vorgelegt worden war; endlich eine Zuschrift «an die Herren Naturforscher und Ärzte» von der «Berliner Medaillen-Münze», die Herstellung von Denkmünzen mit den Bildnissen berühmter Naturforscher betreffend. Im Anschlusse hieran befindet sich noch in dem Hefte der erwähnte kleine Aufsatz Goethes in Johns Handschrift mit Korrekturen zum Teil von Goethes eigener, zum Teil von Riemers Hand. Er liegt in einem besonderen Umschlage, der (von Eckermanns Hand) die Aufschrift trägt: «Naturforscher in Berlin». Als letztes Stück des Heftes ist eine Nummer: «Notizen aus dem Gebiete der Natur- und Heilkunde» vom Oktober 1829 zu verzeichnen, mit Nachrichten über die Heidelberger Naturforscherversammlung vom Jahre 1829, als Beweis, daß Goethes Interesse für diese Zusammenkünfte auch in der Folgezeit ein reges war. Der Umschlag des Heftes trägt (von Johns Hand) die Worte: «Acta die Zusammenkunft der Naturforscher in Berlin 1828» und in der linken Ecke (von Kräuters Hand): «Auswärtige Angelegenheiten». Erwähnenswert erscheint noch die Mitteilung in dem Programm der Eröffnungsfeier, daß an den oberen Seiten des Saales, in dem dieses Fest stattfand, zu lesen ist:

«Es entbrennen im feurigen Kampf die eifernden Kräfte,
Großes wirket ihr Streit, Größeres wirket ihr Bund» *Schiller*

und «Es soll sich regen, schaffend handeln,
Erst sich gestalten, dann verwandeln,
Nur scheinbar steht's Momente still.
Das Ew'ge regt sich fort in allen:
Denn Alles muß in Nichts zerfallen,
Wenn es im Seyn beharren will.» *Goethe*

Das hier Mitgeteilte ist ein Beleg dafür, daß die Naturforscherversammlung vom Jahre 1828 Goethe einen erfreulichen Einblick gewähren konnte, wie sehr auch seine naturwissenschaftlichen Bestrebungen auf das deutsche Geistesleben gewirkt hatten.

RUDOLF STEINER
AUS «MEIN LEBENSGANG»

Auf [Karl Julius] Schröers Empfehlung hin lud mich 1882 Joseph Kürschner ein, innerhalb der von ihm veranstalteten «Deutschen Nationalliteratur» Goethes naturwissenschaftliche Schriften mit Einleitungen und fortlaufenden Erklärungen herauszugeben. Schröer, der selbst für dieses große Sammelwerk die Dramen Goethes übernommen hatte, sollte den ersten der von mir zu besorgenden Bände mit einem einführenden Vorworte versehen. Er setzte in diesem auseinander, wie Goethe als Dichter und Denker innerhalb des neuzeitlichen Geisteslebens steht. Er sah in der Weltanschauung, die das auf Goethe folgende naturwissenschaftliche Zeitalter gebracht hatte, einen Abfall von der geistigen Höhe, auf der Goethe gestanden hatte. Die Aufgabe, die mir durch die Herausgabe von Goethes naturwissenschaftlichen Schriften zugefallen war, wurde in umfassender Art in dieser Vorrede charakterisiert.

Für mich schloß diese Aufgabe eine Auseinandersetzung mit der Naturwissenschaft auf der einen, mit Goethes ganzer Weltanschauung auf der andern Seite ein. Ich mußte, da ich nun mit einer solchen Auseinandersetzung vor die Öffentlichkeit zu treten hatte, alles, was ich bis dahin als Weltanschauung mir errungen hatte, zu einem gewissen Abschluß bringen.

Ich hatte mich bis dahin nur in wenigen Zeitungsaufsätzen schriftstellerisch betätigt. Mir wurde nicht leicht, was in meiner Seele lebte, in einer solchen Art niederzuschreiben, daß ich diese der Veröffentlichung wert halten konnte. Ich hatte immer das Gefühl, daß das im Innern Erarbeitete in einer armseligen Gestalt erschien, wenn ich es in eine fertige Darstellung prägen sollte. So wurden mir alle schriftstellerischen Versuche zu einem fortwährenden Quell innerer Unbefriedigung.

Die Denkungsart, von der die Naturwissenschaft seit dem Beginn ihres großen Einflusses auf die Zivilisation des neunzehnten Jahrhunderts beherrscht war, schien mir ungeeignet, zu einem

Verständnisse dessen zu gelangen, was Goethe für die Naturerkenntnis erstrebt und bis zu einem hohen Grade auch erreicht hatte.

Ich sah in Goethe eine Persönlichkeit, welche durch das besondere geistgemäße Verhältnis, in das sie den Menschen zur Welt gesetzt hatte, auch in der Lage war, die Naturerkenntnis in der rechten Art in das Gesamtgebiet des menschlichen Schaffens hineinzustellen. Die Denkungsart des Zeitalters, in das ich hineingewachsen war, schien mir nur geeignet, Ideen über die leblose Natur auszubilden. Ich hielt sie für ohnmächtig, mit den Erkenntniskräften an die belebte Natur heranzutreten. Ich sagte mir, um Ideen zu erlangen, welche die Erkenntnis des Organischen vermitteln können, ist es notwendig, die für die unorganische Natur tauglichen Verstandesbegriffe erst selbst zu beleben. Denn sie erschienen mir tot, und deshalb auch nur geeignet, das Tote zu erfassen.

Wie sich in Goethes Geist die Ideen belebt haben, wie sie *Ideengestaltungen* geworden sind, das versuchte ich für eine Erklärung der Goethe'schen Naturanschauung darzustellen.

Was Goethe im einzelnen über dieses oder jenes Gebiet der Naturerkenntnis gedacht und erarbeitet hatte, schien mir von geringerer Bedeutung neben der *zentralen* Entdeckung, die ich ihm zuschreiben mußte. Diese sah ich darin, daß er gefunden hat, wie man über das Organische denken müsse, um ihm erkennend beizukommen.

Ich fand, daß die Mechanik das Erkenntnisbedürfnis aus dem Grunde befriedigt, weil sie auf eine rationelle Art im Menschengeiste Begriffe ausbildet, die sie dann in der Sinnes-Erfahrung des Leblosen verwirklicht findet. Goethe stand als der Begründer einer *Organik* vor mir, die in der gleichen Art sich zu dem Belebten verhält. Wenn ich in der Geschichte des neueren Geisteslebens auf Galilei sah, so mußte ich bemerken, wie er durch die Ausbildung von Begriffen über das Anorganische der neueren Naturwissenschaft ihre Gestalt gegeben hat. Was er für das Anorganische geleistet hat, das hat Goethe für das Organische angestrebt. Mir wurde Goethe zum Galilei der Organik.

Ich hatte für den ersten Band der naturwissenschaftlichen Schriften Goethes zunächst dessen Metamorphosen-Ideen zu bearbeiten. Es wurde mir schwer, auszusprechen, wie sich die *lebendige Ideengestalt*, durch die das Organische erkannt werden kann, zu der *ungestalteten Idee*, die für das Erfassen des Anorganischen geeignet ist, verhält. Aber es schien mir für meine Aufgabe alles darauf anzukommen, diesen Punkt in rechter Art anschaulich zu machen.

Im Erkennen des Anorganischen wird Begriff an Begriff gereiht, um den Zusammenhang von Kräften zu überschauen, die eine Wirkung in der Natur hervorbringen. Dem Organischen gegenüber ist es notwendig, einen Begriff aus dem andern so herVorwachsen zu lassen, daß in der fortschreitenden lebendigen Begriffsverwandlung *Bilder* dessen entstehen, was in der Natur als gestaltete Wesen erscheint. Das hat Goethe dadurch erstrebt, daß er von dem Pflanzenblatte ein Ideenbild im Geiste festzuhalten versuchte, das nicht ein starrer, lebloser Begriff ist, sondern ein solcher, der sich in den verschiedensten Formen darstellen kann. Läßt man im Geiste diese Formen auseinander hervorgehen, so konstruiert man die ganze Pflanze. Man schafft auf ideelle Art den Vorgang in der Seele nach, durch den die Natur in realer Art die Pflanze gestaltet.

Sucht man in dieser Art das Pflanzenwesen zu begreifen, so steht man dem Natürlichen mit dem Geiste viel näher, als bei dem Erfassen des Anorganischen mit den gestaltlosen Begriffen. Man erfaßt für das Anorganische nur ein geistiges Scheinbild dessen, was auf geistlose Art in der Natur vorhanden ist. In dem Werden der Pflanze lebt aber etwas, das schon eine entfernte Ähnlichkeit hat mit dem, was im Menschengeiste als Bild der Pflanze ersteht. Man wird gewahr, wie die Natur, indem sie das Organische hervorbringt, selbst geistähnliche Wesenheit in sich zur Wirkung bringt.

Daß Goethe mit seiner Metamorphosenlehre die Richtung nahm, die organischen Naturwirkungen auf geistähnliche Art zu denken, wollte ich in der Einleitung zu Goethes botanischen Schriften zeigen.

Noch geistähnlicher erscheinen für Goethes Denkungsart die Wirkungen in der tierischen Natur und in der natürlichen Unterlage des Menschenwesens.

In bezug auf das Tierisch-Menschliche ging Goethe von dem Durchschauen eines Irrtums aus, den er bei seinen Zeitgenossen bemerkte. Diese wollten der organischen Grundlage des Menschenwesens dadurch eine besondere Stellung in der Natur anweisen, daß sie nach einzelnen Unterscheidungsmerkmalen zwischen Menschen und Tier suchten. Sie fanden ein solches in dem Zwischenkieferknochen, den die Tiere haben, und in dem die oberen Schneidezähne sitzen. Dem Menschen soll ein solcher besonderer Zwischenknochen im Oberkiefer fehlen. Sein Oberkiefer soll aus einem Stücke bestehen.

Das erschien Goethe als ein Irrtum. Für ihn ist die menschliche Gestalt eine Umwandlung des Tierischen zu einer höheren Stufe. Alles, was in der tierischen Bildung erscheint, muß auch in der menschlichen da sein, nur in einer höheren Form, so daß der menschliche Organismus zum Träger des selbstbewußten Geistes werden kann.

In der Erhöhung der Gesamtform des Menschen sieht Goethe dessen Unterschied vom Tier, nicht im Einzelnen.

Stufenweise sieht man die organischen Schaffenskräfte geistähnlicher werden, indem man in der Betrachtung von dem Pflanzenwesen zu den verschiedenen Formen des Tierischen aufsteigt. In der organischen Gestalt des Menschen sind geistige Schaffenskräfte tätig, die eine höchste Metamorphose der tierischen Bildung hervorbringen. Diese Kräfte sind im Werden des menschlichen Organismus vorhanden; und sie leben sich zuletzt als Menschengeist dar, nachdem sie sich in der natürlichen Grundlage ein Gefäß gestaltet haben, das sie in ihrer naturfreien Daseinsform aufnehmen kann.

In dieser Goethe'schen Anschauung von dem Menschenorganismus erschien mir alles Berechtigte, was später auf Darwin'scher Grundlage über die Verwandtschaft des Menschen mit den Tieren gesagt worden ist, schon vorausgenommen. Es erschien mir aber auch alles Unberechtigte abgewiesen. Die materialistische Auffassung von dem, was Darwin gefunden hat, führt dazu, aus der Verwandtschaft des Menschen mit den Tieren Vorstellungen zu bilden, die den Geist da verleugnen, wo er im Erdendasein in seiner höchsten Form, im Menschen erscheint. Die Goethe'sche Auffassung führt dazu, in der tierischen Gestaltung eine Geistschöpfung zu sehen, die nur noch nicht die Stufe erreicht hat, auf welcher der Geist als solcher *leben* kann. Was im Menschen als Geist *lebt*, das *schafft* in der tierischen Form auf einer Vorstufe; und es verwandelt diese Form am Menschen so, daß es nicht nur als Schaffendes, sondern auch als sich selbst Erlebendes erscheinen kann.

So angesehen, wird die Goethe'sche Naturbetrachtung eine solche, die, indem sie das natürliche Werden vom Anorganischen zu dem Organischen stufenweise verfolgt, die Naturwissenschaft allmählich in eine Geisteswissenschaft überführt. Dies darzustellen, darauf kam es mir bei Ausarbeitung des ersten Bandes der Goethe'schen naturwissenschaftlichen Schriften vor allem an. Ich ließ daher meine Einleitung in eine Erklärung darüber ausklingen, wie der Darwinismus in materialistischer Färbung eine einseitige Anschauung bildet, die an der Goethe'schen Denkungsart gesunden müsse.

Wie man erkennen müsse, um in die Erscheinungen des Lebens einzudringen, das wollte ich in der Betrachtung der Goethe'schen Organik zeigen. Ich fühlte bald, daß diese Betrachtung einer sie stützenden Grundlage bedürfe. Das Wesen des Erkennens wurde damals von meinen Zeitgenossen in einer Art dargestellt, die nicht an Goethes Anschauung herankommen konnte. Die Erkenntnistheoretiker hatten die Naturwissenschaft, wie sie in jener Zeit war, vor Augen. Was *sie* über das Wesen der Erkenntnis sagen, galt nur für das Erfassen der anorganischen Natur. Es konnte keinen Zusammenklang geben zwischen dem, was ich über Goethes Erkenntnisart sagen mußte, und den gebräuchlichen Erkenntnistheorien der damaligen Zeit.

Deshalb trieb mich das, was ich in Anlehnung an Goethes Organik dargestellt hatte, neuerdings an die Erkenntnistheorie heran. Vor mir standen Ansichten wie die Otto Liebmanns, die in den verschiedensten Formen den Satz aussprachen, das menschliche Bewußtsein könne aus sich niemals heraus; es müsse sich dabei bescheiden, in dem zu leben, was ihm die Wirklichkeit in die menschliche Seele hereinschickt und was in ihm in geistiger Form sich darstellt. Sieht man die Sache so an, dann kann man nicht davon sprechen, daß man Geistverwandtes in der organischen Natur in Goethe'scher Art findet. Man muß den Geist innerhalb des menschlichen Bewußtseins suchen und eine geistgemäße Naturbetrachtung als unzulässig ansehen.

Ich fand, es gibt für die Goethe'sche Erkenntnisart keine Erkenntnistheorie. Das führte mich dazu, den Versuch zu machen, eine solche wenigstens andeutungsweise auszuführen. Ich schrieb meine «Erkenntnistheorie der Goethe'schen Weltanschauung» aus einem inneren Bedürfnisse heraus, bevor ich daran ging, die weiteren Bände der naturwissenschaftlichen Schriften Goethes zu bearbeiten. Das Büchelchen wurde 1886 fertig.

QUELLENNACHWEIS DER ZEITSCHRIFTEN

1884

«Deutsche Zeitung» Wien

Herausgeber: Heinrich Reschauer, Karl Haindl.

1886–1889 und 1891

«Chronik des Wiener Goethe-Vereins» Wien

Herausgegeben von Dr. K. J. Schröer. Verlag des Wiener Goethe-Vereins.

1887

«Zeitschrift für vergleichende Literaturgeschichte» Berlin

Herausgegeben von Dr. Max Koch. Verlag von A. Haack.

1889 und 1891

«Deutsche Worte» Wien

Monatsschrift, herausgegeben von Engelbert Pernerstorfer. Verlag der «Deutschen Worte».

1891–1896

«Goethe-Jahrbuch»

Herausgegeben von Ludwig Geiger. Frankfurt a. M. Literarische Anstalt Rütten und Loening.

1892

«Schriften der Goethe-Gesellschaft» Weimar

Im Auftrage des Vorstandes herausgegeben von Bernhard Suphan. Verlag der Goethe-Gesellschaft. 1892: Das Journal von Tiefurt. Mit einer Einleitung von Bernhard Suphan, herausgegeben von Eduard von der Hellen. Weimar. Verlag der Goethe-Gesellschaft.

1894

«Berichte des Freien Deutschen Hochstiftes zu Frankfurt am Main»
Herausgegeben vom Akademischen Gesamtausschuß. Frankfurt a. M.

1898

«Dramaturgische Blätter» Berlin und Weimar
von Oktober ab: Berlin. Organ des Deutschen Bühnenvereins. Beiblatt zum «Magazin für Literatur». Verantwortlicher Redakteur: Dr. Rudolf Steiner, Berlin. Verlag von Emil Felber in Weimar, von Oktober ab: Siegfried Cronbach in Berlin.

1899, 1900 und 1901

«Das Magazin für Literatur» Berlin
Herausgegeben von Rudolf Steiner, Otto Erich Hartleben und Moriz Zitter, von Dezember 1899 ab von Rudolf Steiner und Otto Erich Hartleben, von März 1900 ab von Rudolf Steiner, von Oktober 1900 ab von Johannes Gaulke und Franz Philips. Verantwortlich für den redaktionellen Teil: Rudolf Steiner (bis Oktober 1900). Verlag von Siegfried Cronbach in Berlin.

1901

«Wiener Klinische Rundschau» Wien
Organ für die gesamte praktische Heilkunde sowie für die Interessen des ärztlichen Standes, redigiert von den Privatdozenten Dr. F. Obermayer und Dr. Kunn. Zitters Zeitungsverlag, Wien.

ANMERKUNGEN ZU DIESER AUSGABE

Werke Rudolf Steiners innerhalb der Gesamtausgabe (GA) werden in den Anmerkungen mit der Bibliographie-Nummer angegeben. Siehe auch die Übersicht am Schluß des Bandes.

Zu Seite

11 *Goethe Vorlesungen:* An der Berliner Universität 1874/75, Berlin 1877.

13 *Ausgabe der naturwissenschaftlichen Schriften Goethes:* Nachstehend die Daten zur Herausgabe von Goethes Naturwissenschaftlichen Schriften durch Rudolf Steiner:

In Kürschners «Deutsche National-Litteratur» (zuerst erschienen im Verlag W. Spemann, Berlin und Stuttgart: Band XXXIII, XXXIV, XXXV, XXXVI/1 und XXXVI/2):

1883 I. Band
1886 «Grundlinien einer Erkenntnistheorie der Goetheschen Weltanschauung mit besonderer Rücksicht auf Schiller». Zugleich eine Zugabe zu ‹Goethes Naturwissenschaftlichen Schriften› in Kürschners ‹Deutsche National-Litteratur›»
1887 II. Band / 1890 III. Band
1897 IV. Band, 1. Abt. / 1897 IV. Band, 2. Abt.

In der Weimarer Sophien-Ausgabe, II. Abteilung:
1891 VI. Band / 1892 VII. Band / 1892 IX. Band
1893 VIII. Band (als Mitherausgeber)
1893 XI. Band / 1894 X. Band / 1896 XII. Band

15 *Johannes Müller,* Koblenz 1801–1858 Berlin, Physiologe.

Karl Rosenkranz, Magdeburg 1805–1879 Königsberg, Philosoph.

17 *Goethe als Ästhetiker:* Aus diesem Aufsatz, der nach einem Vortrag, gehalten am 9. November 1888 im Wiener Goethe-Verein, geschrieben wurde, entstand die erweiterte Schrift: «Goethe als Vater einer neuen Ästhetik», welche den Band der «Gesammelten Aufsätze» einleitet. Vgl. «Mein Lebensgang» (1923–25), GA Bibl.-Nr. 28, Kapitel VIII.

23 *Georg Wilhelm Friedrich Hegel,* 1770–1831.

Wenn Hegel sagt: «Vorlesungen über die Ästhetik», Erster Teil.

Heinrich Emanuel Merck, 1794–1855, Apotheker.

Merck charakterisiert: Goethe, «Dichtung und Wahrheit», IV. Teil, 18. Buch.

24 *Goethe kann mit Recht sagen:* Siehe Hinweise zu S. 123, Band IV, 2. Abt., «Sprüche in Prosa», S. 494.

26 *Dieser Vortrag:* Erste Auflage als Sonderabdruck aus der Monatsschrift «Deutsche Worte», Wien 1889, wo der Aufsatz im Aprilheft des gleichen Jahres erschienen war.

51 *das ungedruckte reiche Material:* Siehe «Mein Lebensgang», Kapitel IX, GA Bibl.-Nr. 28.

58 *in Kürschners «Deutsche National-Litteratur»:* Siehe Hinweis zu S. 13.

59 *einer ungedruckten Aufzeichnung:* Siehe Hinweis zu S. 123, Band IV, 2. Abt., «Sprüche in Prosa», S. 358.

61 *Ausspruch:* Siehe Hinweis zu S. 123, Band IV, 2. Abt. «Sprüche in Prosa», S. 430.

Einteilung der Wissensarten: Siehe Hinweis zu S. 123, Band IV, 2. Abt., «Vorarbeiten zu einer Physiologie der Pflanzen», Begriffe einer Physiologie, I.

64 *Er sagt:* Siehe Hinweis zu S. 123, Band IV, 2. Abt., «Sprüche in Prosa», S. 434.

66 *Diese Sätze:* Siehe Hinweis zu S. 123, «Vorarbeiten zu einer Physiologie der Pflanzen», Begriffe einer Physiologie, I.

69 *ein Schema:* Ebenda.

71 *aus seinen eigenen Aufzeichnungen:* Ebenda.

sagt Goethe: Siehe Hinweis zu S. 123, Band IV, 2. Abt., «Sprüche in Prosa», S. 434.

skizziert er: Siehe Hinweis zu S. 123, «Vorarbeiten zu einer Physiologie der Pflanzen», Organische Einheit.

73 *«Dieses Viele»:* Siehe Hinweis zu S. 123, Band IV, 2. Abt., «Sprüche in Prosa», S. 428.

beweist zum Beispiel: Siehe Hinweis zu S. 123, «Vorarbeiten zu einer Physiologie», IV. Organische Entzweiung.

76 *einen Aufsatz:* Siehe Hinweis zu S. 123, «Erfahrung und Wissenschaft».

79 *Gedanken zu dem handschriftlichen Nachlasse Goethes:* Als Einführung stellte Karl Julius Schröer (1835–1900), der Herausgeber der Chronik des Wiener Goethe-Vereins, folgende «Kurze Betrachtungen über Empirie und Idealismus» dem Aufsatz Rudolf Steiners voran: «Die Kunst sowohl als die Wissenschaft werden, in unserer Zeit mehr als je, auf die Erfahrung als die einzige Quelle des Schönen und Wahren hingewiesen. Der

Realismus, der Naturalismus werden hochgestellt, und aller Idealismus scheint damit abgetan. Idealismus soll Schillers von Goethe überwundene Richtung sein. Wie denn nun, wenn Goethe doch auch Idealist wäre? Oder gibt es Kenner Goethes, die den Idealismus seiner Werke nicht erkennen? Was Schiller und Goethe anlangt, ist die Sache die, daß Schiller, der subjektive Idealist, vor seiner Bekanntschaft mt Goethes Schriften, ein anderer war als jener Schiller, der mitten in der Lektüre des ‹Wilhelm Meister› erkannte und rückhaltlos gegen Goethe bekannte, daß es dem Vortrefflichen gegenüber keine Freiheit gibt als die Liebe. Sich frei zu erhalten von subjektiven Empfindungen und objektiv zu werden wie Goethe, der objektive Idealist, war von nun an sein Streben, und es hoben sich die Gegensätze auf. – Es sei gestattet, hiermit auf die folgenden Gedanken zu dem Nachlasse Goethes zu verweisen». – Der Aufsatz ist mit I. gekennzeichnet, aber der II. Teil dieser Abhandlung ist nicht erschienen.

79 *vor einiger Zeit:* Siehe den Aufsatz «Über den Gewinn ...» in «Methodische Grundlagen der Anthroposophie. Gesammelte Aufsätze 1884 bis 1901», GA Bibl.-Nr. 30.

86 *in einer erläuternden Bemerkung:* Siehe Hinweis zu S. 123, Bd. II, S. 63.

89 *sagt Goethe:* Siehe Hinweis zu S. 123, Band I, S. 332.

90 *In dem Aufsatz:* Ebenda, S. 411.

in den osteologischen Vorträgen: Ebenda, S. 247.

«Die Natur bildet normal»: Ebenda, S. 147.

93 *Goethes Naturanschauung:* Siehe Rudolf Steiner, «Mein Lebensgang» (1923–25), GA Bibl.-Nr. 28, Kapitel XXIII.

Arthur Schopenhauer (1788–1860): Siehe «Berichte des Freien Deutschen Hochstiftes», 1888, Band IV, S. 90ff.

Die Zeit wird kommem: Im Mai 1959 berichtete die amerikanische Zeitschrift «Fortune» in einem Artikel «Eine aufsehenerregende neue Farbentheorie» über die Entdeckungen des amerikanischen Forschers *Land*, der die Newtonsche Farbentheorie zu Gunsten der Goetheschen Entdeckungen in Frage stellt.

98 *«Was wär' ein Gott ...»:* In seinem Gedicht «Procemion».

104 *im achten Bande:* Herausgegeben von Karl von Bardeleben (1849–1919) mit Unterstützung von Rudolf Steiner.

116 *Goethes geheime Offenbarung:* Eine Neubearbeitung dieses Aufsatzes liegt vor in dem dritten Teil des Buches «Goethes Geistesart in ihrer Of-

fenbarung durch seinen Faust und durch das Märchen von der Schlange und der Lilie», (1918) GA Bibl.-Nr. 22.

116 *Diese Sätze:* Abdruck dieses Briefes in «Gesammelte Aufsätze zur Kultur- und Zeitgeschichte 1887–1901», GA Bibl.-Nr. 31.

Was der Biograph sagt: Albert Bielschowski (1847–1902) «Goethe, sein Leben und seine Werke», 22. Auflage, München 1910, Erster Band, S. 1.

117 *Brief an Körner:* Brief Schillers an Körner, Jena, 1. September 1794.

123 *an Sätze:* «Goethes Naturwissenschaftliche Schriften» in Kürschners «Deutsche National-Litteratur», herausgegeben und kommentiert von Rudolf Steiner (1883–97), 5 Bände, Nachdruck Dornach 1975, GA Bibl.-Nr. 1a–e, Band IV, 2. Abt., Sprüche in Prosa, S. 491.

die Schönheit der griechischen Kunstwerke: «Italienische Reise», Rom, den 5. September 1787.

124 *ein Mystiker:* Jakob Böhme (1575–1624), «Sex Puncta Theosophica oder von Sechs theosophischen Punkten hohe und tiefe Gründung. Eine offene Pforte aller Heimlichkeiten des Lebens, darinnen die Ursachen aller Wesen erkannt werden», Erster Punkt, 1. Capitel, 73, wörtlich: «Also ist der grimme Tod eine Wurzel des Lebens».

«Diwan»: West-östlicher Diwan, Buch des Sängers: «Selige Sehnsucht».

«Sprüche in Prosa»: Siehe Hinweis zu S. 123, S. 441. «Unser ganzes Kunststück besteht darin, daß wir unsere Existenz aufgeben, um zu existieren».

125 *«Sprüche in Prosa»:* Siehe Hinweis zu S. 123, S. 465.

ein Spruch Goethes: Siehe Hinweis zu S. 123, S. 460.

127 *Spruch eines alten Mystikers:* Siehe Hinweis zu S. 123, Band III, S. 88 in «Entwurf einer Farbenlehre».

129 *Schiller in dem Briefe:* Jena, 29. August 1795.

130 *Grund-Ideen:* Neubearbeitung der «Einleitung» zu Goethes «Sprüche in Prosa», siehe Hinweis zu S. 123, Band IV, 2. Abteilung.

134 *Goethe schreibt an Jacobi:* 5. Mai 1786.

136 *Moral und Christentum:* Der erste Teil des Aufsatzes ist eine Neubearbeitung der «Praktischen Schlußbetrachtung» aus «Wahrheit und Wissenschaft», unterbrochen von einer Anmerkung zur oben erwähnten Einleitung zu Goethes «Sprüchen in Prosa». – S. 210 bis 212, siehe «Goethe als Vater einer neuen Ästhetik», S. 30ff.

138 *in einem Aufsatz der «Zukunft»:* In dem Aufsatz «Eine Gesellschaft für ethische Kultur»; siehe «Gesammelte Aufsätze zur Kultur- und Zeitgeschichte 1887–1901», GA Bibl.-Nr. 31.

meiner Ausgabe: Siehe Hinweis zu S. 123.

139 *«Natur! ...»:* Siehe Hinweis zu S. 123, Band II, S. 5.

142 *in seinen Worten:* «Trilogie der Leidenschaft»: Elegie.

143 *Bayles Wörterbuch:* Dictionnaire historique et critique, 2 Bände 1697. – Neueste Ausgabe 16 Bände 1820. – Deutsch 4 Bände 1741–1744.

Goethe-Jahrbuch: Vgl. Vortrag in Berlin am 26. Januar 1911: «Galilei, Giordano Bruno und Goethe» in «Antworten der Geisteswissenschaft auf die großen Fragen des Daseins» (1910/11), GA Bibl.-Nr. 60.

144 *«Was wär' ein Gott»:* In seinem Gedicht «Proœmion».

145 *Haeckel (1834–1919) hat ... ausdrücklich betont:* «Der Monismus als Band zwischen Religion und Wissenschaft», S. 27.

Goethes Worte: Goethe an den Kanzler von Müller, Weimar, 24. Mai 1828. Siehe Hinweis zu S. 123, Band II, S. 64.

146 *diese Briefe:* «Über die ästhetische Erziehung des Menschen», in einer Reihe von Briefen.

die zweite Erklärung des Schönen: Kant (1724–1804) «Kritik der Urteilskraft», 1. Teil: Kritik der ästhetischen Urteilskraft, § 5 «Vergleichung der drei spezifisch verschiedenen Arten des Wohlgefallens», wörtlich: «Geschmack ist das Beurteilungsvermögen eines Gegenstandes oder einer Vorstellungsart durch ein Wohlgefallen, oder Mißfallen, ohne alles Interesse. Der Gegenstand eines solchen Wohlgefallens heißt schön.» – § 17 «Vom Ideale der Schönheit», wörtlich: «Schönheit ist Form der Zweckmäßigkeit eines Gegenstandes, sofern sie ohne Vorstellung eines Zwecks an ihm wahrgenommen wird.»

148 *Schiller ... ruft aus:* Siehe Hinweis zu S. 146: 15. Brief.

149 *Er sagt sich:* «Italienische Reise», Rom, den 5. September 1787.

seine ... Denkweise ... mitbetont: «Gespräche mit Eckermann», 11. März 1832.

150 *spricht:* «Goethe, sein Leben und seine Werke», Freiburg i. Br. 1885 bis 1886, S. 64.

von sich gesagt hat: An Jacobi, 6. Januar 1813.

zu zitieren: «Bildung und Umbildung organischer Naturen, Bildungstrieb», siehe Hinweis zu S. 123, Band I, S. 119.

151 *ist auch dies:* «Versuch einer Witterungslehre», siehe Hinweis zu S. 123, Band II, S. 374.

zu sprechen: «Zur Farbenlehre», Vorwort, siehe Hinweis zu S. 123, Band III, S. 77.

152 *zum Christen macht:* An Jacobi, 9. Juni 1785.

153 *daß er sich selbst:* Aus einem Brief Goethes an Lavater (1741–1801) vom 29. Juli 1782, wörtlich: «Da ich zwar kein Widerchrist, kein Unchrist, aber doch ein dezidierter Nichtchrist bin ...»

in sich selbst fand: Bei Betrachtung von Schillers Schädel.

«Im Innern ist»: «Procemion».

154 *ein Denkmal:* Als der Aufsatz geschrieben wurde, war eben das Wiener Goethe-Denkmal enthüllt worden.

daß Goethe sagen durfte: Siehe Hinweis zu S. 123, Band I, S. 84 in «Geschichte meines botanischen Studiums».

155 *Aufzeichnungen:* Siehe Hinweis zu S. 13.

Es ist nun bei Goethe: Siehe Hinweis zu S. 123, Band I, S. 147 in «Bildung und Umbildung organischer Naturen».

156 *erzählt der Dichter:* Goethe, «Dichtung und Wahrheit» II. Teil, 6. und 9. Buch, IV. Teil 16. Buch, III. Teil 15. Buch.

159 *aus dem Schreiben:* Aus einem Schreiben an Geheimrat Beuth in Berlin vom 4. Februar 1832.

167 *Weimarer Goethe-Ausgabe:* Siehe Goethe-Jahrbuch 1892, XIII. Band. Bibliographie: 1. Schriften, A. Weimarer Goethe-Ausgabe. S. 272: Zweite Abteilung. Von der Eckermann-Riemerschen Ausgabe der Naturwissenschaftlichen Schriften in den «Nachgelassenen Werken» unterscheidet sich die unsrige zunächst durch ihre Anordnung. Diese beruht, dem für uns geltenden Prinzip gemäß, auf dem, was uns als Goethes letztwillige Verfügung bekannt ist. In seinem Codicill vom 10. Juni 1831 ist bestimmt, daß die Farbenlehre die Reihe der naturwissenschaftlichen Werke eröffnen, Morphologie folgen soll, dann Mineralogie; «Natur im allgemeinen» soll schließen. Auf dieser Grundlage wurde die Anordnung mit den beteiligten Mitarbeitern beraten und festgestellt. Die fünf ersten Bände (Farbenlehre und Zugehöriges) bilden geschlossen *S. Kalischers* Anteil. Das übrige hat *R. Steiner* übernommen, mit Ausnahme der Arbeiten über Osteologie und Anatomie, die als besonderer Band (8) von *K. v. Bardeleben* herausgegeben werden. Von Sachverständigen zum erstenmal durchforscht und ausgewirkt kommt nun erst besonders in der zweiten Hälfte (Band 6 fgg.), die Fülle des handschriftlichen Nachlasses zur Geltung. B. Suphan. – Siehe Hinweis zu S. 13.

REGISTER

Abkürzungen:
Ziffern mit Stern * = Name oder Werk im Text nicht zitiert W = Werke H = Hinweis

Anna Amalia, Herzogin 86
Aristoteles 19, 29, 30
Augustenburg, Herzog Friedrich Christian von 118

Bacon, Francis (Baco von Verulam) 76, 84
Bardeleben, Karl von 102, 104 H, 155
W. Goethe als Anatom 155
Baumgarten, Alexander Gottlieb 18, 29
W. Ästhetica 18
Baumgartner, Alexander 150, 153
Bayle, Pierre 143 H
W. Dictionnaire historique et critique 143
Beuth, Peter Christian Wilhelm 159
Bielschowski, Albert 116 H
W. Goethe, sein Leben und seine Werke 116
Blumenbach, Johann Friedrich 150
Boerhave, Hermann 158
Böhme, Jakob 124 H
W. Sex Puncta Theosophica 124

Cohn, Ferdinand 154
W. Goethe als Botaniker 154
Cuvier, Georges 90, 168

Darwin, Charles 52, 56, 68, 69, 94
W. Die Abstammung des Menschen 52*, 154
Darwinismus 52, 53, 74, 99, 100
De Candolle, Augustin Pyrame 168
W. Organographie végétale 168
Du Bois-Reymond, Emil 52

Eckermann, Joh. P. und «Gespräche» 44, 45, 54, 86, 149–150, 174, 177, 183
Eschwege, Wilhelm Ludwig von 172

Fechner, Gustav Theodor 42
W. Vorschule der Ästhetik 42
Fichte, Johann Gottlieb 116
W. Grundlagen der gesamten Wissenschaftslehre 116
Fischer, Kuno 162–163
W. Erinnerungen an Moritz Seebeck 162–163
Flemming, Fritz 182
Friedrich Christian, Herzog von Augustenburg 118

Galilei, Galileo 14, 18, 28, 96
Gegenbaur, Carl 105, 155
W. Über das Kopfskelett der Selachier 155
Geoffroy de Saint-Hilaire, Etienne 90, 168
Gerber, P. H. 156, 161
W. Goethes Beziehungen zur Medizin 156, 161
Gilbert, Ludwig Wilhelm (Gilberts Annalen) 176
Giordano Bruno 143, 144
W. Von der Ursache ... 143, 144
Goethe, J. W.
W. Anschauende Urteilskraft 34–35, 140–141, 174
Bildung und Umbildung organischer Naturen. Zur Morphologie 34–35*, 50*, 57–58, 75*, 89, 90, 101*, 140–141*, 154*, 167–168
Das Märchen 120–129
Der Versuch als Vermittler von Objekt und Subjekt 54, 76, 173
Dichtung und Wahrheit 13–14, 45, 142, 156–159

Die Leiden des jungen Werther 161
Die Metamorphose der Pflanzen 50, 89, 101, 155, 182
Die Natur, aphoristisch (Fragment) 85–92, 139, 166
Entwurf einer Farbenlehre 18, 127
Erfahrung und Wissenschaft 53–54*, 76–77*, 173
Erläuterungen zu dem aphoristischen Aufsatz «Die Natur» 86, 87
Erster Entwurf einer vergleichenden Anatomie 90*
Faust 24, 42, 83, 143, 160, 163
Gedichte 142, 144, 153
Geschichte der Farbenlehre 91
Geschichte meines botanischen Studiums 57–58, 154*
Glückliches Ereignis 75
Iphigenie 160*
Italienische Reise 60, 123*, 149
Künstlers Apotheose 47
Lila 161
Meteorologie 151*, 176–178
Mineralogie und Geologie 169–173
Morphologische Hefte 167, 170*, 175*, 176*, 177*
Nachträge zu den naturwissenschaftlichen Schriften 53–54, 61*, 66, 69*, 70–72*, 76–77, 168, 176*
Naturwissenschaftliche Schriften 11–15, 24*, 33, 34–35*, 44–45*, 50*–55, 85*–92, 93*–109, 123*, 124*, 125*, 127*, 131*, 133*, 134*, 136*, 138*, 142*, 145*, 150*, 151*, 154–155, 158–160*, 166*, 167–178*, 179–184*
Nausikaa 59
Paralipomena 168, 170, 172, 173, 178
Plastische Anatomie 159
Principes de Philosophie Zoologique (G. de Saint-Hilaire) 90, 168*
Sprüche in Prosa 24*, 44–45, 58*, 61*, 63–64*, 71*, 73*, 123*, 124*, 125*, 131, 133, 134, 136, 138, 142, 151
Tagebuch der schlesischen Reise 153
Tag- und Jahreshefte 143, 172
Tonlehre 176
Über Wahrheit und Wahrscheinlichkeit der Kunstwerke 110–115*
Unterhaltungen deutscher Ausgewanderter 121
Verfolg: Nacharbeiten und Sammlungen 90–91*
Versuch über die Gestalt der Tiere 104
Vorarbeiten zu einer Physiologie der Pflanzen 61*, 66*, 69, 70–73*
Vorträge über ... vergleichende Anatomie 89*, 90*
West-östlicher Diwan 124
Wilhelm Meister 159, 160*–161
Winckelmann 33, 36, 133, 139
Zur Farbenlehre 11, 14–15, 93, 127, 151
Zur Morphologie, siehe Bildung und Umbildung organischer Naturen
Zur Naturwissenschaft im Allgemeinen 54, 76, 85–92*, 139*, 166*, 173–176*
Goethes Briefwechsel
mit Hegel 78
mit Jacobi 134, 150*, 152*
mit Knebel 85, 105, 172

mit Lavater 87, 152, 153*
mit Müller, Kanzler von 145*
mit Schiller 34, 53, 76, 106, 117, 119–120, 126, 129, 140, 148–149
mit Frau von Stein 96
mit Sternberg 179–181
mit Zelter 162, 179
Goethes Gespräche mit Eckermann 44, 45, 149–150*
Goethe, Walter von 48
Goethe-Album 93
Goethe-Archiv (Weimar) 54, 56, 57, 69, 74*, 75, 76, 78–80, 86, 93, 102, 105, 167, 170, 176, 179, 182
Goethe-Ausgabe, Hempelsche 169–170
Goethe-Ausgabe in Kürschners D. N. L. 13, 33, 53, 58 H, 60, 67, 74*, 75, 76, 83, 101, 138*, 154
Goethe-Ausgabe, Weimarische 50–55, 78, 102, 103, 104, 106–107*, 155, 158, 167–178
Goethe-Jahrbuch 143 H, 155, 176
Goethe-Schiller-Archiv 57, 80
Goethe-Verein, Wiener 26, 120
Grimm, Herman 11, 95
W. Goethe-Vorlesungen 11 H
Großherzog von Sachsen-Weimar, Karl-August 158, 176
Großherzogin von Sachsen-Weimar, Sophie 54, 57, 80

Haeckel, Ernst 85, 94, 101, 145 H, 154
W. Der Monismus als Band zwischen Religion und Wissenschaft 94, 145
Die Welträtsel 145
Goethe, Lamarck und Darwin 154
Haller, Albrecht von 159
Hartmann, Eduard von 23, 25, 40, 46
W. Philosophie des Schönen 25, 46
Hegel, Georg Wilhelm Friedrich 23 H, 40, 78
W. Vorlesungen über die Ästhetik 23
Helmholtz, Hermann 154
W. Goethes Vorahnungen kommender naturwissenschaftlicher Ideen 154
Über Goethes naturwissenschaftliche Arbeiten 154
Hempel (Herausgeber von Goethes naturw. Schriften) 169
Henschel, A. W. 183
W. Verzeichnis eines Systems von Versuchen ... 183
Herder, Johann Gottfried 157, 164
Herder, Maria Karoline (seine Frau) 87
Howard, Luke 176
W. On the Modification of Clouds 176
Humboldt, Alexander von 181–183

Isis (Zeitschrift) 182

Jacobi, Friedrich Heinrich 134, 150* H, 152* (Briefe Goethes)
John, Johann August Friedrich (Goethes Sekretär) 177, 183
Jordan, Karl Friedrich 50, 51
W. Goethe – und noch immer kein Ende 50
Jung-Stilling 157
Jungius, Joachim 168

Kant, Immanuel 21–22, 37–38, 77, 97, 98, 135, 146 H
W. Kritik der Urteilskraft 21, 37, 146
Karl August, Großherzog von Sachsen-Weimar 158, 176
Kepler, Johannes 101
Knebel, Karl Ludwig von 85, 87, 105, 172

Kopernikus, Nikolaus 101
Kräuter, Friedrich Theodor David (Goethes Sekretär) 183
Kunckel, Johann 177
Kürschners «Deutsche National-Litteratur» 13, 33, 53, 58 H, 60, 67, 75, 76, 83, 101, 154

Lavater, Johann Kaspar 87, 152, 153
Leonhard, Karl Cäsar 172
Lessing, Gotthold Ephraim 29, 164
Linné, Karl von 96
Lobstein, Johann Friedrich 157
Loder, Justus Christian 158
Ludwig, Christian Gottlieb 156

Martius, Karl Friedrich Philipp von 182
W. Über die Architektonik der Blumen 182
Melzer, Ernst 164–166
W. Goethes philosophische Entwicklung 164–166
Mendelssohn-Bartholdy, Jakob Ludwig Felix 182
Merck, Johannes Heinrich 13–14, 23–24 H, 42
Meyer von Waldeck, Friedrich 120
W. Goethes Märchendichtung 120
Müller, Friedrich von (weimar. Kanzler) 86, 87, 145 H
Müller, Johannes 15 H
J. G. Müller 87

Newton, Isaac 14–15
Nippold, Friedrich 150
Nietzsche, Friedrich 138
Nose, Karl Wilhelm 170
W. Kritik der geologischen Theorie 170

Oken, Lorenz 155, 179

Paracelsus, Theophrastus 160
Passavant, Johann David 87
Plato 19, 32

Raumer, Karl Georg von 171
W. Geognostische Fragmente 171
Reinwardt, C. G. C. 183
W. Über den Charakter der Vegetation ... 183
Riemer, Friedrich Wilhelm 54–55, 183
Rosenkranz, Karl 15 H
Rungenhagen, Karl Friedrich 182

Seebeck, Moritz 162–163
Seidel, Philipp 86–87
Sophie, Großherzogin von Sachsen-Weimar 54, 57, 80
Soret, Friedrich Jakob 167
W. Übersetzung von Goethes «Metamorphosen der Pflanzen» 167
Spielmann, Jakob Reinhold 157
Spinoza 134, 143, 144, 152, 166, 175
Suphan, Bernhard 57, 59, 80, 82, 102, 176
Schelling, Friedrich Wilhelm Joseph von 22–23, 40, 49
Schiller, Friedrich 21–22, 34, 37–40, 53, 75, 76, 83, 106, 107, 117–120, 124, 126, 128–129, 140, 146–148, 164
W. Briefe über die ästhetische Erziehung des Menschen 21, 37–40, 118–120, 126, 128, 146–148
Horen 118, 120
Briefwechsel mit Goethe 34, 53, 76, 106, 117, 119, 126, 129, 140, 148–149
Briefwechsel mit Körner 117 H
Schopenhauer, Arthur 23, 93 H
Schröer, Karl Julius 13, 79 H, 83, 141
W. Einleitung und Erklärungen zu Goethes «Faust» 13, 83

Einleitungen zu Goethes Dramen 83
Goethe und die Liebe 83, 142
Vorwort zu Goethes naturwissenschaftlichen Schriften, herausgegeben von Rudolf Steiner 13
Stein, Charlotte von 85, 87, 96
Steiner, Rudolf
W. Die Philosophie der Freiheit 136
Einleitungen zu Goethes naturwissenschaftlichen Schriften 53, 74, 76, 101, 138, 154
Goethes Weltanschauung 120, 151–152, 154
Sternberg, Kaspar 179–181

Thales 48

Tierfurter Journal 85, 86
Tobler, Georg Christoph 85, 87
Tönnies, Ferdinand 138
W. Ethische Kultur und ihr Geleite. Nietzsche-Narren in Zukunft und Gegenwart 138

Virchow, Rudolf 108–109, 154
W. Goethe als Naturforscher ... 154
Vischer, Friedrich Theodor 22, 23, 37–41
W. Ästhetik 22, 37

Winckelmann, Joh. Joachim 29, 33
Wollank (Komponist) 182

Zelter, Karl Friedrich 162, 179, 182
Zukunft, Die (Zeitschrift) 138

LITERATURHINWEIS

(GA = Rudolf Steiner Gesamtausgabe)

Zur Weiterführung und Vertiefung der Darstellungen des vorliegenden Bandes sei auf folgende Ausgaben von Rudolf Steiner verwiesen:

Schriften

Goethes Naturwissenschaftliche Schriften. Herausgegeben und kommentiert von Rudolf Steiner in Kürschners «Deutsche National-Litteratur» (1883 bis 1897), 5 Bände, GA Bibl.-Nr. 1a–e, Nachdruck Dornach 1975. Separate Ausgabe der «Einleitungen» GA Bibl.-Nr. 1.

Grundlinien einer Erkenntnistheorie der Goetheschen Weltanschauung, mit besonderer Rücksicht auf Schiller (1886), GA Bibl.-Nr. 2, Taschenbuch 6290.

Goethes Weltanschauung (1897), GA Bibl.-Nr. 6. Taschenbuch 6250.

Goethes Geistesart in ihrer Offenbarung durch seinen «Faust» und durch das «Märchen von der Schlange und der Lilie» (1918). GA Bibl.-Nr. 22.

Mein Lebensgang (1923–25), GA Bibl.-Nr. 28.

Aufsätze

Der Goetheanum-Gedanke inmitten der Kulturkrisis der Gegenwart. Gesammelte Aufsätze 1921 bis 1925, GA Bibl.-Nr. 36.

Vorträge

Pfade der Seelenerlebnisse. Acht öffentliche Vorträge, Berlin 1909/1910, GA Bibl.-Nr. 58, Taschenbuch 6220.

Metamorphosen des Seelenlebens. Sieben öffentliche Vorträge, Berlin 1909/1910, GA Bibl.-Nr. 59, Taschenbuch 6030.

Aus schicksaltragender Zeit. Vierzehn öffentliche Vorträge, Berlin 1914/15, GA Bibl.-Nr. 64.

Aus dem mitteleuropäischen Geistesleben. Fünfzehn öffentliche Vorträge, Berlin 1915/16, GA Bibl.-Nr. 65.

Innere Entwicklungsimpulse der Menschheit. Goethe und die Krisis des 19. Jahrhunderts. Sechzehn Vorträge, Dornach 1916, GA Bibl.-Nr. 171.

Das Karma des Berufes des Menschen in Anknüpfung an Goethes Leben. Zehn Vorträge, Dornach 1916, GA Bibl.-Nr. 172.

Der Goetheanismus, ein Umwandlungsimpuls und Auferstehungsgedanke. Menschenwissenschaft und Sozialwissenschaft. Zwölf Vorträge, Dornach 1919, GA Bibl.-Nr. 188.

Kunst und Kunsterkenntnis. Das Sinnlich-Übersinnliche in seiner Verwirklichung durch die Kunst. Neun Vorträge in verschiedenen Städten 1888, 1909 bis 1921, GA Bibl.-Nr. 271.

Geisteswissenschaftliche Erläuterungen zu Goethes «Faust», Band I: Faust, der strebende Mensch. Vierzehn Vorträge, Berlin 1911, Dornach 1915/16 und Strassburg 1910, GA Bibl.-Nr. 272.

Geisteswissenschaftliche Erläuterungen zu Goethes «Faust», Band II: Das Faust-Problem. Die romantische und die klassische Walpurgisnacht. Zwölf Vorträge, Dornach 1916 bis 1919, ein Vortrag Prag 1918, GA Bibl.-Nr. 273.

Das Wesen der Farben. Drei Vorträge, Dornach 1921, sowie neun Vorträge aus dem übrigen Vortragswerk 1914 bis 1924, GA Bibl.-Nr. 291.

Goethes geheime Offenbarung in seinem Märchen «Von der grünen Schlange und der schönen Lilie». Ein Aufsatz 1918, elf Vorträge 1904/05, 1908/09 in verschiedenen Städten, Sonderausgabe 5204.

Das Lebenswerk, welches Rudolf Steiner der Nachwelt hinterlassen hat, dürfte nach Gehalt und Umfang innerhalb der Kulturwelt wohl ohne Beispiel dastehen. Seine Schriften – die Werke und Aufsätze – bilden die Grundlage für das, was er im Laufe seines Lebens in Vorträgen und Kursen seinen Zuhörern als «anthroposophisch orientierte Geisteswissenschaft» von immer neuen Aspekten aus darstellte und ausführte. Der größte Teil dieser rund sechstausend Vorträge ist in Nachschriften erhalten geblieben. Daneben entfaltete er auch auf künstlerischem Gebiet eine große Tätigkeit, welche ihren Höhepunkt in der Errichtung des ersten Goetheanumbaues in Dornach fand. So liegen eine große Anzahl malerischer, plastischer und architektonischer Arbeiten, Entwürfe und Skizzen von seiner Hand vor. Die durch ihn gegebenen Anregungen für die Erneuerung zahlreicher Lebensgebiete beginnen in der gegenwärtigen Zeit vermehrte Beachtung zu finden.

Seit dem Jahre 1956 wird durch die «Rudolf Steiner-Nachlaßverwaltung» an der Herausgabe der *«Rudolf Steiner Gesamtausgabe»* gearbeitet, die einen Umfang von etwa 330 Bänden erhalten wird. In den beiden ersten Abteilungen erscheinen die *Schriften* und das *Vortragswerk*, während in einer dritten Abteilung das *künstlerische Werk* in geeigneter Form zur Wiedergabe gelangt.

Einen systematischen Überblick über das Gesamtwerk gibt die 1961 erschienene Bibliographie: *«Rudolf Steiner. Das literarische und künstlerische Werk. Eine bibliographische Übersicht»*, auf welche sich die im folgenden verwendete Bezeichnung «Bibl.-Nr.» bezieht. Über den jeweiligen Stand der erschienenen Bände orientiert der Katalog des «Rudolf Steiner Verlages».

Chronologischer Lebensabriß

(zugleich Übersicht über die geschriebenen Werke)

1861 Am 27. Februar wird Rudolf Steiner in Kraljevec (damals Österreich-Ungarn, heute Jugoslawien) als Sohn eines Beamten der österreichischen Südbahn geboren. Seine Eltern stammen aus Niederösterreich. Er verlebt seine Kindheit und Jugend an verschiedenen Orten Österreichs.

1872 Besuch der Realschule in Wiener-Neustadt bis zum Abitur 1879.

1879	Studium an der Wiener Technischen Hochschule: Mathematik und Naturwissenschaft, zugleich Literatur, Philosophie und Geschichte. Grundlegendes Goethe-Studium.
1882	Erste schriftstellerische Tätigkeit.
1882–1897	Herausgabe von Goethes Naturwissenschaftlichen Schriften in Kürschners «Deutsche National-Litteratur», fünf Bände (Bibl.-Nr. 1 a-e). Eine selbständige Ausgabe der Einleitungen erschien 1925 unter dem Titel *Goethes Naturwissenschaftliche Schriften* (Bibl.-Nr. 1).
1884–1890	Privatlehrer bei einer Wiener Familie.
1886	Berufung zur Mitarbeit bei der Herausgabe der großen «Sophien-Ausgabe» von Goethes Werken. *Grundlinien einer Erkenntnistheorie der Goetheschen Weltanschauung mit besonderer Rücksicht auf Schiller* (Bibl.-Nr. 2).
1888	Herausgeber der «Deutschen Wochenschrift», Wien (Aufsätze daraus in Bibl.-Nr. 31). Vortrag im Wiener Goethe-Verein: *Goethe als Vater einer neuen Ästhetik* (in Bibl.-Nr. 30).
1890–1897	Weimar. Mitarbeit am Goethe- und Schiller-Archiv. Herausgeber von Goethes Naturwissenschaftlichen Schriften.
1891	Promotion zum Doktor der Philosophie an der Universität Rostock. 1892 erscheint die erweiterte Dissertation: *Wahrheit und Wissenschaft. Vorspiel einer «Philosophie der Freiheit»* (Bibl.-Nr. 3).
1894	*Die Philosophie der Freiheit. Grundzüge einer modernen Weltanschauung. Seelische Beobachtungsresultate nach naturwissenschaftlicher Methode* (Bibl.-Nr. 4).
1895	*Friedrich Nietzsche. Ein Kämpfer gegen seine Zeit* (Bibl.-Nr. 5).
1897	*Goethes Weltanschauung* (Bibl.-Nr. 6). Übersiedlung nach Berlin. Herausgabe des «Magazin für Literatur» und der «Dramaturgischen Blätter» zusammen mit O. E. Hartleben. (Aufsätze daraus in Bibl.-Nrn. 29-32.) Wirksamkeit in der «Freien literarischen Gesellschaft», der «Freien dramatischen Gesellschaft», im «Giordano Bruno-Bund», im Kreis der «Kommenden» u. a.
1899–1904	Lehrtätigkeit an der von W. Liebknecht gegründeten Berliner «Arbeiter-Bildungsschule».

1900/01	*Welt- und Lebensanschauungen im 19. Jahrhundert,* 1914 erweitert zu: *Die Rätsel der Philosophie* (Bibl.-Nr. 18). Beginn der anthroposophischen Vortragstätigkeit auf Einladung der Theosophischen Gesellschaft in Berlin. *Die Mystik im Aufgange des neuzeitlichen Geisteslebens* (Bibl.-Nr. 7).
1902–1912	Aufbau der Anthroposophie. Regelmäßige öffentliche Vortragstätigkeit in Berlin und ausgedehnte Vortragsreisen in ganz Europa. Marie von Sivers (ab 1914 Marie Steiner) wird seine ständige Mitarbeiterin.
1902	*Das Christentum als mystische Tatsache und die Mysterien des Altertums* (Bibl.-Nr. 8).
1903	Begründung und Herausgabe der Zeitschrift «Luzifer», später *«Lucifer-Gnosis»* (Aufsätze in Bibl.-Nr. 34).
1904	*Theosophie. Einführung in übersinnliche Welterkenntnis und Menschenbestimmung* (Bibl.-Nr. 9).
1904/05	*Wie erlangt man Erkenntnisse der höheren Welten?* (Bibl.-Nr. 10). *Aus der Akasha-Chronik* (Bibl.-Nr. 11). *Die Stufen der höheren Erkenntnis* (Bibl.-Nr. 12).
1910	*Die Geheimwissenschaft im Umriß* (Bibl.-Nr. 13).
1910–1913	In München werden die *Vier Mysteriendramen* (Bibl.-Nr. 14) uraufgeführt.
1911	*Die geistige Führung des Menschen und der Menschheit* (Bibl.-Nr. 15).
1912	*Anthroposophischer Seelenkalender. Wochensprüche* (in Bibl.-Nr. 40, und selbständige Ausgaben). *Ein Weg zur Selbsterkenntnis des Menschen* (Bibl.-Nr. 16).
1913	Trennung von der Theosophischen und Begründung der Anthroposophischen Gesellschaft. *Die Schwelle der geistigen Welt* (Bibl.-Nr. 17).
1913–1923	Errichtung des in Holz als Doppelkuppelbau gestalteten ersten Goetheanum in Dornach/Schweiz.
1914–1923	Dornach und Berlin. In Vorträgen und Kursen in ganz Europa gibt Rudolf Steiner Anregungen für eine Erneuerung auf vielen Lebensgebieten: Kunst, Pädagogik, Naturwissenschaften, soziales Leben, Medizin, Theologie. Weiterbildung der 1912 inaugurierten neuen Bewegungskunst «Eurythmie».

1914	*Die Rätsel der Philosophie in ihrer Geschichte als Umriß dargestellt* (Bibl.-Nr. 18).
1916–1918	*Vom Menschenrätsel* (Bibl.-Nr. 20). *Von Seelenrätseln* (Bibl.-Nr. 21). *Goethes Geistesart in ihrer Offenbarung durch seinen «Faust» und durch das «Märchen von der Schlange und der Lilie»* (Bibl.-Nr. 22).
1919	Rudolf Steiner vertritt den Gedanken einer «Dreigliederung des sozialen Organismus» in Aufsätzen und Vorträgen, vor allem im süddeutschen Raum. *Die Kernpunkte der sozialen Frage in den Lebensnotwendigkeiten der Gegenwart und Zukunft* (Bibl.-Nr. 23). *Aufsätze über die Dreigliederung des sozialen Organismus* (Bibl.-Nr. 24). Im Herbst wird in Stuttgart die «Freie Waldorfschule» begründet, die Rudolf Steiner bis zu seinem Tode leitet.
1920	Beginnend mit dem Ersten anthroposophischen Hochschulkurs finden im noch nicht vollendeten Goetheanum fortan regelmäßig künstlerische und Vortragsveranstaltungen statt.
1921	Begründung der Wochenschrift «Das Goetheanum» mit regelmäßigen Aufsätzen und Beiträgen Rudolf Steiners (in Bibl.-Nr. 36).
1922	*Kosmologie, Religion und Philosophie* (Bibl.-Nr. 25). In der Silvesternacht 1922/23 wird der Goetheanumbau durch Brand vernichtet. Für einen neuen in Beton konzipierten Bau kann Rudolf Steiner in der Folge nur noch ein erstes Außenmodell schaffen.
1923	Unausgesetzte Vortragstätigkeit, verbunden mit Reisen. Zu Weihnachten 1923 Neubegründung der «Anthroposophischen Gesellschaft» als «Allgemeine Anthroposophische Gesellschaft» unter der Leitung Rudolf Steiners.
1923–1925	Rudolf Steiner schreibt in wöchentlichen Folgen seine unvollendet gebliebene Selbstbiographie *Mein Lebensgang* (Bibl.-Nr. 28) sowie *Anthroposophische Leitsätze* (Bibl.-Nr. 26), und arbeitet mit Dr. Ita Wegman an dem Buch *Grundlegendes für eine Erweiterung der Heilkunst nach geisteswissenschaftlichen Erkenntnissen* (Bibl-Nr. 27).
1924	Steigerung der Vortragstätigkeit. Daneben zahlreiche Fachkurse. Letzte Vortragsreisen in Europa. Am 28. September letzte Ansprache zu den Mitgliedern. Beginn des Krankenlagers.
1925	Am 30. März stirbt Rudolf Steiner in Dornach.